스코어를 바꾸는
골프 심리학

스코어를 바꾸는
골프 심리학

세계 최고 스포츠 심리학자의 골프 멘탈 관리법

THE PSYCHOLOGY OF GOLF

밥 로텔라 지음 | 스포츠심리학연구소 옮김

현익출판

이 책을 사랑스럽고 열정적이며 언제나 아낌없는 격려를 보내주는 아내 달린과 딸 케이시에게 바친다. 코치로서 내가 품은 열정을 늘 응원해 주고, 마음과 시간을 다해 지지해 준 가족에게 이 자리를 빌려 고마움을 전한다.

또한 나에게 배움을 허락해 준 훌륭한 골퍼들과 지도자들에게도 인사하고 싶다. 그들과 함께 배우고, 그들로부터 배울 수 있었기에 오늘의 내가 있었다. 나를 믿어준 것에 감사하며, 솔직하고 담백하게 마주해 준 것에 감사한다. 위대한 것을 향해 나아가려는 용기를 보여줘서 감사한다.

○○○ 추천의 말 ○○○

골프에서 경기력과 스코어 향상에 관한 논의는 오래전부터 이어져 왔다. 하지만 결국 대부분의 논의는, 경기에서 육체적 요소와 정신적 요소가 각각 얼마나 영향을 미치는지를 둘러싼 논쟁으로 귀결되곤 했다. 일반적으로 기량이 뛰어난 선수일수록 정신적 측면을 더 중시하는 경향이 있으며, 이는 자연스러운 현상이다. 물론 스윙조차 제대로 구사하지 못하는 초보자에게 골프의 80~90퍼센트가 정신적인 게임이라고 설명하는 것은 쉽지 않다. 하지만 모두가 좋은 샷을 치는 PGA Professional Golfers' Association, 프로 골프 협회 투어에서는, 승패를 가르는 요소의 90퍼센트가 정신적인 부분에 달려 있다고 해도 과언이 아니다. 핸디캡이 높든 낮든, 골퍼가 제대로 사고하며 경기에 임한다면 스코어는 언제든 더 낮아질 수 있다.

골프에 관한 지침서는 셀 수 없이 많다. 대부분은 그립, 스탠스, 자세, 스윙 궤도, 정렬, 스윙의 역학 등 기술적인 요소를 중심으로 구성되어 있다. 하지만 게임에서 정신적 요소가 얼마나 중요한지는 이미 잘 알려져 있음에도, 이를 진지하게 다룬 책은 거의 없다.

그럴 만한 이유는 분명히 있다. 어쩌면 '생각'은 눈에 보이지 않기 때문일 것이다. 팬들이 내게 "그때 정말 멋졌어요"라고 말해준 순간은, 정작 내가 긴장하거나 두려움을 느끼고 있었던 때가 대부분이었다. 겉으로 보이는 모습과 실제 내면 상태가 얼마나 다를 수 있는지를 보여주는 예다.

또 다른 이유는, 경기 중 효과적으로 사고하는 법을 이미 터득한 고수들이 그들의 방식을 공유하지 않았기 때문일 수도 있다. 혹은 스윙의 기술적 측면은 수많은 이들이 연구해 왔지만, 정신적 측면을 탐구한 사람은 그만큼 적었기 때문일지도 모른다. 어떤 이유에서든 골프의 정신적 측면을 제대로 짚어주는 길잡이는 늘 아쉬웠다. 그리고 그 해답은 바로 밥 로텔라 박사의 이 책에서 찾을 수 있다.

나는 1984년 마이애미에서 열린 도랄오픈에서 로텔라 박사를 처음 만났다. 당시 나는 코스 위에서 아무것도 할 수 없다고 느끼고 있었고, 그 생각은 그대로 스코어에 반영되고 있었다. 몇 달 동안 우승은커녕 경쟁조차 되지 않았다. 우승이란 건 내게 점점 더 멀어지는 신기루 같았다. 그런데 대회 초반 며칠간의 세션에서 로텔라 박사는, 내가 최고의 경기를 펼쳤던 순간의 '건강한 생각들'을 기억해 내도록 도와주었다. 결과적으로 나는 그 대회에서 잭 니클라우스 같은 걸출한 선수들을 제치고 우승을 차지했다. 대회를 앞두고 내 스윙이 바뀐 것은 아니었다. 하지만 나는 새로운 사람이 된 듯한 기분이었다. 예전이라면 상상도 못했을 샷들이 가능해졌고, 인내심도 눈에 띄게 늘었다. 걸음걸이조차 자신감에 차 있었다. 나는 가장 든든한 친구를 얻었다. 그것은 바로 내 자신이었다.

PGA 투어에 들어온 이후 처음 12년 동안 내 자신을 꽤 괜찮은 선수라고 생각했지만, 공식 대회 우승은 다섯 번에 그쳤다. 그러나 로텔라 박사를 만난 이후 10년 동안 14번의 대회에서 우승했고, 라이더 컵Ryder Cup, 미국과 유럽 간의 남자 국가 대항전에도 출전했으며, 마침내 U.S.오픈에선 포함 누구나 참가 가능한 '오픈' 방식의 대회에서 첫 메이저 타이틀을 차지했다. 내가 더 나은 선수가 되는 데 로텔라 박사가 중요한 역할을 했다는 사실은 굳이 말하지 않아도 분명하다. 이제 나는 연습장에서 공을 치는 데 들이는 시간만큼이나, 멘탈 훈련에도 시간을 투자하고 있다.

독자들이 이쯤에서 "또 뭔가 해야 할 일이 늘어난 건가?" 하고 걱정하지 않았으면 한다. 이 과정은 하나도 어렵지 않다. 우리는 언제나 어떤 식으로든 생각을 하고 살아간다. 로텔라 박사가 해주는 일은 어떤 생각이 우리에게 이로운지, 또 어떤 생각이 해로운지를 분별할 수 있게 돕는 것이다. 그리고 이 사고방식은 단지 더 나은 골퍼나 운동선수, 경영자가 되는 데 그치지 않고, 자기 자신을 더 잘 이해하고 자아를 실현하는 데도 도움이 된다.

그렇게 되지 말란 법은 없다.

— 톰 카이트

○○○ **목차** ○○○

추천의 말   7
서문   12

1장. 골프는 꿈을 좇는 게임이다   15
2장. 마음가짐은 선택이다   27
3장. 스윙의 완성은 자기 신뢰다   37
4장. 멈추지 않으면 지지 않는다   45
5장. 스스로를 방해하지 마라   51
6장. 집중은 기술이 아닌 선택이다   57
7장. 정신은 목표에, 감각은 볼에 둔다   67
8장. 루틴은 무의식의 설계도다   79
9장. 거리보다 감각에 집중하라   97
10장. 결과를 내려놓을 때 샷은 더 좋아진다   117
11장. 골프는 완벽의 게임이 아니다   139
12장. 자신감은 훈련되는 감정이다   155
13장. 성공의 기억을 저장하라   165

14장. 두려움을 리셋하라   171

15장. 스윙을 잊고 감각을 따라가라   181

16장. 보수적 전략이 확신을 만든다   191

17장. 전략이 승부를 완성한다   203

18장. 실력은 긴장 속에서도 빛난다   229

19장. 숫자를 지우고 샷에 집중하라   249

20장. 경쟁자는 자신이다   259

21장. 연습의 목적은 자기 신뢰다   269

22장. 진짜 노력으로 삶과 그린을 읽어라   287

부록   밥 로텔라의 법칙   298

감사의 말   302

◦◦◦ **서문** ◦◦◦

　지난 13년 동안, 나는 세계 최고 수준의 골퍼들과 함께 일할 수 있는 행운을 누렸다. 이 책은 그들과 함께하면서 내가 가르친 것들, 그리고 그들이 나에게 가르쳐준 것들을 골프를 사랑하는 사람들과 나누기 위한 시도이다.

　위대한 골프를 위한 심리학은 명확하고 논리적이다. 함께 일했던 대부분의 선수들은 처음에는 내가 이야기하는 내용이 너무 간단해서 놀란다. 내가 하는 일에 기이하거나 신비로운 것이 전혀 없다는 사실에 안도감을 느끼기도 한다. 그들은 내가 가르치는 사고방식이 일종의 '상식'처럼 들린다고 말한다.

　내가 가르치는 스포츠 심리학은 매일 가장 효과적이고 효율적인 방식으로 생각하는 법을 배우는 '탁월함의 심리학'이다. 멘탈 코치로서 내 역할은 선수들이 자신의 기존 사고방식만으로는 도달할 수 없는 곳에 이를 수 있도록 돕는 것이다.

　선수들은 연습장에서나 퍼팅 그린에서 효과적인 사고방식을 익혔을 수 있다. 하지만 내가 제공하는 것은 실전 경기의 긴장감 속에서도 일관성을 유지하고, '최저 타수'를 이끌어내며, 승리를 향한 길을 찾도록 돕는 사고방식이다. 내가 전하는 개념들은 단순하고 상식적이다. 진짜 도전은 이 사고방식을 매일 매 샷마다 실천하는 데 있다.

골퍼는 자신 안에 있는 힘을 인식해야 한다. 그 힘을 끌어내어 자신의 골프에 실어야 한다. 내가 이 책을 쓰는 목표 중 하나는 골프를 사랑하는 이들이 '자유의지'에 대해 진실로 마주할 수 있도록 하는 것이다. 나는 확신한다. 위대한 골퍼와 잠재력을 끝내 펼치지 못한 골퍼의 차이는 결국 의지의 힘이다.

나는 심리학을 가르치지만, 솔직히 말해 마음의 경계가 어디서 끝나고, 심장, 영혼, 용기, 인간 정신이 어디서 시작되는지는 정확히 모른다. 하지만 이 '마음과 정신의 접점', 우리가 흔히 자유의지라고 부르는 그 지점에서 자신의 운명을 꿈꾸고, 탁월함을 향해 실천하는 힘을 얻는다. 모든 위대한 챔피언은 내면이 강하다. 그들은 승부가 걸린 골프가 인격을 길러주거나 드러낸다는 사실을 안다. 자신의 생각에 솔직해지는 법을 배우고, 골프의 심리적·감정적 도전을 즐길 줄 안다. 운동가다운 사고방식의 가치를 이해하게 된다. 그렇다. 골프는 이론이나 분석에 빠지지 않고 즐기는 게임이다.

요즘처럼 비디오 분석이 일상이 된 시대에는 마음의 역할이 종종 간과되기 쉽다. TV 송출용 카메라는 생각을 찍을 수 없기 때문이다. 그러나 챔피언십 골프를 해본 사람이라면 누구나 안다. 경기의 절반 이상은 골퍼의 마음속에서 벌어진다.

이 책은 그 싸움을 위한 무기가 되어줄 것이다. 그 무기를 연마한 것은 실제로 싸워본 이들의 경험이기에, 나는 골프 역사 속 이야기와 코치로서 직접 들은 사례들을 아낌없이 담았다. 이 일화들이 내가 전달하고자 하는 원칙을 이해하고 기억하는 데 도움이 되기를 바란다. 실제 선수들이 탁월함에 다가가기 위해 걸어간 길이자, 그 길에서 배운 진실이다.

— 밥 로텔라

1장

골프는
꿈을 좇는 게임이다

꿈을 꾸면 경기력이 달라진다.
집중력, 회복탄력성, 승부욕을
지탱하는 마음의 구조.
이 모든 것이 바로 이 꿈에서 출발한다.
자신을 밀어붙이는 내면의 동력이 생기고,
흔들림 속에서도 방향을 잃지 않는다.
꿈은 막연한 목표가 아니라,
경기력을 이끌어가는
가장 강력한 원동력이다.

내 상담실은 버지니아대학교 운동장 근처, 지하 연구실에 있는 작은 레크리에이션 룸에 있다. 그곳에는 긴 소파가 있다. 그리고 사람들에게 '꿈'에 대해 자주 묻는다. 이것이 나와 지그문트 프로이트 Sigmund Freud 사이의 두 가지 공통점이다. 하지만 공통점은 여기까지다. 프로이트가 꿈을 무의식의 창으로 여겼다면, 내가 말하는 꿈은 의식의 산물이다. 삶을 통제하고, 경기를 지탱하는 방향성에 가깝다.

상담실 벽에는 프로이트의 초상이 아니라 2번 아이언을 들고 스윙하는 골퍼의 사진이 걸려 있다. 그 옆에는 잭 니클라우스Jack Nicklaus, 톰 왓슨Tom Watson, 톰 카이트Tom Kite가 직접 사인한 페블비치 18번 홀 깃발이 액자에 담겨 있다. 바닥에는 퍼팅 연습용 홀도 파여 있고, 몇몇 운동기구가 공간을 채운다. 하지만 누구도 소파에 눕지 않는다. 우리는 각자 편한 자리에 앉아 담백하게 대화를 나눈다.

프로이트는 꿈을 통해 사람들이 어린 시절의 상처, 부모의 실수, 본능적 충동과 같은 통제 불가능한 요소의 희생자임을 드러낸다고 보았다. 그는 무의식의 이론을 세우고 그 위에 학문을 쌓았다. 그러나 내가 묻는 꿈은 전혀 다른 것이다.

내가 말하는 '꿈'은 골퍼가 의식적으로 오랫동안 품어온 포부다. 단지 성과에 대한 기대가 아니라, 스스로를 움직이게 하는 정서적 동력이다. 그 꿈은 아침에 눈을 뜰 때부터 밤에 잠들기까지 마음속에 살아 있고, 지나치게 명료해서 적어둘 필요조차 없다. 오히려 내가 지도했던 선수들에게 필요한 건 그 꿈을 상기시키는 게 아니라, 가끔 꺼내어 숨을 고르게 해주는 일이었다. 나는 선수들에게서 수없이 그 꿈 이야기를 들어왔다. 그건 삶의 중심이자, 자신이 진정으로 원하는 것이 무엇인지를 일깨워주는 감정의 연료였다. 그리고 이것이야말로 골퍼에게 가장 중요한 자세다.

팻 브래들리 Pat Bradley의 꿈 이야기는 내가 들은 수많은 사례 중에서도 가장 인상 깊었다. 우리가 처음 만난 건 1980년대 초반이었다. 당시 그녀는 여러 대회에서 이미 우승한 상태였지만, 스스로에게 확신이 없었다. 어떻게 우승했는지 믿기지 않는다고 했고, 골프에 선천적인 재능이 있는지도 모르겠다고 말했다. 어릴 적엔 스키에 빠져 있었고, 뛰어난 기록을 낸 아마추어 경력이 있었던 것도 아니었다. 강팀이 있는 대학에서 골프를 배운 적도 없었다. 그저 서서히 실력을 쌓아온 선수였다. 그녀는 내 소파에 앉아 이렇게 말했다.

"서른은 넘었지만, 아직도 우승하고 싶어요. 메이저 대회에서 한 번쯤은 꼭 이기고 싶고, 올해의 선수도 되고 싶어요. 그리고 LPGA 명예의 전당에도 오르고 싶은 마음도 있어요."

브래들리의 목표는 대담했고, 그 진심은 내게 고스란히 전달됐다. 나는 짧은 대화 속에서도 그녀가 얼마나 간절히 꿈을 원하는 사람인지 알 수 있었다. 그녀는 흥분되어 있었고, 눈빛은 분명했다. 그 무렵 나는 LPGA Ladies Professional Golf Association, 여자 프로 골프 협회 명예의 전당 조건을 자세히 알지 못했지만, 곧 조건을 파악할 수 있었다. 명예의 전당에 오르기 위해서는 총 30승을 기록해야 했고, 그 가운데 한 번 이상은 메이저 대회에서 우승해야 했다. 결코 쉽지 않은 기준이었다. 단 몇 명만이 이룰 수 있는 성과였다.

우리는 이틀간 훈련을 함께했다. 자신이 승자임을 믿는 능력, 집중력, 효율적인 사고, 퍼팅에 대한 자신감을 키우는 연습이었다. 그 이후로도 브래들리는 주기적으로 연락을 하며 자신이 익힌 마인드셋을 되짚었고, 나는 계속해서 조언을 건넸다.

1년 후, 브래들리는 다섯 번의 토너먼트에서 우승했다. 그중 세 번은 메이저 대회였다. 그녀는 그랜드슬램을 거의 달성할 뻔했다. 나는 그녀가 놓친 단 하나의 메이저 대회, 오하이오 데이튼에서 열린 U.S. 여자 오픈을 직접 지켜봤다. 마지막 세 홀에서 시도한 퍼트 중 두 번이 홀을 스쳤다. 결국 한두 타 차이로 우승을 놓쳤다. 후에 브래들리에게 이렇게 말했다.

"그날 내 주머니에 큰돈이 없었던 게 다행이었어요. 있었다면 당신 우승에 전부 걸었을 테니까요."

그해 브래들리가 보여준 경기력과 자신감은 그것만으로도 놀라운 성취였다. 이후에도 그녀는 계속 우승했고, 마침내 1991년, 네 번째 메이저 대회 우승으로 LPGA 명예의 전당 입성 자격을 갖췄다. 기념식은 보스턴 리츠칼튼 호텔에서 열렸고, 그녀는 나와 내 아내 달린을 초대했다. 로비에서 우리는 그녀와 그녀의 어머니 캐슬린을 만났고, 따뜻한 포옹을 나눴다. 브래들리는 내게 웃으며 말했다.

"밥, 이제 어떤 목표를 세워야 하죠? 드디어 꿈을 이뤘잖아요. 다음은 뭘까요?"

그녀는 이미 다음 꿈을 떠올리고 있었다. 1996년 올림픽에서 골프가 정식 종목이 되어 출전하는 것, 오거스타 내셔널에서 한 번이라도 경기하는 것. 현실적으로는 쉽지 않았지만, 그녀는 그 가능성을 믿고 있었다. 그녀는 1991년 이후 우승 기록이 없었지만, 나는 알고 있었다. 브래들리가 다시 '다음 꿈'을 붙잡는 순간, 그녀는 다시 이길 것이다. 그녀가 앞으로 나아갈 수 있었던 이유는 언제나 명확했다. 그녀에겐 꿈이 있었다.

나는 비슷한 이야기를 바이런 넬슨Byron Nelson에게서도 들었다. 어느 날, 톰 카이트와 함께 텍사스 댈러스 외곽의 라스콜리나스 컨트리클럽에서 클리닉을 진행하고 있었을 때였다. 그 자리에 넬슨과 그의 아내 페기가 참석했고, 우리는 대화를 나눌 기회를 가졌다. 행사가 끝난 후 질의응답 시간에 넬슨이 손을 들고 말했다.

"사람들은 제가 한 해에 11개 토너먼트에서 연속 우승했을 때 제 마음이 어땠는지를 자주 묻습니다. 하지만 방금 들은 '꿈'에 대한 이야기를 듣고 나서야 그 질문에 제대로 답할 수 있을 것 같네요."

그는 골프로 성공해서 대목장을 갖는 것이 꿈이었다고 말했다.

"경기에 나설 때마다 저는 목장에 한 걸음씩 더 다가갔습니다. 우선 땅을 샀고, 그다음 울타리를 치고, 집을 지었죠. 외양간과 가축이 필요했고, 내가 투어에 나가 있는 동안 가축을 돌봐줄 사람도 고용해야 했어요. 그리고 그 모든 걸 유지할 수 있는 돈도 모아야 했죠."

그는 웃으며 덧붙였다.

"그래서 저는 이기기 위해 경기를 했고, 꿈을 이루고 나자 더는 많은 경기에 출전하지 않았습니다. 더 이상 선수 생활을 이어갈 이유가 없었거든요."

넬슨에게 '꿈'은 막연한 희망이 아니라, 실제 삶을 설계하고 실행하는 구체적인 계획이었다. 톰 카이트도 그런 꿈을 품었고, 때로는 그보다 더 집요하게 그것을 좇았다. 언젠가 챔피언스 투어가 열리기 일주일 전, 카이트와 함께 오스틴 컨트리클럽에 갔었다. 연습을 마친 뒤, 키 크고 몸집이 단단한 청년이 내게 다가와 말했다.

"밥 로텔라 박사님 맞으시죠? 저는 박사님께서 톰에게 어떤 이야기를 해주시는지 정말 궁금했습니다. 아시다시피 톰에게 박사님은 정말로 도움이 되는 것 같거든요."

우리는 악수를 나눴고, 그는 자신이 톰 카이트의 고등학교 동창이라고 소개했다.

"우린 같은 학교에서 골프를 쳤어요. 벤 크렌쇼가 후배였죠. 벤은 주 챔피언십에서 두 번 우승했고, 저는 한 번 했습니다. 그런데 톰은

한 번도 이기지 못했어요. 늘 3오버파였고요. 그런데 지금은 어떻게 그렇게까지 좋아진 거죠?"

이 질문엔 짧은 대답과 긴 대답이 있었다. 짧은 대답은 카이트에겐 '꿈'이 있었다는 것. 그리고 그 꿈을 위해 단 하루도 멈춘 적이 없었다는 것이다. 어릴 적 그는 왜소했고, 안경을 썼으며, 주니어 골프 모임에서도 두각을 나타내지 못했다. 그의 꿈은 이루기 힘들어 보였고, 부모는 아들을 전직 프로 선수였던 리오넬Lionel과 제이 허버트Jay Hebert 형제에게 데려갔다. 그들이 현실을 깨닫게 해주기를 바랐던 것이다. 그러나 형제는 말했다.

"아이가 곧 골프가 얼마나 어려운 운동인지 스스로 깨닫게 될 거예요. 그러니 계속 골프를 하게 두세요."

그때부터였다. 카이트는 그저 꿈을 꾸는 데 그치지 않고, 그 꿈에 헌신하는 법을 깨달았다. 카이트는 결국 자신이 품었던 대부분의 꿈을 이루었다. 메이저 대회를 포함해 수많은 토너먼트에서 우승했고, 올해의 선수와 상금 랭킹 1위라는 목표도 달성했다. U.S.오픈에서 첫 우승을 거둔 직후, 내게 전화를 한 적도 있다. 카이트는 자신이 투어에 복귀하면 어떤 일들이 벌어질지 잘 알고 있었다. 사람들은 모두 그를 축하할 것이고, 기자들은 앞다투어 인터뷰를 요청할 것이며, 팬들 역시 그를 가만두지 않을 것이다.

많은 우승자들이 그 뒤로 흔들린다는 사실 또한 알고 있었다. 누구나 정점을 찍으면 내려오기 마련이다. 카이트는 자기 수양을 시작했다. 매 경기마다 더 나은 경기를 하기로, 매번 이전의 자신을 넘어서

기로 마음먹었다. 그리고 해냈다. 나는 지금도 믿는다. 카이트는 이전의 꿈들을 실현해 온 것처럼, 앞으로도 새로운 꿈들을 하나씩 성취해갈 것이다.

카이트는 오랫동안 '긴 대답'을 준비해 온 사람이었다. 다시 말해, 카이트의 어린 시절 라이벌이 던진 질문, "어떻게 그렇게까지 좋아진 거죠?"에 대한 긴 대답이 바로 이것이다. 그는 끊임없이 노력했고, 실수를 극복했고, 제자리걸음을 반복하면서도 방향을 잃지 않았다. 많은 사람들은 골프 실력의 핵심을 신체 조건에서 찾는다. 하지만 카이트는 그것이 전부가 아님을 보여줬다. 진짜 잠재력은 태도에 있다. 웨지Wedge, 짧은 거리에서 공을 높이 띄우는 클럽와 퍼터Putter, 홀 가까이에서 공을 굴리는 클럽를 다루는 능력, 그리고 매 샷마다 똑바르게 생각하는 힘까지 말이다.

카이트는 종종 자신이 이룬 성과의 일부가 내 덕분이라고 말한다. 그 말이 고맙지만, 그는 내가 지도한 선수들 가운데 가장 좋은 태도를 가진 사람 중 하나였다. 그의 집에는 어릴 때부터 퍼팅 그린과 샌드 벙커가 있었고, 그는 거기서 숏 게임을 수없이 연습했다. 그는 자신의 목표를 이룰 수 있다고 믿었다. 그 믿음과 태도가 그의 진짜 재능이었다.

나는 늘 생각한다. 만약 그가 다섯 살 때 골프 대신 농구를 선택했더라도, 그는 아마 미국 최고의 농구 선수가 되었을 것이다. 왜냐하면 진짜 잠재력은 신체 조건이 아니라, 태도와 마음가짐에 있기 때문이다. 사람들은 종종 묻는다.

"챔피언은 어떤 기질을 타고나야 하나요?"

나는 아직까지 그 질문에 대한 정답을 찾지 못했다. 내가 지도했던 챔피언들은 모두 서로 달랐다. 도시 출신도 있었고, 시골에서 자란 이도 있었으며, 부유한 집안도, 어려운 환경도 있었다. 부모가 운동선수였던 이도 있었고, 전혀 관련 없는 집안도 있었다. 어떤 이들은 조용했고, 어떤 이들은 외향적이었다. 그러나 단 하나의 공통점은 있었다. 그들은 모두 강한 의지를 가졌고, 자기만의 꿈을 품었으며, 그 꿈을 이루기 위해 오랜 시간 온 힘을 다했다.

브래들리가 "잠재력은 현재 가진 능력보다 더 나은 결과를 가능케 한다"라는 말을 한 적이 있다. 하지만 잠재력은 때로 사람을 짓누르기도 한다. 모두가 "넌 훌륭한 잠재력을 가졌어"라고 말할 때, 그 기대는 부담이 되고, 자기혐오로 이어지기도 한다. 그 예가 발 스키너Val Skinner다. 그녀는 올해의 학생 선수상을 받고 투어에 합류했고, 강력한 장타를 자랑하는 선수였다. 하지만 우승은 하지 못했다. 점점 스스로를 비난했다. 결국 신체적인 재능은 골프의 조건일 수는 있어도, 절대적인 요건은 아니라는 것을 깨닫게 되었다.

대부분의 사람들은 자신이 가진 재능의 일부만을 사용한다. 하지만 신중하게 그 재능을 운용할 줄 아는 선수는 자신보다 뛰어난 조건을 가진 이들을 이길 수 있다. 한편, 꿈이 없는 선수는 자신감도 없다. 얼마 전, 한 대학생이 골프에 대해 상담을 하러 나를 찾아왔다. 그는 말하길, 골프도 곧잘 하고 공부도 나쁘지 않다고 했다. 졸업 후엔 아버지 회사에 들어가 돈도 꽤 벌 거라며, 미래에 큰 걱정은 없다고 말했다. 그래서 내가 물었다.

"그럼, 네가 정말 좋아하는 건 뭐니? 생각만 해도 가슴 떨리는 일이 있니?"

그가 얼굴을 밝히며 말했다.

"우리 학교 농구팀이요. 진짜 잘하거든요. 경기 티켓을 얻으려고 밤새 줄을 선 적도 있어요."

나는 잠시 웃고는 이렇게 말했다.

"네 학교 골프팀이 농구팀만큼 강했다면, 넌 지금처럼 그 팀에 속해 있지는 못했을 거야. 좋은 팀은 선수의 실력뿐 아니라 태도도 보기 때문이지. 매일 자유투를 연습하고, 수비에 헌신할 수 있는 태도 말이야. 그게 진짜 선수가 되는 길이야. 그건 골프의 숏 게임과도 같지."

대학 농구팀은 전국 챔피언십을 노린다. 그래서 모든 훈련과 선택이 그 목표를 중심으로 이뤄진다. 하지만 대부분의 대학 골프팀은 그렇게 훈련하지 않는다. 애초에 목표가 다르다.

"어디를 향하고 있느냐가 결국 몰입 수준을 결정짓는 거야. 네 팀은 연습하고 싶을 때 연습하고, 스윙만 반복하고, 숏 게임 연습엔 거의 시간을 쓰지 않아. 그리고 아마 대부분은 공부가 바쁘다는 이유로, 중간 정도 실력도 괜찮다고 자기합리화를 할 거야."

그가 고개를 끄덕였다.

"그래서 네가 골프에서 뭔가 위대한 걸 이루고 싶다면, 농구팀 선수들이 자기 스포츠에서 성취하는 것보다 훨씬 더 힘든 길을 걸어야 할 거야. 왜냐하면 넌 혼자 해야 하거든. 너 혼자 팀보다 더 높은 목표를 세우고, 스스로 그걸 이루려는 각오가 있어야 해. 철저히 혼자이기에 때로는 외로운 길이기도 해."

누군가 나에게 이렇게 말한다고 해보자.

"저는 마흔다섯이고, 핸디캡은 25입니다. 하지만 시니어 투어에 나가 밥벌이를 하고 싶어요."

나는 그 사람에게 이렇게 말할 것이다.

"정말 멋진 꿈입니다. 나는 당신처럼 큰 꿈을 품은 사람과 일하고 싶습니다."

그는 지금 95타를 치고 있을지 모른다. 하지만 '언젠가 나는 70타를 칠 수 있을 거야'라고 믿는다면, 그 가능성은 실제가 된다. 물론, 이건 단지 희망적인 이야기로 끝나선 안 된다. 중요한 건 그 꿈을 8년, 아니 15년 동안 지켜낼 수 있는지다. 생각만 좋다고 실력이 따라오는 건 아니다. 실력 향상은 연습과 끈기, 인내의 산물이다.

누군가 클럽 챔피언이 되는 걸 꿈꾸든, U.S.오픈 우승을 목표로 하든, 그 과정에는 수많은 좌절과 실망이 있을 것이다. 카이트도 U.S.오픈에서 우승하기 전 12번의 고배를 마셨다. 골프는 서서히 실력을 쌓는 운동이다. 그러니 그 과정 자체를 즐길 수 있어야 한다. 매일 아침 꿈을 향해 다시 시작할 수 있다는 설렘으로 하루를 맞이하길 바란다. 그리고 잠들기 전, 오늘 하루가 꿈에 한 걸음 가까워졌다는 걸 느끼며 미소 짓길 바란다. 그게 골프가 위대한 이유다. 골프는 결국 자신만의 꿈을 좇는 일이니까.

2장

마음가짐은 선택이다

경기력은 단순히 기술의 문제에 그치지 않는다.
어떤 생각을 선택하고,
어떻게 유지하는지가 경기를 지배한다.
'마음을 다루는 훈련'은 단순한 기술 훈련을 넘어,
스윙과 성과에 근본적인 변화를 가져온다.
골프에서 가장 중요한 것은
기술이 아니라, 바로 마음가짐이다.

몇 년 전, 닉 프라이스Nick Price가 처음 나를 찾아왔을 때의 일이다. 나는 공항에서 그를 마중했고, 함께 집으로 향했다. 그는 당시 30대 초반이었고 무난한 프로 선수였지만, 아직 최고 반열엔 오르지 못했다. 메이저 우승은 물론, 6년 동안 토너먼트 우승도 없었다. 그렇지만 프라이스에게는 꿈이 있었다. 모든 메이저 대회에서 우승하길 바라고 있었고, 때때로 60대 중반이나 심지어 그 이하 타수를 기록하기도 했다. 그는 64타를 칠 실력도 있었지만, 어떤 날은 76타를 치기도 했다. 이 들쭉날쭉한 스코어는 그에게 고통이었다.

　프라이스도 다른 선수들과 비슷한 문제를 안고 있었다. 라운드 초반 몇 홀이 잘 풀리면 자신감이 붙고, 경기가 잘 흘러갔다. 하지만 초반이 조금만 삐끗하면 집중력이 무너지고, 스윙을 고치려 애쓰다가 플레이가 불안정해졌다. 그가 말하길 가장 나쁜 상황은 첫 번째 홀에서 어프로치샷을 핀 가까이 붙여놓고도 짧은 퍼트를 놓쳤을 때라고 했다. 그 한 번의 실수로 자신감을 잃고, 소심해지고, 그날 경기는 엉망이 됐다. 나는 그에게 이렇게 말했다.

"초반 몇 홀의 희생양이 된다면, 당신은 더 이상 자신이 아니라 꼭두각시에 불과해요. 그 몇 홀이 당신 어깨에 줄을 메고, 남은 15홀의 플레이를 조정하게 되는 거죠."

그리고 이렇게 덧붙였다.

"꾸준히 좋은 스코어를 내려면, 생각을 일관되게 유지하는 법을 익혀야 해요. 매 샷마다 다른 스윙을 하려는 건 아니잖아요? 그렇죠?"

그는 고개를 끄덕이며, 자기도 그런 사람은 아니라고 했다.

"경기는 마음 상태에 달려 있어요. 라운드를 시작하기 전에 '어떻게 생각하며 경기를 치를 것인가'를 결정해야 해요. 그리고 샷마다 그걸 실천해야죠."

나는 믿는다. 마음가짐은 선택이다. 그리고 대부분의 사람은 자신의 마음이 문제라는 사실조차 인식하지 못한 채 경기에 임한다. 20세기 심리학은 오랫동안 '사람은 희생자'라는 관점을 강화해 왔다. 무정한 부모, 가난, 학대, 나쁜 유전자, 그런 것들이 사람을 불행하게 만든다고 믿었다. 이 관점은 사람들에게 책임을 회피할 수 있는 근거가 되어주었다. "내가 이래서 불행한 거야"라고 말할 수 있게 해주었고, 그건 심리학의 한계이기도 했다.

나는 그런 심리학 교육을 정통으로 받지 않았다. 대신 체육관에서 몸으로 부딪히며, 선수의 심리를 경기와 훈련을 통해 배웠다. 나는 버몬트주 러트랜드에서 자랐고, 아버지는 이발소를 하셨다. 나는 운동과 놀이 말고는 다른 것에는 별 관심이 없던 아이였다.

세인트요셉아카데미에서는 축구, 농구, 야구를 했고, 캐슬턴주립대학교에 진학해서는 농구와 라크로스 선수로 뛰었다. 후에 그 대학의 명예의 전당에 이름을 올리기도 했다. 그 무렵 골프는 내게 곁가지였다. 여름이면 친구 조 가디어Joe Gauthier가 일하던 러트랜드 클럽에서 그저 캐디 아르바이트를 했고, 친구가 월요일마다 라운드하는데 따라나섰던 게 전부였다. 그러다가 '코치'라는 존재에 흥미를 느끼기 시작했다. 그들이 하는 말, 팀을 이끄는 방식, 선수의 태도를 변화시키는 말들을 주의 깊게 들었다.

사촌 살 소마Sal Soma는 뉴욕주 역사상 최고의 고등학교 풋볼 코치 중 한 명이자, 빈스 롬바르디Vince Lombardi의 친구였다. 롬바르디는 만년 꼴찌 팀이었던 그린 베이 패커스Green Bay Packers를, 슈퍼볼 1, 2회를 석권한 1960년대 최고의 명문팀으로 만든 전설적인 명장이다. 또 한 명의 영향력 있는 인물은 이웃 밥 질리엄Bob Gilliam이었다. 그는 킴볼유니언아카데미에서 야구 코치를 하며, 선수들에게 자기 자신을 믿게 해주는 기술을 가진 사람이었다. 내 초등학교 농구 코치 조 비자로Joe Bizzarro는 '선수가 자신감을 갖게 하는 것이 우승의 핵심이다'라는 걸 몸소 보여준 사람이었다.

고등학교 시절, 나에게 또 한 명의 중요한 코치가 있었다. 짐 브라운Jim Browne은 뉴저지 리지필드 파크 출신으로, 탁월한 선수이자 한국전쟁 참전 용사였다. 그는 내게 정신적, 육체적 강인함이란 무엇인지 몸소 보여줬다. 훈련하던 중에 내 앞니가 부러진 적도 있었지만 나는 그를 존경했고, 그와 함께하는 훈련에 불만을 느끼지 않았다. 그 당시 풋볼팀의 보조 코치였던 토니 징글레이Tony Zingali는 "정신 수양은 매일 훈련되어야 한다"고 강조했다. 그래야 경기 당일, 실력 이상의 결과가 나온다고 했다.

또 다른 멘토, 펀지 쉬오피Funzie Cioffi는 롬바르디 감독 밑에서 뛰었던 쿼터백 출신이자 전략의 중요성을 가르쳐준 사람이었다. 캐슬턴에서 야구 코치였던 빌 머릴Bill Merrill은 나와 같은 기숙사에서 지냈고, 우리는 코칭에 대해 밤늦게까지 토론하곤 했다. 그는 말했다.

"팀이 진짜로 성공하길 바란다면, 길은 반드시 열린다."

그는 이 말이 진실이라는 것을 자신이 지도한 농구팀을 통해 증명했다. 또 다른 농구 코치는 이렇게 말했다.

"선수의 신체 조건보다 중요한 건 명확한 목표를 가진 정신력이다."

나는 대학 시절 비공식적으로 코칭을 시작했다. 크리스마스 휴일 동안, 우리는 매주 금요일 정신지체 아동들과 농구 훈련을 함께했다. 처음엔 반신반의했지만, 그 아이들과 함께하는 시간이 내게 더 많은 걸 가르쳐줬다. 그들은 우리가 가르치는 어떤 기술도 기쁘게 집중해서 배우려고 했다. 항상 밝은 태도로 훈련에 임했고, 자신의 한계를 조금씩 넘어서 갔다. 덕분에 나는 중요한 걸 배웠다. 행복은 가진 것이 아니라, 그것을 가지고 무엇을 하느냐에 달려 있다는 사실 말이다.

대학 졸업 후, 정신지체 아동을 위한 활동을 계속했다. 그리고 모교 고등학교의 보조 코치 자리에 올랐다. 코치 생활이 길어질수록, 나는 점점 더 명확해졌다. 기술보다 중요한 건 태도, 자신감, 마음가짐이라는 사실. 자신감이 없으면 경기에서 지고, 자신감이 있으면 경기의 흐름은 풀린다. 이건 절대 공식이었다.

그 무렵 나는 스포츠 심리학을 공부했고, 코네티컷주립대학원에서 박사 학위를 받았다. 그 후, 버지니아대학교에서 교편을 잡으며 모든 종목의 선수들을 지도하게 되었다. 1976년부터였다. 그 과정에서 점점 전통 심리학의 한계를 체감하게 되었다. 그 이론들은 현실의 고통을 경험한 이들에 의해 만들어졌지만, 성공과 행복을 설명하지 못하는 경우도 많았다.

나는 다른 관점을 찾기 시작했다. 성공과 행복을 경험한 사람들의 생각에 귀를 기울였다. 그중 내가 가장 깊이 공감한 이가 윌리엄 제임스William James였다. 미국 심리학계의 선구자였던 그는 한 학회에서 이런 질문을 받았다.

"지난 반세기 동안 인간의 마음에 대해 진행된 대학 연구들 중, 가장 중요한 발견은 무엇입니까?"

제임스는 이렇게 말했다.

"사람은 자신이 생각한 모습대로 된다는 거죠."

나는 이 문장을 평생의 철학으로 삼았다. 제임스의 말은 너무 자명해서 잊기 쉬운 진실이다. 사람은 자신이 생각하는 대로 되어간다. 자신을 어떻게 인식하느냐가, 그 사람을 결정짓는다. 만약 누군가 내게 "어떻게 하면 행복해질 수 있나요?"라고 묻는다면 나는 이렇게 대답할 것이다.

"아침에 일어나면, 그날 하게 될 가장 즐거운 일을 떠올리세요. 잠자리에 들기 전엔 하루 중 가장 좋았던 순간과 내일 기대되는 일을 생각하세요. 그러면 매일이 달라집니다."

이는 그저 기분을 좋게 하려는 조언이 아니라, 뇌가 스스로를 조율하는 방식에 관한 핵심 원리다. UCLA를 아홉 번 우승으로 이끈 존 우든 John Wooden 감독 역시 비슷한 철학을 가졌다.

"승리와 패배는 마음속에서 시작된다. 그리고 그걸 인정하는 사람만이 승자다."

이 사고방식은 우리에게 '자유의지'라는 중요한 개념을 상기시킨다. 나는 이 단어를 내가 만난 선수들에게 자주 반복적으로 말했다.

"자유의지란 자신이 어떤 방식으로 생각할지를 선택할 수 있는 힘이다."

사람은 자신을 불행한 사람이라고 볼 수도 있고, 행복한 사람이라고 볼 수도 있다. 골퍼도 자신을 위대한 선수라고 여길 수도 있고, 재능이 없는 선수라고 여길 수도 있다. 이 선택은 곧 현실이 된다. 자유의지는 단지 의지력이 아니라, 삶을 스스로 조절할 수 있다는 가능성의 토대다. 골프 코스에서 자유의지는 샷을 어디로 보낼지 결정하는 것, 퍼트를 홀에 넣을지, 그냥 붙일지 선택하는 것이다. 종종 선수들이 내게 말한다.

"박사님, 아무리 해도 볼이 물에 빠지는 상상만 떠올라요. 그 생각을 멈출 수가 없어요."

"그럴 수 있어요. 하지만 당신은 그 생각을 바꿀 수 있어요. 볼이 깃대를 향해 간다고 믿는 상상을 선택할 수 있어요."

골퍼는 무엇을 생각할지를 선택할 수 있어야 한다. 프라이스는 초반 실수가 전체 라운드를 망칠 거라고 스스로에게 말하곤 했다. 하지만 그건 선택이었다. 그는 다른 선택도 할 수 있었다.

'나는 예전에 64타도 쳤던 선수야.'

'오늘도 똑같이 할 수 있어.'

'지금 내 퍼팅은 괜찮아.'

'이 샷은 잘 될 거야.'

이렇게 생각을 선택할 수 있었던 것이다. 프라이스는 내 이야기를 다 듣고 웃으며 말했다.

"이런 이야기를 해줄 줄 알았으면 진작 찾아왔을 거예요. 이렇게 논리적인 사람일 줄은 몰랐죠."

나는 웃었다. 그리고 우리는 함께 연습장으로 가서 티샷을 하고, 퍼팅을 하며 그의 생각이 어떻게 경기를 바꿀 수 있는지를 함께 검토했다. 그날 이후, 프라이스는 더 이상 꼭두각시가 아니었다. 자기가 원하는 생각을 선택했고, 그 선택이 결국 그의 샷을 바꾸고, 경기력을 바꾸었다.

3장

스윙의 완성은 자기 신뢰다

완벽한 스윙을 만들기 위해 수없이 휘두르지만,
정작 경기를 망치는 건 흔들린 마음이다.
코스 위에서 스윙이 흐트러지는 진짜 이유는
몸이 아니라 생각이다.
스윙 메커니즘을 떠올리는 순간,
훈련된 감각은 멈춘다.
결국 경기력은 '어떻게 휘두를까'가 아니라
'무엇을 믿고 휘두를 것인가'에 달려 있다.

톰 카이트, 팻 브래들리, 닉 프라이스 같은 골퍼들은 크고 찬란한 포부를 품고 나를 찾아왔다. 이미 많은 연습을 했지만, 경기력은 생각만큼 올라오지 않았다.

"이기는 법을 배우고 싶어요. 견고한 경기를 하고 싶습니다."

나는 골프 클리닉에서 초보 골퍼들을 자주 본다. 이들은 골프 서적과 잡지를 닳도록 읽고, 스윙에 관한 지식은 넘치지만 실전에서 무너진다. 연습장에서는 잘되지만 코스에서는 안 된다고 말한다. 하지만 실상은 이렇다. 이들은 생각보다 훨씬 더 좋은 스윙 실력을 가진 사람들이다. 문제는 연습장에서 해낸 그 스윙이 왜 실제 코스에서는 반영되지 않느냐는 것이다. 해답은 스윙 구조가 아니라, 스윙을 하는 순간 무엇을 생각하느냐에 있다.

골프는 다른 스포츠와 달리 상대의 행동에 반응할 필요가 없는 종목이다. 공의 위치, 자세, 볼의 움직임, 모든 조건이 자기 통제하에 있다. 그 점에서 골프의 스윙은 농구의 자유투, 체조의 평균대 걷기와 비슷하다. 농구에서 자유투를 던질 때 공의 크기와 바스켓의 높이, 거리까지 모두 정해져 있다. 자유투를 잘 던지는 선수들은 자신만의 루틴을 갖고 있다. 공을 회전시키거나 드리블을 일정하게 반복한 뒤, 바스켓 테두리에 집중한다. 이들은 던지는 순간, 팔꿈치 각도나 손목의 꺾임 같은 걸 생각하지 않는다.

체조의 평균대도 마찬가지다. 바닥에 놓인 대들보 위를 걷는 일은 누구나 할 수 있다. 반대편 끝을 보고 자연스럽게 걸어간다. 하지만 그 대들보를 40피트 높이 공중에 올려두면 이야기는 달라진다. 걷기 자체보다 '떨어지지 않는 것'을 목표로 삼게 된다. 어디를 보고 걷지? 발은 어떻게 놓지? 팔은 벌려야 하나? 몸은 옆을 향해야 하나? 이런 질문이 올라오고, 신체는 같아도 생각이 바뀌는 순간 몸의 움직임도 달라진다. 실패를 두려워하는 골퍼도 마찬가지다. 클럽을 어떻게 빼야 할지, 몸은 얼마나 틀어야 할지, 손목은 얼마나 꺾어야 할지, 다운 스윙은 어떻게 시작해야 할지. 이 모든 생각이 스윙의 자연스러움을 해친다. 결국 골퍼는 자신이 연습장에서 익힌 스윙을 코스에서 실행하지 못한다.

플레이 중에 스윙 메커니즘을 생각하면, 볼을 일정하게 칠 수 없다. 왜 그런지는 아직 과학적으로 완전히 설명되진 않았다. 언젠가 심리학자들이 이 과정을 밝혀낼 것이다. 확실한 것은, 스윙은 '반응'일 때 더 나아진다. 목표를 보고, 그저 반응할 때 몸은 가장 잘 움직인다. 우리는 세상에서 가장 정교한 '컴퓨터 시스템'을 가진 존재이며, 그 시스템은 오로지 목표를 바라보며 반응할 때 가장 자연스럽게 작동한다.

운동 역학이 중요하지 않다는 말은 아니다. 나는 정신력만으로 골프를 논하는 사람은 아니다. 좋은 선수는 기술적 훈련과 심리적 태도를 균형 있게 조율할 수 있어야 한다. 그래서 내가 지도한 선수들 대부분은 스윙 코치와 함께 일한다. 그러나 스윙의 기계적 요소는 연습장에서 다뤄야 할 문제다. 코스에 들어섰다면, 자신의 몸에 맡겨야 한다. 자유투를 던지는 농구 선수처럼, 평균대를 걷는 체조 선수처럼, 고민 없이 그냥 움직여야 한다. 그렇게 하려면, 충분한 연습을 통해 익힌 스윙을 믿어야 한다.

골프 클리닉에서 이 이야기를 하면 늘 이런 이야기가 오고 간다.

"프로처럼 완벽한 샷을 구사하는 것도 아니고, 주말 골퍼는 어떻게 자기 스윙을 신뢰하나요?"

"나는 수많은 하이 핸디캐퍼들High Handicappers, 실력 낮은 아마추어 골퍼이 스윙 결함을 고치려다 스스로를 무너뜨리는 걸 봐왔습니다. 실력은 스윙을 고친다고 올라가는 게 아닙니다. 오히려 자신을 의심하지 않고, 초심으로 돌아가는 것이 그날의 경기력을 지켜줍니다."

물론 쉬운 일은 아니다. 특히 아마추어에게는 더 어렵다. 하지만 프로 선수들도 '완벽한 스윙'은 흔치 않다. 실제로 내가 지도한 선수들이 10년 동안 거둔 우승만 250회가 넘는데, 그중 "이틀 이상 완벽하게 쳤다"고 말한 선수는 거의 없었다. 우승한 선수들은 스윙이 안 되는 날에도, 그 스윙을 가지고 스코어를 만드는 법을 알고 있었다.

잭 니클라우스조차 코스에서 스윙을 고치는 데는 한계가 있다고 말했다. 톰 카이트가 들려준 일화가 있다. 그와 니클라우스가 PGA 챔피언십에서 함께 라운드를 돌던 날이었다. 1번 홀에서 니클라우스의 드라이버는 완벽한 페어웨이 샷이었고, 2번 홀은 짧은 파 4로 3번 우드를 사용했다. 3번 홀은 파 3이었다. 그러나 4번 홀에서 드라이버가 심하게 밀려, 공이 OBout of Bounds, 코스를 벗어난 구역로 향할 뻔했다.

그 순간, 니클라우스는 그날 남은 라운드에서 드라이버를 꺼내지 않았다. 7,200야드가 넘는 긴 코스였지만, 자신이 신뢰하는 3번 우드와 1번 아이언만 사용했다. 경기가 끝난 뒤에야 드라이버를 다시 손에 넣고 연습했다. 이것이 바로 위대한 선수가 가진 인내와 자제심이다.

대부분의 골퍼는 이런 인내와 자제력을 갖기 어렵다. 4번 홀에서 드라이버가 흔들리면 바로 다음 홀에서 같은 클럽을 다시 꺼내 들고 교정하려 한다. 그러면서 손이 열렸는지, 스윙 궤도가 무너졌는지, 손목의 회전이 문제였는지를 분석하기 시작한다. 하지만 이런 시도는 대부분 스윙을 회복시키기보다 타수를 망치는 결과로 이어진다.

신뢰는 대부분의 골퍼에게 자연스럽거나 본능적인 감각이 아니다. 간헐적으로 찾아오는 감각에 가깝다. 누구에게나 한두 개는 유난히 손에 맞는 클럽이 있다. 그 클럽을 쥐면 몸이 반응하고, 결과가 좋아진다. 이는 기술적인 이유 때문만이 아니라, 신뢰가 생기면 스윙이 더 유연해지고, 자신감 있게 실행되기 때문이다. 중요한 순간일수록 그 클럽은 더욱 믿음직스럽게 느껴지고, 골퍼는 자신을 더욱 확신하게 된다. 결국 과제는 하나다. 연습장에서 익힌 스윙을 실전에서 신되하며, 그 스윙으로 좋은 타수를 기록하는 것. 그것은 누구에게나 쉬운 일은 아니지만, 위대한 선수들만이 보여줄 수 있는 정신의 구조이기도 하다.

톰 왓슨은 그런 선수였다. 그는 샷이 나쁠수록 더 좋은 타수를 기록하곤 했다. 샷 하나하나에 과도하게 반응하지 않고, 전체 흐름을 믿었다. 잘못된 샷에 민감하게 반응할수록 스윙은 오히려 더 무너진다는 것을 아는 선수였다. 나는 왓슨이 70야드 왼쪽으로 볼을 밀었다가 다음 샷은 70야드 오른쪽으로 날리고, 마지막 샷은 핀 바로 옆에 붙이는 장면을 실제로 본 적이 있다. 몇 년 전 나비스코Nabisco 챔피언십에서 내 조언을 따랐던 칩 벡Chip Beck은 63타를 쳤다. 그의 인생에서 가장 인상적인 라운드였다. 왓슨이 흔들렸다면 벡이 우승할 수도 있었던 경기였다.

경기 막판 왓슨은 페어웨이를 놓치고 그린에 올리지 못한 샷도 있었지만, 모든 위기를 탁월하게 관리하며 파를 지켜냈다. 특히 마지막 홀은 나무로 둘러싸인 난코스였고, 깃대는 그린 구석에 박혀 있었다. 그는 6번 아이언을 꺼냈고, 늘 하던 대로 한두 번 왜글을 한 후 곧장 스윙에 들어갔다. 결과는 완벽한 샷이었다. 그는 평소처럼 흔들림 없이 자신을 믿었고, 그래서 이겼다. 바로 그것이 그를 위대한 선수로 만든 힘이었다.

물론 그는 얼마 전부터 퍼팅에 약간의 어려움을 겪고 있지만, 나는 왓슨이 곧 슬럼프를 극복할 것이라고 확신한다. 그는 위대한 선수들이 어떤 사고방식으로 경기를 이어가는지 정확히 알고 있기 때문이다. 진짜 정상급 선수들이 경기를 잘할 때는, 그 신뢰가 습관이 된다. 그들은 자신이 스윙을 믿고 있다는 사실조차 자각하지 않은 채 플레이한다. 샷을 준비하면서는 오로지 목표를 보고, 샷을 상상하고, 볼을 친다. 이 단순한 패턴이 그들의 힘이다.

브래드 팩슨Brad Faxon은 홀의 모양에 따라 첫 홀에서 드로우샷Draw shot, 왼쪽으로 살짝 휘게 치는 의도된 샷을, 다음 홀에서는 페이드샷Fade shot, 오른쪽으로 살짝 휘게 치는 의도된 샷을 구사한다. 그러나 그는 내게 말했다.

"저는 드로우니 페이드니 하는 스윙 메커니즘은 코스에서 전혀 생각하지 않아요. 제 몸이 그 상황에 필요한 스윙을 알아서 해줄 거라고 믿어요."

만약 지금 자신을 믿지 못하고 있다면, 먼저 신뢰가 있을 때와 없을 때의 차이를 분명히 인식하는 것이 중요하다. 그리고 신뢰를 키우는 사고방식과 습관을 만들기 시작해야 한다. 스윙 기술을 고치는 데 집착하지 말고, 프리샷 루틴Pre-shot routine을 정비하고, 목표에 집중하는 방식으로 생각을 훈련해야 한다. 골프는 몸만이 아니라, 생각까지 함께 훈련해야 완성되는 게임이다.

4장

멈추지 않으면 지지 않는다

경기는 언제든 흐름이 바뀔 수 있다.
실수의 순간에도 멈추지 않고
자신을 믿는 사람만이 다음 샷을 날린다.
그 차이가 승패를 결정지으며,
결국 승패는 믿음의 결과다.
자신의 스윙과 목표와 가능성을
끝까지 믿을 수 있는가.
경기는 그 믿음 위에서 결정된다.
멈추지 않으면 지지 않는다.

모든 스포츠에서 정상급 선수들은 자신의 기술을 믿는 법을 알고 있다. 이전 성적이 어떠했든, 스스로를 신뢰하는 태도를 유지한다. 버지니아대학 출신의 스튜어트 앤더슨Stuart Anderson도 그런 선수였다. 그는 워싱턴 레드스킨스에서 뛰었으며, 내가 주최한 '운동선수의 자신감' 세미나에 참석했다. 세미나에서 앤더슨에게 물었다.
　"자신감 있게 경기를 했던 순간, 마음은 어떤 상태였습니까?"
　앤더슨은 고등학교 시절 한 농구 경기를 떠올렸다. 그는 평균 50퍼센트의 성공률을 가진 슈터였지만, 플레이오프 첫 경기에서 첫 슛을 놓친 뒤, 무려 20번 연속 실패를 경험했다. 팀은 탈락 위기에 놓였다. 그때 앤더슨의 이야기를 듣던 한 학생이 질문했다.
　"그렇게 많은 슛을 실패하고도 왜 다른 선수에게 패스를 하지 않았나요?"

앤더슨은 웃으며 대답했다.

"난 슈터니까요. 그리고 거기엔 재미있는 이야기가 있습니다."

그의 팀은 경기 종료 1분 전, 1점 차까지 따라붙었다. 공격권을 잡은 그들은 작전 타임을 요청했고, 코치는 슛을 다른 선수에게 맡기려 했다. 하지만 앤더슨은 말했다.

"잠시만요, 코치님. 제가 볼을 던지게 해주세요. 제가 해볼게요."

앤더슨보다 학년이 낮은 선수도 그 상황에서 슛을 맡고 싶어 하지 않았다. 결국 코치는 계획을 수정했고, 앤더슨에게 마지막 기회를 맡겼다. 그는 자유투 라인 옆, 자신이 가장 좋아하는 지점에서 볼을 받았다. 시야는 정확히 골대에 고정돼 있었고, 자신 있게 점프해 슛을 날렸다. 공은 바스켓으로 곧장 빨려 들어갔다. 그날 그는 영웅이 되었고, 다음 날 신문 1면을 장식했다. 또 다른 학생이 물었다.

"그렇게 많은 슛을 놓치고도 어떻게 자신감을 유지할 수 있었죠?"

앤더슨이 말했다.

"나는 항상 50퍼센트 슈터였어요. 하나를 놓쳤다면 다음은 성공할 차례였죠. 두 개를 놓쳤다면 그다음 두 개는 넣을 수 있다고 생각했습니다. 다섯 개를 놓쳤을 때는, 다음 다섯 개를 성공할 거라고 믿었어요. 실패할수록 성공 확률이 높아진다고 생각했습니다."

다른 학생이 고개를 갸웃하며 물었다.

"그건 실패했을 경우잖아요. 그럼 반대로 연속으로 여섯, 일곱 개를 성공한다면요?"

앤더슨은 미소 지으며 말했다.

"그건 또 다른 기분이죠. 그날은 '나의 날'이라 생각해요. 그러면 경기가 더 잘 풀립니다."

그의 말은 단순한 농구 이야기를 넘어 운동선수의 태도에 관한 깊은 통찰을 담고 있었다. 선수는 자기만의 사고방식을 가지고 있어야 하며, 자신감을 유지할 수 있는 믿음을 길러야 한다. 농구에서는 이것을 '슈터의 정신력'이라 부른다. 골프에서는 더욱 중요하다. 선수를 대신할 후보가 없기 때문이다. 골퍼는 스스로의 사고방식에 전적으로 의존해야 한다.

퍼트를 몇 번 놓쳤다면? 다음 퍼트의 성공 확률이 높아졌다고 생각해야 한다. 티샷이 OB였다면? 단순한 사고였을 뿐, 자신의 스윙 시스템이 잘못된 건 아니라고 생각해야 한다. 겉보기엔 비합리적인 이 사고방식이 실제로는 가장 효과적인 대안이다. 앤더슨이 자신을 믿지 못했다면 마지막 슛은 불가능했을 것이다. 실패의 원인을 분석하고 자세를 고치려 했다면, 오히려 경기 리듬을 잃고 더 많은 에어볼을 날렸을지도 모른다.

주말 골퍼들은 더욱 심하다. 티샷부터 수많은 스윙 이론을 떠올리며 시작한다. 왼팔을 쭉 펴라, 머리를 고정해라, 크게 회전해라, 손목을 언제 꺾어라 등. 그렇게 충돌하는 정보 속에서 자연스러운 스윙은 무너진다. 몇 번의 실수만으로도 자신감을 잃고 스윙을 고치려는 시도가 시작된다. 하지만 골프는 18홀 내내 완벽한 스윙을 요구하지 않는다. 몇 개의 나쁜 샷은 어쩔 수 없다. 중요한 건, 그럼에도 자신을 믿고 경기를 이어가는 것이다. 자유의지를 가지고, 어떤 생각을 선택할지는 자기 몫이다. 끝까지 스윙을 믿는다면, 정확히 필요한 순간 몸과 마음이 반응할 것이다. 앤더슨의 마지막 숏처럼 말이다.

5장

스스로를
방해하지 마라

어떤 날은 공이 원하는 곳으로 날아가고,
스윙은 거침없이 이어지며,
마음은 아무것도 의식하지 않는다.
그건 우연이 아니다.
골퍼의 진짜 능력이 방해받지 않고 흐를 때,
최상의 경기가 만들어진다.

골프를 치다 보면 누구에게나 마치 모든 퍼즐이 완벽하게 맞춰진 듯한 순간이 찾아온다. 중급 골퍼나 심지어 하이 핸디캐퍼라도 꾸준히 라운드를 하다 보면, 한두 시간 동안은 마치 다른 사람이 된 듯 공이 원하는 곳으로 날아가고 연속으로 파를 기록하는 경험을 하게 된다. 그 시간 동안에는 평소에는 어렵게만 느껴지던 샷들이 거짓말처럼 쉽게 풀린다. 늘 가슴속에 품어왔던 '나도 언젠가는 할 수 있을 것'이라는 가능성이 현실로 드러나는 순간이다. 하지만 이 마법 같은 흐름은 대개 어느 순간 작은 실수 하나로 깨진다. 티샷이 벗어나거나, 칩샷이 땅을 박거나, 3퍼트를 하는 순간 파의 행진은 끝나고, 다시 보기Bogey, 1오버파 플레이로 되돌아간다. 그리고 많은 골퍼들은 이렇게 생각한다. '그때는 운이 좋았던 거야. 내 실력 이상이었어.'

그러나 그것은 착각이다. 뜨거운 흐름은 오히려 골퍼가 본래 지닌 진짜 능력을 보여준 것이다. 그 순간을 가능하게 만든 것은 다름 아닌 신뢰이다. 공 앞에 섰을 때, 골퍼는 고민하지 않고 목표를 정했다. 그러고는 스윙을 자연스럽게 반복했다. 어떤 기술적인 세부사항도 머릿속을 어지럽히지 않았다. 모든 동작이 별다른 의식 없이도 매끄럽게 이어졌고, 흐름은 전혀 방해받지 않은 채 자연스럽게 이어졌다. 뜨거운 흐름 속에서는 배울 수 있는 것이 정말 많다.

수많은 골퍼들을 인터뷰하면서 나는 한 가지 공통점을 발견했다. 뜨거운 흐름을 탔던 순간, 머릿속에 어떤 생각이 들어 있었는지 물었을 때, 그 누구도 "스윙 메커니즘을 생각했다"라고 답한 적이 없었다. 대부분은 오히려 이렇게 말했다.

"그때는 스윙을 잊고 있었다."

"그냥 목표만 보고 휘둘렀다."

이것은 자신의 스윙을 전적으로 신뢰했다는 뜻이다. 내가 함께 작업한 선수들 역시 이런 흐름 속에서 놀라운 결과를 만들어냈다. 데이비드 프로스트David Frost는 61타, 62타를 기록했고, 닉 프라이스는 남아프리카 대회에서 11언더파를 쳤다. 데이비스 러브 3세Davis Love III는 하와이 대회에서 60타를 기록했다. 앤드루 매기Andrew Magee는 1991년 라스베이거스 90홀 대회에서 31언더파, 329타를 기록했다. 톰 카이트는 그보다 2년 후 밥 호프 클래식현 The American Express, 프로암 형식의 PGA 투어 대회에서 325타로 기록을 갈아치웠다.

하지만 내가 지도했던 선수 중 공식 대회 단일 라운드 최저 타수 기록은 칩 벡이 세운 59타였다. 벡은 그날 라운드를 마친 직후 흥분을 감추지 못한 채 전화를 걸어왔다. 나는 무엇보다 그날 그의 심리 상태가 어땠는지 알고 싶었다.

벡은 많은 버디 퍼트를 성공시키고, 페어웨이와 그린을 정확히 공략했다. 그는 라운드가 진행될수록 점점 더 평온하고 자신감 넘치는 상태가 되었다고 말했다. 그리고 그는 이렇게 요약했다.

"로텔라 박사님, 오늘은 하루 종일 스스로를 방해하지 않았어요."

벡이 말한 '스스로를 방해하지 않았다'는 것은, 어떠한 의심도, 특히 스윙 메커니즘에 관한 의심이 그의 플레이를 침범하지 못했다는 의미였다. 그는 매 홀, 매 샷마다 분명하고 구체적인 계획을 세웠고, 그 계획을 몸에 맡긴 채 충실히 실행했다. 머릿속에서 떠오를 수 있는 온갖 불안, 망설임, 과도한 분석을 완전히 차단한 상태였다.

물론 스스로를 신뢰한다고 해서 항상 뜨거운 흐름이 찾아오는 것은 아니다. 하지만 신뢰는 그 흐름이 찾아올 가능성을 비약적으로 높여준다. 그래서 진짜 중요한 것은, 버디 퍼트 몇 개가 들어간 이후에야 신뢰를 시작하는 것이 아니라, 첫 번째 티샷을 준비하는 순간부터 의식적으로 신뢰의 상태를 갖춰야 한다는 점이다. 그리고 라운드가 진행되면서 어떤 일이 벌어지더라도, 그 신뢰를 흔들림 없이 지키려 노력해야 한다.

오직 그렇게 했을 때, 당신은 진짜 자신의 잠재력을 끌어내고, 스스로를 방해하지 않는 최고의 골프를 할 수 있다.

6장

집중은 기술이 아닌 선택이다

클럽을 휘두르기 전에, 이미 샷은 시작된다.
생각은 목표로 가는 길이 아니라,
목표에서 벗어나는 이유가 된다.
무엇을 보느냐보다,
무엇을 '보지 말 것인가'가 중요한 순간.
스윙보다 먼저 정렬되어야 하는 건,
마음의 시선이다.

내가 톰 카이트를 처음 만나고 얼마 지나지 않아 그는 흥미로운 제안을 하나 건넸다. 자신뿐만 아니라 PGA 투어의 여러 선수들에게도 스포츠 심리학에 기반한 정기적인 조언을 해달라는 것이었다. 그는 요즘 선수들이 경기력 향상에 실질적인 도움을 줄 수 있는 심리적 훈련, 특히 집중력, 자신감, 루틴 같은 요소에 대해 배울 필요가 있다고 느끼고 있었다. 하지만 우리가 말하는 이 모든 개념은 사실 새로운 게 아니다. 이미 오래전부터 존재해 온 지혜일 뿐이다.

오늘날 스포츠 심리학에서 현대적인 언어로 포장하여 설명하는 대부분의 개념들이 사실은 수백 년 전부터 내려오는 스코틀랜드 골퍼들의 전통적 지혜와 크게 다르지 않다. 골프의 발상지였던 스코틀랜드 사람들은 경기에서의 심리적 요소, 즉 평정심, 자신감, 흐름에 몸을 맡기는 감각의 중요성을 너무나도 잘 알고 있었고, 그것을 실천으로 옮겨왔다.

대표적인 사례가 바로 바비 존스Bobby Jones다. 그는 애틀랜타 애슬레틱클럽의 이스트 레이크 코스 근처에 살면서, 스코틀랜드 출신의 프로 골퍼 스튜어트 메이든Stewart Maiden에게 게임을 배웠다. 존스는 어린 시절 메이든에게 직접적인 스윙 지도를 받기보다는, 그의 뒤를 따라다니며 스윙의 흐름과 리듬을 눈으로 익혔다. 데이터 분석을 통해 기술을 익히는 것이 아니라, 감각적으로 흡수하고 자신만의 것으로 체화했던 것이다. 이는 일종의 '감각의 교육'이자, '직관의 훈련'이었다. 존스는 자신의 자서전 《다운 더 페어에이Down the Fairway》에서 메이든에게 배운 핵심 철학을 이렇게 정리했다.

"샷을 하는 그 순간에는 기술적인 어떤 생각도 해선 안 된다. 특히 세부 기술을 떠올리는 순간, 샷은 이미 실패하고 만다."

그는 경기 중에는 오직 목표와 리듬, 그리고 볼과의 유기적인 연결감에만 집중해야 한다고 보았다. 이 원리는 내가 수많은 선수들에게 강조하는 태도와 정확히 맞닿아 있다.

미국 초창기부터 위대한 선수들은 이러한 생각을 스스로 깨달았다. 월터 하겐Walter Hagen도 그중 하나이다. 하겐은 로체스터 컨트리클럽에서 캐디로 일하던 중, 그의 타고난 감각과 실력에 감동한 회원들의 지원으로 1914년 미들로디언에서 열린 U.S.오픈에 참가할 수 있었다. 하지만 대회 전날, 저렴한 식당에서 먹은 바닷가재 탓에 그는 식중독에 걸렸다. 온몸이 뒤틀릴 듯한 고통 속에서도 경기에 출전했고, 한 홀, 한 홀 그저 공을 앞으로 보내는 데에만 집중했다. 분석도, 욕심도 없었고, 오직 끝까지 해내자는 마음만 있었다. 결과는 69타, 첫 참가 대회에서 우승이었다. 이것이 바로 몰입의 힘이며, 기술보다는 정신적 집중이 만들어낸 승리다.

샘 스니드Sam Snead의 이야기도 빼놓을 수 없다. 버지니아 시골에서 가난하게 자란 그는 골프에 매력을 느꼈지만 클럽에 가입하거나 레슨 받을 돈이 없었다. 대신 나무로 만든 클럽과 돌을 공 삼아 울타리 넘기기를 하며 감각을 길렀다. 그는 이렇게 회고했다.

"아무 생각도 하지 않고 스윙할 때, 가장 좋은 샷이 나왔다. 막대를 자연스럽게 휘두르는 것, 그게 전부였다."

이 말은 오늘날 투어 선수들에게 내가 끊임없이 강조하는 핵심 원리와 일치한다. 즉 생각을 덜어내고 신뢰의 상태로 진입하는 것이다.

이렇게 보면, 스포츠 심리학이 새롭게 밝혀낸 것처럼 여겨지는 개념들이 사실은 골프의 태동기부터 이미 존재해 왔던 셈이다. 우리가 배워야 할 것은 새로운 기술이나 이론이 아니라, 이미 오래전부터 그 효과가 입증된 '경기의 본질'을 잊지 않고 되새기는 자세일지도 모른다. 그 본질은 여전히 유효하며, 오늘날에도 최고의 퍼포먼스를 이끌어내는 힘으로 작용하고 있다.

스니드는 몇 년 후, 초원에서 돌을 쳐가며 익힌 독학 스윙만으로는 프로 무대에서 경쟁력을 갖추기 어렵다고 판단했다. 보다 정밀하고 일관된 스윙을 체득하기 위해 자신이 간과했던 '집중력'이라는 요소에 주목하기 시작했다. 그렇게 처음으로 출전한 대회는 펜실베이니아 허시에 있는 초콜릿 공장 인근에서 열렸는데, 그곳에서 그는 '지나친 집중'이라는 역설적인 함정에 빠지게 된다.

첫 번째 홀에서의 티샷은 그에게 집중의 진정한 의미를 재정의하게 만든 경험이었다. 너무 몰입한 나머지 긴장이 극에 달했고, 오히려 스윙 타이밍을 놓쳐 슬라이스Slice, 오른쪽으로 휘는 구질가 발생했다. 두 번째 샷 역시 그보다 더 심한 슬라이스로 이어졌고, 네 번째 샷을 시도할 무렵에도 그는 아직도 티 위에 서 있었다. 그 순간, 스니드는 직감적으로 '무언가 잘못됐다'는 사실을 깨달았다. 어릴 적 들판에서 나무 막대를 휘두르며 익힌 순수하고 자유로운 감각, 그것이 사라졌다는 사실 말이다.

그는 다시 심호흡을 하고, 스스로에게 '그저 몸을 믿어보자'고 되뇌었다. 스윙을 의식하지 않고, 몸이 기억하는 리듬과 흐름을 따라간 결과, 다섯 번째 샷은 무려 345야드를 날아가 그린에 안착했고, 퍼팅까지 성공시켜 극적인 마무리를 지었다. 이 경험은 스니드에게 '의식의 개입이 반드시 유익한 것은 아니며, 때로는 본능적인 신뢰가 더 큰 힘을 발휘할 수 있다'는 교훈을 남겼다.

시간이 흐르며 미국 골프계는 스니드가 깨달았던 이 직관적 통찰에서 점차 멀어지기 시작했다. 1940년대 들어 스윙 기술 중심의 사고방식이 득세하면서, 심리적 균형이나 본능적 흐름보다는 기술적 정확성이 최우선 과제가 되었다. 바비 존스, 월터 하겐, 그리고 샘 스니드가 자연스럽게 익혀 체득한 경기의 내면적 철학은 점점 더 뒷전으로 밀려났다. 당시에는 하비 페닉Harvey Penick 같은 일부 지도자들만이 끝까지 이러한 심리 중심 접근을 유지했지만, 시대는 기술 중심 교습으로 빠르게 기울어갔다.

여기에는 여러 가지 이유가 존재했다. 그 첫 번째 이유는 바로 '기술의 발전' 때문이다. 고속 촬영, 스틸 사진의 보급으로 인해 백스윙의 궤도, 손목을 꺾는 타이밍 등 모든 동작이 시각적으로 측정되고 분석되기 시작했다. 잡지, 서적, TV 방송은 이런 흐름을 더욱 확대 재생산했고, '완벽한 스윙'이라는 신화가 골퍼들의 상상력을 지배하게 되었다. 연습장은 사방에 생겼고, 코치들은 이제 연습 티에 서서 자세만 분석하며 직업을 유지할 수 있게 되었다. 그 결과, 코스 안에서의 흐름, 감각, 리듬, 그리고 결정의 중요성은 점차 간과되었다.

더욱 심각한 문제는 교습이 산업화되면서 불거졌다. 골프는 점점 '상품화된 기술'이 되었고, 지도자들은 자신만이 '유일한 진리'를 지닌 것처럼 주장하기 시작했다. 다양한 스윙 철학은 '틀렸다'는 이유로 배척되었고, 심지어 바비 존스와 같은 위대한 선수들도 '불완전한 스윙'의 소유자로 낙인찍히는 지경에 이르렀다. 하지만 정작 그들은 자신의 스윙에 강한 자부심과 신념을 가지고 있었다. 아놀드 파머Arnold Palmer, 잭 니클라우스, 리 트레비노Lee Trevino 같은 선수들도 자신만의 고유한 리듬과 방식을 지켜내며 정상에 섰다.

이런 기술 신화의 중심에는 벤 호건Ben Hogan이 있었다. 호건은 '스윙 기술의 결정체'라는 이미지로 자리 잡았고, 그의 연습량은 전설이 되었다. 그러나 호건이 직접 밝힌 회고록을 보면, 그는 1946년까지도 스윙에 대한 강박과 불신에 시달렸다. 매 라운드마다 자신이 루틴을 지켜내지 못할까 두려워했고, 매 샷마다 세세한 기술 분석에 빠져 있었다. 아이러니하게도 그가 진정한 전환점을 맞은 건, 바로 그 '완벽주의'를 내려놓고 난 뒤였다.

호건은 "나의 스윙은 새로워졌고, 일관성을 갖기 시작했다"고 회고했다. 이는 스윙 자체가 바뀌었다기보다는, 그것을 대하는 '마음가짐'이 바뀌었다는 뜻이다. 기술의 완성도보다는 몰입, 즉 자신의 몸과 감각을 믿고 내버려두는 태도가 진정한 안정성과 실력을 낳았다는 것이 그의 고백이었다. 그러나 안타깝게도 언론은 이러한 변화를 다루지 않았다.

몇 년 전 벤 호건을 직접 만날 기회가 있었다. 그와의 짧은 대화는 많은 골퍼들이 상상해 왔던 '호건의 이미지'와는 전혀 다른 인상을 내게 심어주었다. 많은 이들이 생각하는 기계적이고 완벽주의적인 호건이 아니라, 그는 분명히 "느낌에 따라 경기했다"고 말했다. 그의 말에 따르면, 코스가 아무리 까다로워도 사실상 드라이버를 포기해야 할 만한 홀은 몇 개 되지 않으며, 그 몇 개의 홀을 전략적으로 공략하는 것이 우승의 열쇠라는 점을 깨달았다고 한다.

이러한 인식의 전환이 있은 후, 그는 오히려 1번 아이언 같은 컨트롤 가능한 클럽을 통해 경기를 풀어나가기 시작했고, 그때부터 메이저 챔피언십에서 두각을 나타내기 시작했다. 즉, 볼을 완벽하게 치는 능력 그 자체가 아니라, 자신의 능력 범위 내에서 코스를 전략적으로 공략한 것이 그의 진정한 강점이었다는 것이다.

나는 이러한 통찰이 그를 우상으로 삼았던 대중들의 이미지와 얼마나 다른지를 실감했다. 대중은 그를 마치 스윙의 교과서처럼 여겼지만, 정작 그는 게임을 완성하는 데 있어서 심리적 통제력과 전략적 사고를 더 중요시했던 인물이었다. 이 점은 내가 남아프리카 출신 골퍼 데이비드 프로스트에게 받은 한 권의 자서전을 통해 더욱 확고해졌다. 프로스트가 건넨 자서전은 바비 로크Bobby Locke가 만난 최고의 골퍼들을 각 클럽별로 분류해 소개했다.

놀랍게도 호건은 스윙 기술이 아닌 '퍼팅' 부문에 포함되어 있었다. 이는 나뿐만 아니라, 나중에 함께 클리닉을 운영하게 된 티칭 프로 폴 런얀Paul Runyan에게도 새로운 시각을 제공했다. 런얀은 호건의 전성기 시절, 5~15피트 거리에서의 퍼팅 성공률이 놀라웠다고 회상했다. 이는 곧 타수 차이를 결정짓는 핵심 능력이었다.

그러나 훗날 호건은 퍼팅에 대한 자신감을 잃었고, 퍼팅이 스트로크Stroke(타격 동작)의 절반을 차지한다는 불만을 느끼기 시작했다. 그 순간부터 그는 더 이상 주요 토너먼트에서 승리를 거두지 못했다. 만약 그가 골프 심리학에 관한 책을 쓰도록 요청받지 않았다면, 미국 골프의 정신적 측면은 훨씬 빈약했을지도 모른다.

호건이 강조했던 것은 일반적인 기술이 아니었다. 그는 강한 집중력, 실패를 견디는 인내심, 그리고 오랜 시간 자신의 꿈을 좇을 수 있는 정신적 힘에 대해 이야기했다. 그는 매 라운드마다 자신의 내면을 다듬으며 경기에 임했고, 이러한 자세는 스윙의 세부 요소보다 훨씬 더 본질적인 힘이 되었다. 하지만 대중은 그의 스윙 메커니즘에만 집착했다. 골프 잡지와 출판사는 그의 스윙 폼에만 초점을 맞췄다. 정작 그가 어떻게 실패를 극복하고 어떤 마음으로 경기에 임했는지에 대해서는 거의 다뤄지지 않았다.

그 후 미국 골프는 아놀드 파머와 잭 니클라우스를 중심으로 이어졌다. 니클라우스는 경기 전 샷을 시각화하고, 그 이미지가 뚜렷이 떠오를 때까지 기다리는 전략적 사고의 대가였다. 그는 스윙 이전에 마음의 준비를 철저히 했으며, 이는 오늘날의 심리적 루틴 훈련과도 맞닿아 있다.

이러한 맥락에서, 현대 골프 심리학은 스코틀랜드 초기 골퍼들의 지혜를 현대적 언어로 재해석한 것이라 볼 수 있다. 최고의 골프 코치 짐 플릭Jim Flick은 골프 기술 습득을 세 단계로 나눈다. 첫째, 무의식적으로 못하는 단계, 둘째, 의식적으로 잘하려 애쓰는 단계, 셋째, 무의식적으로 자연스럽게 구사할 수 있는 단계. 하지만 많은 선수들이 이 마지막 단계를 건너뛴다.

닉 프라이스는 샷을 할 때 오직 목표에만 집중한다. 그는 그 지점에 볼을 보낼 수 있다는 믿음 하나로 경기를 운영한다. 프레드 커플스Fred Couples는 스윙 자체를 되도록 의식하지 않으려 한다. 그들에게 기술은 연습장에 두고, 코스에선 감각과 흐름을 믿는 것이다.

오늘날의 선수들은 기술적 완성도에서 과거를 능가할 수 있다. 그러나 그들이 과연 '정신적 준비성'에 있어서는 같은 경지에 도달했는지에 대해서는 물음표를 남긴다. 이제는 다시, 그 오래된 지혜를 되새겨야 할 때이다.

7장

정신은 목표에,
감각은 볼에 둔다

샷의 성공은 손의 감각이 아니라,
시선과 목표 설정에서 시작된다.
볼을 치기 전, 이미 방향과 구질은 결정되어 있다.
최상의 샷을 만드는 건 몸이 아니라,
목표에 시선을 고정하는 정신적 기술이다.

골프 스윙에서 메커니즘을 의식하는 것이 오히려 해가 될 수 있다면, 볼 앞에 선 골퍼는 과연 어떤 생각을 해야 할까? 이에 대한 통찰은 L.A. 컨트리클럽의 회원들이 전하는 벤 호건에 관한 일화에서 찾아볼 수 있다. 호건이 북코스에서 라운드하던 어느 날, 다섯 번째 홀에 도착했을 때 벌어진 이야기다. 이 홀은 476야드 거리의 파 5로, 티잉 그라운드에서 그린이 보이지 않았고, 경사진 지형 위로 네 그루의 키 큰 야자수가 지평선 너머로 솟아 있었다. 호건은 티샷을 하기 전 캐디에게 물었다.

"어느 방향으로 쳐야 하지?"

캐디는 답했다.

"저기 야자수들을 향해 치시면 됩니다, 호건 씨."

잠시 침묵하던 호건은 다시 물었다.

"어느 야자수를 말하는 건가?"

이 짧은 질문 하나에서 호건이 경기에 임할 때 얼마나 목표 지점에 집착하듯 정확하게 집중했는지를 엿볼 수 있다. 이것은 완벽주의적 태도라기보다는, 골프라는 게임을 대하는 근본적인 심리 원칙을 반영하는 행동이었다.

골프에서 샷을 준비할 때, 골퍼는 반드시 가능한 한 가장 구체적이고 좁은 목표점을 찾아야 한다. 대략적인 '왼쪽', '중앙' 같은 감각에만 의존해선 정확한 샷이 어렵다. 실제 나는 골프 클리닉이나 프로암 대회Professional-amateur, 프로와 아마추어 선수들이 함께 팀을 이루어 참가하는 대회를 지켜보다가 실수가 있었던 골퍼에게 종종 묻곤 한다.

"어디를 겨냥하고 있었나요?"

그러면 많은 이들이 "그냥 왼쪽 방향이요", "대충 가운데 쯤이요", 혹은 "정확히는 모르겠지만 오른쪽으로 빗맞지 않기만 바랐어요" 같은 대답을 한다. 하지만 이런 모호한 방향은 제대로 된 목표가 아니며, 오히려 샷의 질을 떨어뜨리는 원인이 된다. 비유하자면, 이는 로스엔젤레스로 향하면서 캘리포니아주 아무 공항으로 향하는 것과 다르지 않다.

실제로 우리의 뇌와 신경계는 더 구체적이고 미세한 목표에 집중할 때 훨씬 효율적으로 작동한다. 그 이유는 생물학적으로 인간이 그러한 방식으로 진화했기 때문이다. 고대의 사냥꾼이 호랑이의 눈동자나 심장을 정확히 겨누어 창을 던졌던 것처럼 정밀한 목표는 생존과 직결된 중요한 기능이었고, 이는 오늘날 스포츠에서도 그대로 유효하다.

다른 스포츠를 예로 들면, 농구 선수는 백보드나 림 전체가 아닌 네트 중앙의 특정 망을 응시하고, 미식축구의 쿼터백은 리시버의 등판이 아닌 손끝을 겨냥한다. 노장 투수 새첼 페이지Satchel Paige는 몸을 풀 때 홈플레이트 가장자리에 풍선껌 포장지를 놓곤 했다. 그 지점을 겨냥하며 제구력을 길렀다. 이처럼 목표가 작아질수록 집중력은 날카로워지고, 그에 따른 수행 능력도 높아진다.

골프에서도 마찬가지다. 미세한 목표 지점은 단지 클럽 페이스와 볼을 정렬하는 데만 그치는 것이 아니라, 불필요한 생각을 덜어내고 정신적인 흐트러짐을 막아준다. 즉, 스윙 자체에 대한 과도한 분석 없이도 자신이 준비한 루틴과 계획에 따라 집중력을 유지할 수 있게 해준다. 이것은 기술적 조언이 아니다. 최고의 골퍼들이 실전에서 활용하는 정신적 장치이자, 샷 하나에 자신을 완전히 몰입하게 만드는 가장 현실적인 방법이다.

닉 프라이스와 함께 훈련을 했을 때, 그는 자신의 훈련 방식에 대해 매우 흥미로운 통찰을 들려주었다. 닉은 코스에서 목표점을 정하고 다시 볼을 바라봤을 때, 시선은 분명 볼을 향해 있었지만 마음은 여전히 그 목표점에 머물러 있다는 느낌을 받는다고 했다. 시각적 조준을 넘어, 정신적으로도 목표점에 집중을 유지하고 있는 상태였다. 그는 자신의 정신을 목표점에 묶어두는 감각을 길러낸 결과, 샷의 일관성과 성공률이 눈에 띄게 높아졌다고 강조했다.

어떤 선수들은 이 상태를 두뇌 어딘가에 '제3의 눈'이 열린 듯한 느낌으로 묘사한다. 스윙을 준비하면서 두 눈은 자연스럽게 볼을 향해 내려가지만, 세 번째 눈은 시종일관 멀리 있는 목표점을 응시하고 있다는 것이다. 마치 하나의 감각 기관이 독립적으로 목표에 집중하고 있는 듯한 현상이다. 이러한 감각은 높은 수준의 정신적 통제력에서 비롯되며, 목표점에 대한 일관된 인지를 가능하게 해준다.

톰 카이트 또한 비슷하지만 약간 다른 방식으로 적용했다. 그는 머릿속에서 목표점을 이미지화하는 데 집중했다. 멀리 있는 목표점, 예컨대 나무 끝의 작은 가지나 건물의 첨탑처럼 명확하게 상상할 수 있는 지점을 시각화하고, 실제 눈은 볼을 바라보더라도 정신은 그 지점에 남아 있게 했다. 카이트와 프라이스는 방식은 다르지만 핵심은 같다. 샷 직전까지도 '정신적 응시'를 유지함으로써 집중력을 최대화하는 것이다.

이런 정신적 기술은 훈련 과정에서도 잘 드러난다. 벤 호건은 골프가 지나치게 기계적이고 분석적으로 흐르기 시작한 현대에 가장 아쉽게 사라진 것 중 하나로 '쉐그 캐디Shag Caddie'를 꼽았다. 그는 연습 중에도 자신이 친 볼이 정확히 닿은 자리에 항상 쉐그 캐디가 서 있도록 지시했다. 캐디가 목표점 바로 그 자리에 서 있다는 사실은 곧 그가 목표점을 얼마나 구체적이고 세밀하게 설정했는지를 보여주는 증거였다. 캐디가 공을 줍기 편하도록 정확한 샷을 치는 데 자부심을 느끼기도 했지만, 보다 근본적으로는 연습 자체가 정신적으로 목표에 집중하는 훈련이었기 때문이다.

실전에서 목표점을 찾는 일은, 예컨대 농구에서 골대를 찾는 것처럼 직관적으로 떠오르지 않는다. 특히 파 4홀이나 파 5홀의 티샷처럼 정해진 목표가 분명하지 않은 상황에선 더욱 그렇다. 골퍼들은 시야에 분명한 기준점이 없는 상황에서 막연히 방향을 잡고, '대충' 가운데나 왼쪽을 겨냥하곤 한다. 그러나 이는 명백히 집중력과 정확도를 떨어뜨리는 요인이다. 명확하지 않은 목표는 결국 불확실한 샷으로 이어진다.

내가 함께 작업해 온 많은 선수들은, 목표를 설정할 때 높이가 있는 대상을 선택하는 것이 가장 효과적이라는 사실을 발견했다. 어떤 코스에서는 나무가 이런 역할을 대신해 준다. 만약 나무를 목표로 삼는다면, 보다 구체적으로 초점을 좁히는 것이 좋다. 나무 전체보다는 나뭇가지 하나를 골라 그 지점을 목표로 삼는 것이 효과적이다. 멀리 보이는 교회의 첨탑이나 라디오 송신탑처럼 작고 선명한 물체를 이용하는 것도 좋은 방법이다.

반대로, 페어웨이의 특정한 굴곡 같은 땅 위의 지점을 목표로 삼는 것은 정말 다른 선택지가 없을 때에만 하는 편이 좋다. 지표에 있는 포인트는 자칫 쉽게 놓치기 쉽다. 스윙을 시작하기 직전에 보았던 굴곡과 공 뒤에 서서 처음 골라낸 굴곡이 과연 같은 것인지 의심하게 될 수도 있다. 게다가 뛰어난 골프장 설계자들은 일부러 지형의 굴곡을 이용해 착시를 유도하고, 플레이어가 얼라인먼트Alignment, 정렬를 헷갈리게 만드는 경우가 많다. 그렇기 때문에, 가능한 한 높이가 있는 대상을 목표로 삼는 것이 바람직하다.

보통 티샷이나 풀 스윙에서는 공이 실제로 닿을 수 있는 거리의 목표물을 정확히 찾기란 어렵다. 예를 들어, 파 4홀에서 티박스에 서 있을 때, 그린 뒤편의 나무를 목표로 삼을 수 있다. 비록 그 나무까지 공이 닿을 수 없다는 것을 알고 있어도 말이다. 또한 목표는 흔히 공이 가야 할 최종 방향과 일직선상에 있지 않다. 티박스에서 바라본 페어웨이가 왼쪽에서 오른쪽으로 기울어져 있다면, 직선 구질을 가진 골퍼는 가운데보다 약간 왼쪽에 있는 목표를 정할 것이다. 그런 다음 공이 땅에 떨어진 후 자연스럽게 오른쪽으로 구를 것을 감안해 플레이한다.

만약 공을 휘게 치는 타입이라면, 목표를 설정할 때 이 부분도 반드시 고려해야 한다. 단지 마음먹는 것만으로 슬라이스나 훅Hook, 왼쪽으로 휘는 구질을 고칠 수 있다는 믿음은 어리석다. 슬라이스가 나는 골퍼가 티박스에 서서 오른쪽 목표를 설정한 뒤, '이제 드로우를 칠 거야'라고 생각한다고 해서 갑자기 구질이 변하는 기적이 일어나지는 않는다.

골퍼는 자신의 샷 특성을 정확히 이해하고 그것을 바탕으로 목표점을 설정할 줄 알아야 한다. 예를 들어, 평소 샷이 목표 지점보다 오른쪽으로 20야드쯤 벗어나 슬라이스가 나는 경향이 있다면, 이를 감안해 실제 원하는 위치보다 왼쪽 20야드 지점을 목표로 삼아야 한다. 이상적인 상황이라면 누구나 직선 샷을 구사해 페어웨이 중앙을 정면으로 겨냥하고 싶겠지만, 현실은 다르다. 슬라이스나 훅이 있는 골퍼라면 자신의 샷 경향을 인정하고 그에 맞춰 전략적으로 조정하는 것이 더 중요하다. 많은 골퍼들이 이 사실을 무시한 채 스윙 교정에만 몰두하다가 오히려 경기력에 혼란을 초래한다.

특히 라운드 도중에 실수를 만회하려고 스윙을 수정하려는 것은 최악의 선택이다. 이로 인해 스윙 자체는 물론, 목표에 대한 집중력까지 희미해지기 때문이다. 그래서 나는 선수들에게 샷 하나하나에 앞서 목표점을 설정하는 습관을 들이라고 조언한다. 단, 목표를 정할 때는 위험 요소를 고려해야 한다. OB 지역이나 해저드는 결코 목표점이 되어서는 안 되며, 심지어 슬라이스를 피하려는 의도라도 그런 곳을 바라보는 것 자체가 뇌에 부정적인 명령을 입력하는 셈이다.

몇몇 코스에서는 코스 설계 자체가 골퍼의 시각적 판단을 흐리게 설계돼 있다. 예를 들어 티박스를 페어웨이보다 약간 경사지게 배치해 두어 직관적인 목표 설정을 방해한다. 이런 경우에는 클럽을 바꿔 짧고 정확한 샷을 선택하거나, 평소보다 명확한 고정 목표물을 정해 두는 것이 필요하다. 나는 많은 선수들에게 티샷을 할 때 페어웨이 중간보다 훨씬 더 먼 곳, 예컨대 나무 끝 가지나 교회 첨탑, 광고판처럼 눈에 확실히 띄는 목표를 활용하라고 한다. 높고 먼 목표점일수록 시각적 명확성이 증가하기 때문에 스윙의 일관성도 함께 좋아진다.

정확한 목표 설정은 얼라인먼트에서도 결정적인 역할을 한다. 많은 프로 선수들이 샷 루틴을 시작하기 전, 중간 목표점을 활용해 클럽 페이스와 몸의 방향을 맞춘다. 이 중간 목표점은 작은 나뭇잎, 잔디 조각, 또는 자갈 하나일 수 있다. 이를 통해 최종 목표점과의 일직선을 시각적으로 강화하고, 그 선상에서 스탠스를 설정하는 것이 핵심이다. 중간 목표점이 오히려 시야를 흐트러뜨리는 선수도 있다. 이 경우에는 전체 목표점만을 활용해 시야의 안정감을 유지하고 루틴을 단순화시키는 것이 좋다. 어떤 방식을 택하든지 간에 가장 중요한 것은 그 목표점이 스윙에 자신감을 부여하는 데 도움이 되어야 한다는 점이다.

또한 목표점 설정 훈련은 예기치 못한 해저드 상황에 대한 대처 능력을 높이는 데도 효과적이다. 많은 아마추어 골퍼들은 볼을 워터 해저드나 벙커 위로 넘기는 상황에서 불안감을 크게 느낀다. 이는 종종 목표점이 아닌 위험 요소에 시선을 두기 때문이다. 예컨대, 어프로치 샷을 하면서 해저드를 넘겨야 할 상황에 처하면, 그들의 시야는 본능적으로 해저드를 바라보게 된다. 이는 뇌가 그 방향으로 볼을 보내라는 신호로 받아들여, 결국 원치 않는 결과로 이어진다.

1992년 마스터스The Masters, 남자 프로 골프 메이저 대회 마지막 라운드에서 프레드 커플스가 보여준 장면이 대표적이다. 12번 홀의 앞 비탈면에서 티샷을 했던 그의 볼이 물에 빠질 위기를 가까스로 모면했다. 그는 나중에, 원래 계획은 그린 왼쪽 중앙을 겨냥하는 것이었지만, 바람에 흔들리는 깃발이 시선을 끌어 주의가 분산되었다고 고백했다. 이런 사례는 샷의 결과가 얼마나 쉽게 시각적 주의에 영향을 받는지를 보여준다.

그래서 나는 선수들에게 압박 상황이나 시야를 흐트러뜨리는 요소에 대비하는 훈련을 따로 시킨다. 예를 들어 깃발이 바람에 날리는 모습이 눈에 밟힌다면 그 대신 멀리 보이는 고정 목표, 예컨대 교회 첨탑이나 간판 꼭대기 등에 정신을 집중하도록 유도하는 것이다. 이런 집중 훈련은 경기 중 예기치 못한 상황에 흔들리지 않게 해주며,

특히 승부에서의 집중력 유지를 돕는다.

때로는 세계 최정상의 선수들조차도 해저드 때문에 목표 설정에 혼란을 겪는다. 1986년, 나는 선수들과의 상담을 위해 휴스턴을 방문했다. 이 시기는 마스터스 대회가 끝나고 약 일주일쯤 지난 시점이었다. 나는 그 자리에서 선수들에게 목표점을 설정하고, 샷을 준비할 때마다 그 목표에 정신을 온전히 집중하는 것이 얼마나 중요한지를 설명했다. 그때, 조용히 내 말을 듣고 있던 코리 페이븐Cory Pavin이 손을 들고 조심스럽게 말했다.

"그게 바로 제가 지난 마스터스 토요일과 일요일, 16번 홀에서 하지 못했던 일입니다."

나는 페이븐의 말에 주목하며 자세히 설명해 달라고 요청했다.

"목요일과 금요일, 그리고 토요일 오전까지 제 경기는 순조롭게 흘러갔습니다. 16번 홀에 도달할 무렵, 저는 8언더파를 기록하고 있었고 버디 기회를 눈앞에 두고 있었죠. 그런데 티에 올라서는 순간, 제 마음속에 이상한 생각이 스쳐 지나갔습니다. '절대로 물에 빠뜨리면 안 돼' 그렇게 스스로 경고했는데, 바로 샷이 연못으로 가버렸어요."

페이븐은 잠시 말을 멈췄다가 다시 말을 이었다.

"그날 밤, 저는 스스로 다짐했죠. '내일은 똑같은 실수를 반복하지 않겠다' 그런데 일요일, 똑같은 상황이 반복되었어요. 또다시 8언더파로 경기를 이어가고 있었고, 다시 16번 홀에 도달했죠. 이번에는 '제발 어제 같은 실수를 하지 않게 해주세요'라고 마음속으로 기도했습니다. 하지만 결과는 같았습니다. 공은 또다시 물에 빠졌습니다."

7장 정신은 목표에, 감각은 볼에 둔다

페이븐의 말에서 인상 깊게 느낀 점은 두 가지였다. 첫째로는 우리 두뇌가 샷에 얼마나 직접적인 영향을 미치는지를 실감했다. 실제로 인간의 뇌는 '○○하지 마라'는 부정형 문장을 잘 이해하지 못한다. 마지막 순간 '물에 빠뜨리지 말자'고 생각했지만 뇌는 부정어를 인식하지 못하고 오히려 '물'이라는 이미지에 집중하고 만 것이다. 결국 뇌는 의도와 반대로 작동하며 연못 쪽으로 볼을 보내게 만들었다.

이런 점에서, 해저드와 같은 위험 요소를 피하려는 생각이 오히려 부정적인 결과를 유도할 수 있다는 사실을 분명히 인식해야 한다. 그렇기에 나는 모든 선수들에게 해저드, 벙커, OB 구역 같은 장애물은 연습 라운드에서만 분석하고 시뮬레이션하도록 지도한다. 실전에서는 오직 목표점, 그리고 그 목표에 도달하는 이상적인 샷의 흐름만을 머릿속에 떠올려야 한다. 예를 들어 오거스타 내셔널의 1번 홀처럼 벙커와 소나무 숲이 전략적으로 배치된 홀에서는, 대회 당일보다 연습 라운드 중에 더 많은 전술적 시뮬레이션을 해야 한다. 경기 당일에는 장애물이 아닌, 자신의 작은 목표 지점만을 상상해야 한다.

페이븐의 말에서 인상 깊게 느낀 두 번째 부분은, 그가 실패의 원인을 남이나 환경 탓으로 돌리지 않았다는 점이었다. 그는 오로지 자신과 자신의 경기에서 배울 수 있는 교훈에만 집중했다. 상대의 타수, 언론의 주목, 다른 선수들의 경기 흐름에는 신경을 쓰지 않았다. 오직 자신의 정신 상태, 사고 패턴, 그리고 집중력을 유지하는 방법을 성찰했다. 이러한 자세는 진정한 골퍼로서 성장하기 위한 가장 중요한 정신적 자산이라 할 수 있다.

8장

루틴은 무의식의 설계도다

스윙은 연습장에서 설계되고
경기장에선 실행될 뿐이다.
결정적인 순간에 몸이 흔들리지 않으려면,
평소에 마음이 흔들리는 패턴부터 알아야 한다.
루틴은 정신을 정렬하는 훈련이며,
경기 중 유일하게 통제할 수 있는 질서다.

톰 카이트는 U.S.오픈 마지막 라운드에서 선두를 지켜내기 위한 결정적 순간을 맞이했다. 장소는 다름 아닌 바람이 매섭게 몰아치는 페블비치의 18번 홀. 이곳은 단순한 최종 홀이 아니라, 골퍼라면 누구나 압박감에 숨조차 제대로 쉬기 힘든 무대다. 특히 그날, 왼편엔 끝없이 펼쳐진 태평양, 오른편엔 깊고 끈질긴 러프가 도사리고 있었다. 게다가 메이저 대회 첫 우승이라는 중대한 기회를 눈앞에 두고 있다는 사실은 카이트에게 상상 이상의 심리적 중압감을 안겨주었다. 그 장면을 지켜보던 전설적인 골프 코치 밥 토스키Bob Toski는 도저히 화면을 계속 볼 수 없어, 결국 TV를 껐다. 그는 주방으로 피신해 아내 린에게 경기 상황에 대해 초조하게 물었다. 그만큼 마지막 순간의 긴장감은 누구에게나 견디기 어려운 수준이었다.

    하지만 나는 달랐다. 톰 카이트의 멘탈 훈련과 루틴을 누구보다 잘 알고 있었기에, 그가 반드시 침착하게 자신을 컨트롤할 수 있으리라는 믿음이 있었다. 사실 나는 카이트가 얼마나 치밀하게 드라이버샷을 준비해 왔는지를 누구보다 잘 안다. 그는 물리적 훈련에만 의존하지 않았다. 심리적 압박에 대처할 수 있는 프리샷 루틴을 구축하는 데 엄청난 집중력을 쏟아부었다. 마치 의식처럼 정제된 그 루틴은 그를 위기의 순간마다 중심 상태로 되돌려주는 도구였다. 그는 골프를 기술로만 접근하지 않았고, 정신적 무장이야말로 실전에서의 실수를 줄이는 최고의 무기라는 것을 이해하고 있었다.

프리샷 루틴은 겉으로 보기엔 단순한 동작의 반복일 수 있다. 하지만 그 핵심은 모든 외부 자극과 불안을 잠시 차단하고, 자신이 통제할 수 있는 동작과 생각에만 몰입하게 만드는 데 있다. 카이트는 그 날도 그 루틴을 정확히 수행했고, 280야드의 정확한 드라이버샷으로 페어웨이 정중앙을 가르며 기회를 살려냈다. 정신력과 준비가 만들어낸 예술적 결과였다.

반면 하이 핸디캐퍼들은 일관성 없는 샷에 대해 자주 불평한다. 하지만 그들이 놓치고 있는 핵심은 기술이 아니라 '시작 전의 준비'다. 나는 그들에게 묻는다.

"프리샷 루틴이 있습니까?"

대부분은 대답하지 못한다. 그리고 샷의 80퍼센트는 백스윙 이전에 결정된다는 사실을 잊고 있다. 이 단계에서 이미 마음이 어지럽거나 동작이 흔들린다면, 그 결과는 이미 예고된 것이나 다름없다.

다음에 TV에서 선수들의 경기를 볼 기회가 생긴다면, 톰 카이트나 팻 브래들리 같은 선수들을 유심히 보라. 그들은 왜글Waggle, 샷 전에 클럽 헤드를 가볍게 흔드는 동작의 횟수, 리듬, 숨 고르기까지 한결같은 루틴을 유지한다. 이들은 샷마다 완벽할 순 없지만, 적어도 정신적으로 준비된 상태에서 흔들림 없이 스윙에 임한다. 그 결과, 몸의 리듬은 부드러워지고 샷의 질감은 안정감을 갖는다. 이 일관성은 많은 '연습량'보다는 '의식의 훈련'으로부터 비롯된 것이다.

궁극적으로 프리샷 루틴은 실력을 고르게 만드는 열쇠이며, 자신만의 심리적 방어막이다. 긴장과 압박 속에서도 루틴은 당신을 본래의 중심으로 돌려세운다. 그것이야말로 일관된 샷을 만들고, 경기 후반의 흔들림마저 제어할 수 있는 진정한 힘이다. 루틴은 아무것도 통제할 수 없는 순간에도 '이것만은 내가 선택한 방식대로'라는 확신을 주는 마지막 무기다.

탁월한 골퍼들은 루틴이 단지 티잉 그라운드에서의 행동만을 의미하는 것이 아님을 안다. 그들은 풀샷을 할 때마다 그 루틴을 반복하며, 이는 특히 파 5홀이나 코스상에서 가장 까다로운 티샷을 할 때, 마음을 안정시키는 데 결정적인 역할을 한다. 이러한 루틴은 단순한 습관이 아니라, 긴장 속에서도 골퍼 스스로를 중심으로 되돌리는 심리적 지지대다.

나와 함께 훈련한 많은 선수들 역시 루틴에 약간의 변화를 주며 자신에게 최적화된 흐름을 찾았다. 어떤 날은 호흡과 리듬을 조금 더 길게 가져가고, 어떤 날은 클럽 페이스의 정렬 시간을 미세하게 조절하기도 한다. 그러나 본질은 동일하다. 훌륭한 루틴은 골퍼에게 목표에 대한 신념, 의도에 대한 단호함, 그리고 집중력을 선물한다. 그것이야말로 일관된 경기력을 만드는 기반이다.

이러한 루틴을 구축하려면 골퍼는 자신의 성향에 맞는 방식으로 구성하고, 그것이 몸에 배도록 수백 번, 수천 번 반복해야 한다. 그래야만 경기 중 압박감이 몰려와도 자동적으로 발현될 수 있다. 실제로 중압감이 극심할수록 인간은 본능적으로 익숙한 방식으로 되돌아가기 마련이다. 그때 발현되는 것이 바로 골퍼의 '기저 루틴'이다.

일부 선수들은 자신의 루틴을 아주 특징적인 동작으로 시작한다. 이를테면 클럽을 턱 밑으로 살짝 들어 올린다든지, 셔츠 소매를 한 번 만지는 것처럼 특정 제스처를 포함하기도 한다. 또 어떤 선수들은 백 속 드라이버 헤드 커버를 살짝 만지는 방식으로 신호를 준다. 이 모든 것은 "지금부터는 오직 샷에만 집중하라"는 일종의 마인드 전환 장치다. 집중력을 쉽게 잃는 선수에게는 이런 제스처가 더욱 효과적이다. 하지만 어떤 선수들은 그런 의식적인 동작 없이도 루틴에 들어간다. 볼 뒤에 서기만 해도 자동적으로 몰입 모드로 들어가는 유형이다. 중요한 것은 그 방식이 얼마나 '의도된 집중'을 이끌어내느냐다.

톰 왓슨은 자신만의 루틴이 시작되면 마치 주위가 전부 고요해지고 안개 낀 방으로 들어가는 것 같다고 표현했다. 그만큼 루틴은 골퍼를 현실에서 고립시키고, 불안한 외부 자극으로부터 자신을 지키는 심리적 방공호 역할을 한다.

루틴이 시작되면 대부분의 선수는 거리, 바람, 라이Lie, 공이 놓인 위치 상태 등을 계산하여 적절한 클럽을 선택한다. 이때 클럽 선택에 대한 확신이 서지 않으면 루틴은 의미가 없다. 스윙 직전까지도 "이 클럽이 맞을까?"라는 의심이 남아 있다면, 반드시 다시 루틴을 처음부터 밟아야 한다. 루틴은 확신을 바탕으로 한 준비이지, 불확실한 타협의 흐름이 아니기 때문이다.

다음 단계는 목표 설정이다. 이 또한 막연하게 '저쪽'이 아니라, 구체적이고 작고 명확한 점이어야 한다. 볼 뒤에서 그 목표점을 시각적으로 정하고 마음속으로 시뮬레이션을 그려낸다. 볼이 떠서 어떤 궤도로 날아가고, 몇 번 바운드 되어 굴러가며, 어느 지점에서 멈출지를 상상하는 것이다. 이러한 시각화는 실제 스윙에 커다란 영향을 미친다. 예를 들어 브래드 팩슨은 "왼쪽 도그렉 파 4에서 드로우샷을 상상하면, 몸은 자연스럽게 높은 탄도와 드로우 궤도를 취하게 된다"고 말했다. 시각화는 일종의 암시이며, 명령이며, 전략적 연습이다. 이때는 기술적 조정보다는 감각적 몰입이 우선이다.

결국, 좋은 루틴이란 자기 자신을 컨트롤하고, 계획된 집중을 실행하는 일련의 심리적 스크립트다. 이 스크립트가 정착되면, 그 어떤 압박감도 골퍼의 집중을 꺾을 수 없다. 그리고 그것이 바로, 일관성 있는 샷을 만드는 진짜 비결이다.

반드시 시각화를 해야만 하는 것은 아니다. 위대한 선수 중에는 시각화를 전혀 하지 않는 사람도 있다. 왜냐하면 그들의 마음과 몸이 시각화한 대로 움직이지 않기 때문이다. 그들은 자신의 목표점을 응시하고 자신이 볼을 보낼 곳을 결정하며 어떻게 자신의 볼을 다루어야 하는지(드로우샷 혹은 페이드샷)를 생각한다. 그것으로 충분하다.

또 어떤 선수들은 목표점에 집중하면서 볼이 그곳으로 갈 것이라고 간단하게 생각한다. 중요한 것은 볼이 목표점으로 날아갈 것이라고 믿는 것이다. 이 믿음은 골퍼의 루틴을 실질적으로 지탱해 주는 중심축이 된다. 만약 자신의 스윙을 믿지 못한다면, 가장 먼저 해야 할 일은 클럽의 선택을 조정하는 것이다. 손에 드라이버를 쥐고 있지만 목표 지점까지 볼을 보낼 수 없다는 생각이 든다면, 망설임 없이 드라이버를 집어넣고 대신 3번 우드나 아이언을 꺼내는 판단이 필요하다. 이런 조정이야말로 진정한 루틴의 일환이며, 경기 중 즉석에서 발휘되는 자기 신뢰의 실천이다.

샷에 대한 확고한 믿음을 가지면 루틴의 목적을 잃지 않을 수 있다. 루틴의 핵심은 자신의 몸을 목표점에 맞추는 정확한 정렬과 그 정렬에 수반되는 감정의 안정이다. 루틴은 곧 마음가짐의 질서화이며, 경기 중 압박 상황에서 혼란을 거부하고 자신만의 질서를 고수하는 장치다.

1994년 브리티시 여자오픈현 AIG Women's Open, 여자 프로 골프 메이저 대회에서 발 스키너가 보여준 사례는 그 핵심을 극명하게 보여준다. 시차 적응의 어려움 속에서 그녀는 첫 라운드를 어렵게 시작했지만, 스스로를 가다듬으며 다음 두 라운드에서 놀라운 집중력을 발휘해 일요일엔 선두권까지 치고 올라왔다.

하지만 결정적 순간인 15번 홀과 17번 홀에서 클럽 선택에 있어 캐디의 의견에 따르며 자신만의 확신을 잃었다. 루틴이 흔들린 것이다.

스윙 전 자신이 사용하는 클럽에 대해 의심을 품는 순간, 이미 그 샷은 반쯤 실패한 것이나 다름없다. 이어진 18번 홀에서 화가 난 상태로 드라이버를 휘두른 것도 마찬가지다. 분노는 루틴의 리듬을 깨뜨리고, 집중력을 흩트린다. 그녀는 마지막 네 홀에서 3위에서 9위로 떨어졌다. 나중에 그녀는 자신이 루틴을 잃었다고 말했다. 기술적인 문제라기보다 정신적 루틴의 실패였다.

루틴에서 가장 어려운 것은 이러한 정신적 컨디션을 유지하는 것이다. 단지 정해진 순서대로 동작을 반복하는 것만으로는 부족하다. 마음속 의심이나 감정의 동요는 루틴의 효과를 무력화시킨다. 따라서 최고의 선수라도 지속적으로 루틴을 점검하고 연습해야 한다. 정상급 선수들은 루틴을 구성할 때 모든 상황을 고려한다. 어떤 라이, 어떤 스탠스, 어떤 날씨 조건에서도 자신이 자신 있게 사용할 수 있는 클럽과 목표점을 선택할 수 있어야 하며, 그런 선택을 뒷받침할 믿음이 있어야 한다. 자신감은 루틴의 연료이며, 그 연료가 없다면 스윙은 흔들릴 수밖에 없다. 이러한 맥락에서, 정밀한 터치가 요구되는 샷일수록 더욱 심화된 루틴이 요구된다.

어떤 선수는 연습 스윙 이후 볼 뒤에 서서 전체 궤적을 시각화하고, 어떤 선수는 연습 스윙 전에 먼저 시각화부터 한다. 염두에 둘 것은 본인의 루틴 안에서 시각화가 자연스럽게 이어지는 흐름이어야 한다는 점이다. 시각화는 스윙을 '기억'이 아니라 '예측'의 기반 위에 놓이게 만든다. 데이비스 러브 3세는 이 흐름을 특히 잘 이해한 선수다. 그는 연습 스윙을 통해 자신이 원하는 샷의 감각을 완전히 구현

한 후, 그 느낌을 유지한 채 실제 스윙으로 이어간다. 동작 반복을 넘어선 감각의 연결이다.

한편, 루틴에 연습 스윙 횟수를 정해두고 거기에 얽매이는 경우가 있다. 하지만 중요한 것은 횟수가 아니라, 마지막 연습 스윙에서 확신이 있었는가이다. 만약 마지막 스윙이 불안했다면, 한 번 더 연습하거나 스윙을 재설정할 수 있어야 한다. 강박이 아닌 확신이 루틴을 완성한다. 그리고 그 확신은 오직 자신이 통제할 수 있는 부분에 대한 정직한 준비에서 비롯된다.

일부 정상급 선수들은 연습 스윙을 매번 동일하게 하지 않는다. 브래드 팩슨이 그 대표적인 사례다. 어떤 날은 풀스윙을 하기도 하고, 또 다른 날에는 과장된 왜글을 몇 차례 반복하는 것으로 그친다. 때로는 아예 아무 동작도 하지 않은 채 볼 앞으로 곧장 들어선다. 그는 연습 스윙의 목적이 횟수나 형식의 고정적 반복에 있지 않다는 사실을 명확히 이해하고 있다. 그에게 루틴은 몸과 마음이 현재 상황에서 요구하는 감각을 찾아내는 과정일 뿐이다.

이러한 접근은 매우 중요한 교훈을 준다. 연습 스윙은 기술적인 문제를 고치기 위한 기계적인 점검을 넘어서, 내면의 감각을 조율하고 샷 전 심리적 균형을 확보하는 도구여야 한다. 실제로 많은 골퍼들은 연습 스윙을 하며 '헤드업 Head-up 하지 않기', '폴로스루 Follow-through 유지하기' 같은 기술 항목들을 하나씩 체크하려 한다. 그러나 볼 앞에서 이런 복잡한 체크리스트는 오히려 스윙의 흐름을 방해하며 루틴을 흐트러뜨린다. 긴장된 상황에서 그런 생각들을 머릿속에서 떨쳐내는 것은 매우 어렵고, 때로는 불가능하다.

그렇기에 나는 선수들에게 연습 스윙을 두 번 하라고 권한다. 첫 번째 스윙은 기술적 감각을 되짚는 시간이다. 스윙 궤도, 팔꿈치의 위치, 체중 이동 등을 점검해 보는 것이다. 두 번째 스윙에서는 기술은 완전히 잊고 목표점과 자신의 '느낌'에만 집중해야 한다. 첫 스윙이 '조정'을 위한 것이라면, 두 번째 스윙은 '몰입'을 위한 것이다. 이렇게 이원화된 접근은 선수의 내적 확신을 높이고, 스윙을 더 자연스럽고 직관적인 감각으로 이끈다.

또한 선수들은 프리샷 루틴의 초입에서 그립과 스탠스를 무의식적으로 구사할 수 있어야 한다. 이 부분들은 연습을 통해 신체 감각 안에 완전히 내면화해 둔다. 이상적인 루틴은 이미 볼 뒤에 섰을 때부터 시작된다. 이때 그립을 잡고, 중간 목표점까지의 얼라인먼트를 상상하며 볼 앞으로 들어서는 것이다. 많은 아마추어 골퍼들은 이 과정에서 그립을 자주 다시 조정하거나 발 위치를 여러 번 고치는 실수를 한다. 이런 반복적인 수정은 자신감 부족의 표현일 뿐 아니라 루틴의 리듬을 깨뜨린다.

프로 선수들 가운데는 전신 거울 앞에서 그립과 셋업을 매일 점검하는 이들이 적지 않다. 이는 지루하게 느껴질 수도 있지만, 일관된 셋업은 일관된 스윙의 토대다. 그립, 발 위치, 어깨 정렬, 볼 위치, 이 모든 것이 반복적 훈련 속에서 몸에 익숙해져야 한다. 만약 평생 단 한 번의 골프 레슨만 받을 수 있다면, 나는 '셋업과 루틴 구성'에 대한 레슨을 추천한다. 스윙 메커니즘 자체보다 훨씬 중요한 기초가 바로 여기에 있기 때문이다. 무의식적으로 셋업을 완성할 수 있는 경지에 오르기 전까지는 철저하게 의식적인 훈련이 필요하다. 볼 앞에서 '이 자세가 맞는가?'라고 되묻는 것이 아니라, 거울과 반복을 통해 '이 자세가 내 자세다'라는 확신이 생길 때까지 연습해야 한다.

루틴의 마지막 단계는 이제 기술적 요소에서 벗어나 정신적 집중으로 전환되는 지점이다. 샷을 위한 결정은 끝났고, 이제는 볼이 날아갈 '이미지'와 그것을 현실로 만드는 '신뢰'만이 남는다. 목표를 응시하고, 볼을 본 후에 곧바로 스윙한다는 원칙은 단순하지만, 매우 깊은 통찰을 담고 있다. 이는 곧 자신의 스윙을 신뢰하고, 목표에 몰입하는 것이 골프의 본질이라는 뜻이다. 인간의 신경계와 근육 시스템은 목표에 직관적으로 반응할 때 가장 자연스럽고 효율적인 움직임을 만든다. 그러므로 셋업이 끝났다면 망설이지 않고 바로 스윙에 들어가야 한다. 지체는 집중력을 흐리고, 지나친 사고로 인해 몸의 자연스러운 흐름을 깨뜨릴 수 있다.

몇몇 투어 선수들은, 예를 들어 잭 니클라우스처럼 볼을 오랫동안 응시하는 경우가 있다. 그러나 이는 그가 철저한 정신 훈련을 통해 만든 의식적인 집중 상태를 유지하고 있기 때문이다. 아마추어 골퍼가 같은 동작을 흉내 낸다고 해서 같은 효과를 얻을 수 있는 것은 아니다. 오히려 대부분의 경우 불필요한 불안이나 기술적인 의심만 키우게 된다.

중요한 것은 '리듬'이다. 빠르든 느리든, 스윙 전 루틴은 각자의 성격과 감각에 맞는 고유한 흐름을 가져야 한다. 이를테면 목표점을 응시하고, 잠시 멈춘 후 볼을 확인하고, 다시 한번 멈춘 다음 스윙하는 식의 일관된 리듬 말이다. 이 흐름은 드라이버샷이든 퍼팅이든 동일하게 적용되어야 한다.

닉 프라이스는 매우 간결하고 신속한 루틴을 가지고 있다. 반면 톰 카이트는 여러 번의 시선 고정과 왜글을 포함한 다소 복잡하지만, 정교한 루틴을 갖고 있다. 중요한 것은 이 루틴이 반복을 통해 완성되었고, 경기 중에도 변하지 않는다는 점이다.

나와 훈련한 한 선수가 루틴의 마지막 타이밍, 즉 목표점을 응시하고 난 뒤 백스윙에 들어가기까지의 간격에서 흔들리는 경향이 있었다. 경기 중 그 간격이 평소보다 길어졌다면, 그는 이미 루틴을 잃어버린 것이다. 이것은 스윙 전의 멘탈 준비가 흔들렸다는 증거이기도 하다. 프리샷 루틴의 핵심은 '무엇을 생각하지 않을지'에 대한 약속이다. 스윙 기술이나 공의 궤적, 실수에 대한 염려가 아닌, 오직 목표점과 흐름, 그리고 자신의 감각에 몰입하는 것이다.

루틴이 완성되면 마음은 망설임 없이 스윙으로 연결되어야 한다. 이러한 태도는 '행동으로 옮기는 결심'의 반복을 통해 훈련된다. 결국 루틴은 자신을 믿고, 결과를 내려놓을 수 있는 준비된 골퍼만이 누릴 수 있는 축복과도 같다.

스윙을 할 때 가장 좋은 방법은 '생각하지 않고 스윙하는 것'이다.

이는 직관적이지 않게 들릴 수 있다. 많은 골퍼들은 '무엇인가 생각해야만 좋은 스윙이 나올 수 있다'고 믿는다. 하지만 사실 골프 스윙은 이미 수많은 연습을 통해 몸에 익혀진 동작이다. 그러므로 실제 경기에서는 기술적인 분석이나 조정보다는, 몸이 자연스럽게 반응할 수 있도록 신뢰하는 것이 훨씬 더 효과적이다. 물론 어떤 선수들은 스윙 중에 특정한 포인트에 의식을 집중해야 마음이 놓인다고 말한다. 그런 선수라면, 자신의 방식을 유지하되 한 번의 라운드에서 딱 하나의 생각만 유지해야 한다. 생각이 너무 많으면 몸과 마음이 분리되고, 스윙 전체가 꼬이게 된다.

특히 120야드 이내의 샷이라면 더욱 그렇다. 이 거리에서는 클럽 선택, 거리 감각, 타깃 정렬, 그리고 볼을 홀에 넣는 이미지만을 간단히 떠올리는 것으로 충분하다. 기술적 세부 사항에 빠지는 것은 집중력을 흐릴 뿐만 아니라 몸의 감각마저 흐트러뜨릴 수 있다.

스윙 중 떠올릴 생각은 가능한 한 자연스럽고 부드러운 이미지여야 한다. 예를 들어, '똑바로 보내자' 같은 생각은 흐름을 유지하면서도 적절하다. 반면, '정말 완벽하게 똑바로 보내야 해' 같은 생각은 지나치게 신중하고 인위적이어서 오히려 해롭다. 스윙은 본래 유연하고 자연스러워야 한다. 과도한 긴장과 강박은 어깨의 움직임을 막고, 하체 리듬까지 흐트러뜨린다.

많은 아마추어 골퍼들은 다운스윙을 시작하는 순간, 혹은 임팩트 직전 클럽 방향에 대한 생각을 떠올린다. 하지만 이 시점에서 '방향을 조절하려는 생각'은 위험하다. 클럽이 앞으로 움직이기 시작한 후에는 생각을 멈추고, 몸을 자동 조절에 맡기는 것이 가장 이상적인 스윙으로 이어진다.

프리샷 루틴은 결코 서두르지 말아야 하지만, 동시에 지나치게 느려서도 안 된다. 이미 확립된 루틴이 있다면 신중하면서도 자연스럽게 흐름이 이어져야 한다. 완성도 높은 루틴을 갖춘 골퍼는 결코 볼 앞에서 불안하게 망설이지 않는다. 이런 골퍼는 볼을 찾느라 헤매는 대신, 깔끔한 플레이로 경기를 더 빠르게 이끈다.

그래서 나는 선수들에게 짧고 간결한 루틴이 좋다고 조언한다. 단순한 루틴은 압박 속에서도 재현하기 쉽고, 경기 중 변수가 생겨도 흐트러지지 않는다. 반면에 길고 복잡한 루틴은 상황에 따라 변형될 여지가 커지며, 결국 일관성이 떨어진다.

한편, 루틴이 느리다고 지적받는 선수들도 있다. 예컨대 얼마 전 훈련했던 젊은 선수 글렌 데이 Glen Day는 초반 라운드에서는 훌륭한 경기를 펼쳤지만, 이후 경기를 지나치게 느리게 진행하면서 언론의 주목을 받았다. 방송사는 그의 루틴과 플레이 속도를 비교하며 화면에 시계를 함께 띄워 방송했고, 결국 그는 리듬을 잃고 72타를 치며 우승 경쟁에서 멀어졌다. 이처럼 루틴은 철저히 훈련되고 검증된 형태여야 한다. 그것이 짧든 길든, 중요한 것은 루틴이 마음과 몸을 정렬시키는 도구가 되어야 한다는 점이다. 생각은 단 하나, 리듬은 일정하게. 그것이 스윙의 본질이다.

데이가 3라운드 후 내게 전화를 걸어와, 자신에게 압력을 가하는 외부의 시선과 분위기에 대해 털어놨다. 방송국이 그의 경기 흐름에까지 영향을 주는 상황은 신인이 감당하기엔 버거운 일이었다. 나는 그의 이야기에 깊이 공감했다. 만약 그가 잭 니클라우스였다면, 방송국도 그런 무례를 범하지 못했을 것이다. 니클라우스는 방송사를 상대로 목소리를 낼 수 있는 위치에 있었지만, 갓 떠오른 신예에게는 그럴 여유도, 권한도 없었다. 나는 데이에게 이 상황을 "앞으로 프로 생활에서 종종 마주하게 될 현실의 단면으로 받아들여라"라고 조언했다.

그러고 나서 더 본질적인 조언을 덧붙였다. 데이가 속도를 늦춘 것이 단지 방송 때문만은 아니었다. 실은 3라운드 중반부터 페이스를 잃기 시작했고, 그로 인해 루틴이 흐트러졌다. 나는 그가 루틴 안에서 '결정의 타이밍'을 놓쳤다는 사실을 지적했다. 그는 어프로치샷을 하기 전에 클럽을 바꾸기도 했고, 퍼팅 시 그린을 지나치게 많이 읽었다. 이러한 망설임은 시간을 끄는 데 그치지 않고, 자신감을 조금씩 깎아먹었다. 결과적으로 샷의 질도, 리듬도 무너졌다. 샷 하나하나가 늦어질수록 스스로에 대한 확신도 점점 약해져 갔다. 자신을 믿지 못하고 클럽을 갈아끼우는 순간, 이미 루틴은 무너진 것이다.

그래서 나는 데이에게 조언했다. 첫 느낌, 즉 '내면의 직관'을 믿으라고. 퍼팅 라인에 대한 첫 판단이나 클럽 선택에서의 직감은 종종 가장 정확한 판단일 수 있다. 데이는 이후 조언을 따랐고, 남은 라운드에서 본래의 루틴을 되찾으며 마크 맥컴버 Mark McCumber에 이어 준우승을 차지했다. 그가 다시 페이스를 회복했을 때, 샷은 날카로워졌고, 리듬도 살아났다. 골프는 마음가짐의 싸움이라는 것을 다시 증명한 셈이었다.

 루틴은 고정된 형식이 아니라 정신의 안식처이다. 여기서 중요한 것은 '언제 시작되고 어떻게 끝나는가'이다. 루틴의 시작점에서 결단력이 부족한 것과 마지막 단계에서 집중이 흩어지는 것은 전혀 다른 문제다. 나는 루틴 초기에 망설이는 선수들에게는 자신을 믿으라고 말하지만, 루틴 후반부에서 산만해진 선수에게는 "볼에서 물러서라"고 조언한다. 준비가 되지 않은 상태에서 샷을 강행하는 것만큼 위험한 일은 없다. 이는 샷의 기술적 오류보다 더 큰 타격을 줄 수 있다. 한 번의 결정적 실수는 전체 라운드의 흐름을 망가뜨리기도 한다.

 나는 데이비드 프로스트와의 일화를 예로 들고 싶다. 어느 추운 날 뉴잉글랜드 대회 1라운드 후, 그는 내게 전화를 걸었다. 그는 그날 열 번 가까이 샷을 하기 전 볼에서 물러섰다고 고백했다. 이유는 다양했다. 아기 울음소리, 동전 소리, 바람 소리 등 사소한 자극에 집중이 깨졌던 것이다. 그러나 결과는 어땠을까? 그는 66타를 쳤다. 나는 그에게 "확실히 많이 망설였네요"라고 말했지만, 그건 사실 칭찬이었다. 프로스트는 그날 정신적으로 완벽한 루틴을 지킨 것이었다. 그는 외부 자극에 반응하지 않고 자신의 페이스를 끝까지 지켰다. 그것은 단지 기술적인 안정이 아니라 정신적 단단함의 증거였다.

 느린 플레이는 반드시 신중한 루틴 때문만은 아니다. 대개는 루틴이 아예 없거나, 너무 늦게 루틴을 시작하기 때문에 생기는 문제다. 함께 플레이하는 이들이 티샷을 준비하거나 퍼팅을 할 때, 이미 자신의 루틴을 조용히 시작해야 한다. 거리 측정, 클럽 선택, 연습 스윙, 라이 확인, 모두 미리 해둘 수 있다. 샷 차례가 왔을 때 바로 셋업하고 목표를 정조준한 후, 자연스럽게 스윙으로 이어지는 흐름을 만들어야 한다. 이를 위한 준비는 실력의 일부다.

특히 클럽 선택과 퍼팅 라인에 대한 직감적 판단을 믿는 태도는 아마추어에게 더 중요하다. 5번 아이언이 필요하다고 느꼈는데, 망설이다가 6번 아이언을 잡고 후회할 샷을 하느니 처음 판단대로 과감히 치는 편이 낫다. 퍼팅에서도 마찬가지다. 오른쪽을 겨냥하려 했을 때, 눈에 밟히는 스파이크 자국이 있더라도 원래 겨냥한 대로 자신 있게 퍼팅하는 게 좋다. 반복과 확신 속에서 루틴은 더욱 날카로워진다.

이런 방식은 루틴을 단순화시킨다. 반복과 훈련을 통해 루틴이 체화되면, 상황에 따라 자주 볼에서 물러서는 일도 줄어든다. 오히려 그렇게 한 번쯤 물러났던 경험이 루틴을 더욱 견고하게 만들어준다. 결국 루틴은 샷의 안정성을 높이는 유일한 방패이자, 선수 자신의 중심을 지켜주는 리듬의 축이다. 마음이 흔들릴 때 되돌아갈 수 있는 기준점이자, 경기력 전체를 지탱하는 숨은 핵심이다.

9장

거리보다 감각에 집중하라

경기는 먼 곳이 아닌 가까운 곳에서 승부가 갈린다.
클럽을 짧게 쥐는 순간,
손끝보다 마음이 먼저 흔들린다.
수많은 감각과 판단이 교차한다.
숏 게임은 기술이 아니라 감정과 리듬의 싸움이다.
진짜 골프는 이 짧은 거리에서 시작된다.

나는 가끔 아무리 도와주려 해도 끝내 마음을 열지 않는 골퍼를 만난다. 그들 대부분은 한 가지 확신에 사로잡혀 있다. 좋은 스코어는 결국 누가 더 멀리 드라이버를 치느냐, 누가 더 정교하게 3번 아이언을 날리느냐에 달렸다고 믿는다. 하지만 나는 그렇게 보지 않는다. 진짜 경기는 120야드 안에서 시작된다. 그리고 거기서 끝난다.

　이 거리에서 벌어지는 웨지샷, 칩샷, 퍼팅이야말로 경기의 실질적인 성패를 좌우한다. 티샷이 아무리 좋고 페어웨이에서의 플레이가 안정적이더라도, 숏 게임이 흔들리면 결국 타수는 무너진다. 반대로 장타가 다소 아쉬워도 120야드 안에서 기민하게 움직일 수 있다면 언제든 경기는 회복될 수 있다. 나는 선수들에게 파워 게임을 무시하라고 말하진 않는다. 다만, 진짜 스코어는 짧은 거리에서 만들어진다는 점을 강조할 뿐이다.

진정한 골퍼는 볼을 홀에 넣는 과정을 즐기고, 그 감각을 사랑한다. 단지 멀리 치는 행위에 도취된 이들은 골프의 본질을 놓치기 쉽다. 이건 내가 새롭게 깨달은 진리가 아니다. 위대한 선수들은 오래전부터 이 사실을 알고 있었다. 존 데일리John Daly처럼 장타에 집중하는 선수들이 있지만, 역설적으로 그런 이들일수록 숏 게임에 취약하다.

1994년 초, 존 데일리를 직접 지도한 적이 있다. 그는 우리 대화 내내 솔직했다. 술과 결혼, 투어에서 겪은 심리적 문제들까지 털어놓았다. 그는 경기 중에도 사적인 문제에 사로잡혀 집중을 잃었고, 버디를 놓치면 스스로 무능하다고 여겼다. 커서는 술에 기대는 것 말고는 분노를 비롯한 부정적인 감정을 어떻게 다루어야 할지 배우지 못했다고 했다.

나는 이미 일어난 일보다 앞으로 어떤 길을 선택하느냐가 중요하니, 전기를 써보는 게 어떻겠냐고 권했다. 그리고 그 첫 장면에는 반드시 '숏 게임'이 들어가야 한다고 강조했다. 데일리는 자신의 이야기를 장애물을 극복한 위대한 선수로 끝낼 수도 있고, 아까운 재능을 가졌던 선수로 기록할 수도 있었다. 선택은 그의 몫이었다.

데일리는 공을 장타로 치는 선수로만 기억되어서는 안 된다. 1991년 크룩드 스틱에서 열린 PGA 챔피언십에서 우승했을 때, 그는 수많은 5~15피트 퍼트를 성공시켰고, 그린 주변에서는 공을 높이 띄워 짧은 거리에서 곧바로 멈춘 정교한 플롭샷을 구사했다. 단지 공을 멀리 보내는 능력으로만 승부한 게 아니었다. 문제는 그것을 의식적이고 반복 가능한 기술로 만들 필요가 있었다는 점이다.

그의 비거리는 대부분의 파 4홀에서 세컨샷으로 웨지를 쓸 수 있을 정도였다. 그래서 나는 그의 성공 여부가 120야드 안에서 볼을 얼마나 깃대 가까이 붙일 수 있는가에 달려 있다고 강조했다. 숏 게임이 안정적이라면 그는 매 라운드에서 수많은 버디 찬스를 만들어낼 수 있을 것이다. 이와 비슷한 이야기를 젊은 투어 프로에게도 전한 적이 있다. 그는 73타를 치고 나에게 와서 자신의 장타와 가능성을 자랑스럽게 이야기했다. 나는 웃으며 말했다.

"나는 당신의 비거리보다 120야드 안에서의 샷이 더 궁금합니다. 진짜 잠재력은 짧은 거리에서 드러납니다."

그에게 그날의 라운드를 한 타 한 타 되짚어 보게 했다. 총 73타 중 64타가 드라이버, 웨지, 퍼터로 구성돼 있었다. 그런데 드라이버는 고작 14번이었다. 나머지 50타는 모두 숏 게임이었다. 내가 물었다.

"이 숫자를 보고도 여전히 3번 아이언 연습이 우선이라고 생각합니까?"

이 진리는 프로 선수뿐 아니라 핸디캡 20의 아마추어 골퍼에게도 똑같이 적용된다. 비록 데일리처럼 매번 버디 찬스를 만들 수는 없지만, 숏 게임만 확실하다면 보기로 막고 파를 지켜낼 수 있다. 티샷이 흔들려도, 어프로치와 퍼팅으로 경기를 회복할 수 있다. 이것이 바로 골프다.

언젠가는 톰 카이트를 설득해서 이 이론을 증명하는 실험을 해볼 생각이다. 우리는 가끔 함께 골프 클리닉을 열곤 하는데, 내가 상상하는 실험은 이렇다. 어떤 클리닉에서 핸디캡이 20 정도 되는 아마추어 골퍼와 카이트가 함께 라운드를 돌게 한다. 파 5홀에서는 두 사람이 각각 첫 세 번의 샷을, 파 4홀에서는 첫 두 번의 샷을, 파 3홀에서는 티샷만 친다. 그런 다음 서로 공을 바꾼다. 아마추어는 카이트가 친 공을 홀아웃하고, 카이트는 아마추어가 친 공을 홀아웃하는 방식이다. 나는 자신 있게 내기를 걸 수 있다. 카이트가 이어받아 플레이하는 아마추어의 공이, 아마추어가 이어받아 플레이하는 카이트의 공보다 더 좋은 스코어를 기록할 것이라고 말이다.

다른 방식으로 생각해 보자. 1993년에 닉 프라이스는 투어 평균 타수 부문에서 약 69타로 1위를 기록했다. 그는 한 라운드에 평균 12개에서 13개의 그린을 지켰다. 반면, 내가 보는 대부분의 20 핸디퍼들도 라운드당 최소 4~5개의 그린은 지켜낸다. 만약 이들이 닉 프라이스의 숏 게임 실력을 가지고 있었다면, 지금의 90타대가 아니라 70타대에서 플레이하고 있을 것이다. 하지만 이들은 120야드 이내에서 너무 많은 샷을 망치고 만다.

닉은 몇 년 동안 자신의 전반적인 경기력 향상에 있어 숏 게임 향상이 지대한 기여를 했다고 말한다. 웨지와 퍼터에 대한 확신이 워낙 강해서, 스윙 컨디션이 좋지 않은 날에도 좋은 스코어를 기록할 수 있다는 믿음을 갖게 되었다는 것이다. 이 자신감은 경기가 뜻대로 풀리지 않을 때에도 평정심을 유지하고, 인내심 있게 플레이를 이어가는 바탕이 되었다.

훌륭한 숏 게임은 정말로 중요하다. 평균적인 파 4홀을 예로 들어 보자. 티샷을 잘 치고, 어프로치도 무난하게 해냈다 해도, 파를 기록하려면 여전히 많은 작업이 남아 있다. 퍼트를 하나라도 실수하면 바로 보기로 이어질 수 있다. 반대로 긴 클럽샷을 두 번 모두 망쳤다 하더라도, 예를 들면 드라이버를 러프로 보내고 어프로치도 두껍게 맞혔다 하더라도 탁월한 칩샷이나 피치샷으로 홀 가까이에 붙이면 파를 충분히 구할 수 있다. 점수 관리 측면에서 볼 때, 잘 친 짧은 샷 하나가 긴 샷보다 훨씬 더 결정적인 결과를 만든다.

커티스 스트레인지 Curtis Strange 는 1989년 U.S.오픈 마지막 라운드에서 무려 아홉 번이나 벙커에 볼을 빠뜨렸다. 하지만 그럼에도 불구하고 그는 결국 우승을 차지했다. 흥미로운 점은, 그의 스윙이 골프 잡지에 샘플로 실린 적이 단 한 번도 없다는 사실이다. 이유는 간단하다. 그는 스윙으로 경기를 지배한 것이 아니었기 때문이다. 만약 정말로 이상적인 스윙을 가졌다면, 아홉 번씩이나 벙커에 빠뜨리는 실수는 없었을 것이다. 그를 승리로 이끈 원동력은 완벽한 테크닉이 아니라, 벙커샷에서의 기민함과 그린에서의 냉정한 퍼팅 감각, 그리고 무엇보다도 경기 내내 흐트러지지 않는 인내심이었다.

비슷한 시기, 존 쿡, 브래드 팩슨, 프레드 커플스는 모두 상금 랭킹 8위권에 올랐지만, 드라이버 정확도 부문에서는 단 한 명도 상위에 들지 못했다. 그럼에도 그들은 성과를 냈다. 이유는 분명하다. 정확한 티샷보다 중요한 것은 숏 게임에서의 집중력과 효율성이기 때문이다. 이들은 그 짧은 거리 안에서 승부를 내는 방법을 알고 있었고, 그것이 경기 전체를 이끌었다.

LPGA를 지배하던 시기 팻 브래들리가 한 인터뷰에서 말했다.

"경기 중에 볼이 그린을 벗어나는 건 별로 신경 쓰지 않아요. 칩핑할 때도, 피칭할 때도, 롱퍼팅을 할 때와 똑같은 마음가짐으로 집중하거든요."

그녀의 이 말은 숏 게임의 안정성은 기술적 완성도보다 샷을 대하는 심리적 태도와 집중에서 비롯된다는 점을 잘 보여준다. 피칭Pitching은 공을 높이 띄워 부드럽게 떨어뜨리는 피치샷, 칩핑Chipping은 낮고 짧게 굴리는 칩샷이다.

이처럼 많은 아마추어 골퍼들이 숏 게임의 중요성에 대해 수없이 들어봤을 테지만, 정작 연습장에서는 여전히 롱 아이언이나 우드를 휘두르며 거리 경쟁에 몰두한다. 내가 다녀본 거의 모든 클럽에서도 마찬가지였다. 그러나 타수를 진정으로 줄이고 싶은 사람이라면, 정답은 분명하다. 그린 주변에서의 감각을 키우고, 퍼팅에 몰입하는 것이다. 드라이버 비거리가 멋져 보여도, 실제로 스코어를 만드는 건 언제나 웨지샷과 퍼터다.

숏 게임은 육체의 힘보다 섬세한 감각이 요구된다. 파워 게임엔 강인함이 필요하지만, 숏 게임에는 오히려 유연함과 집중력, 일관된 루틴이 더 중요하다. 나는 스포츠 심리학자로서 이 부분을 선수들에게 지속적으로 상기시켜주는 역할을 한다. 강하게 치는 것보다, 정교하게 다루는 법을 아는 골퍼가 결국 승리하는 법이다.

숏 게임은 많은 위대한 골퍼들이 가장 먼저 익히는 부분이다. 바비 존스는 어린 시절, 여름날 오후와 저녁마다 애틀랜타 애슬레틱클럽의 13번 그린 주변에서 칩샷과 피치샷을 수없이 연습하고 퍼트를 성공시키는 데 시간을 보냈다. 존스는 훗날 그 소년 시절을 회상하며 이렇게 썼다.

"어떤 특별한 자세나 기교를 생각했던 기억이 없다. 샷을 구사할 때 특별한 방법을 의식하지도 않았다. 그저 공을 쳤을 뿐인데, 어쩌면 그것이 골프를 가장 잘 배우는 길이었을지도 모른다."

그로부터 60년 후, 스페인에서도 비슷한 광경이 펼쳐졌다. 호세 마리아 올라사발Jose-Maria Olazabal은 그린키퍼였던 아버지 덕분에 골프장에서 생활하며 하루에도 몇 시간씩 칩샷과 피치샷 연습에 몰두했다. 존스와 올라사발 사이의 수십 년 동안에도 수많은 위대한 선수들이 먼저 숏 게임을 통해 골프를 배워갔다. 어떤 이들은 캐디로 일하며 푼돈을 걸고 칩샷과 피치샷 대결을 벌이면서 실력을 쌓았다. 톰 카이트의 아버지는 뒷마당에 벙커와 그린을 직접 만들어주었고, 카이트는 그곳에서 셀 수 없이 많은 시간을 연습하며 보냈다. 어니 엘스Ernie Els와 필 미컬슨Phil Mickelson 역시 어릴 적 아버지의 지원 아래 비슷한 방식으로 숏 게임을 갈고닦았다.

사실 대다수의 위대한 골퍼들은 먼저 짧은 거리에서 공을 홀에 넣는 기술, 즉 숏 게임에 능숙해진 다음에야 비로소 풀스윙을 다듬었다. 골프의 본질은 결국 공을 홀에 집어넣는 데 있으며, 훌륭한 선수들은 이 결정적인 진리를 어린 시절부터 몸으로 익혀나갔다.

언젠가부터 이런 숏 게임의 중요성을 체계적으로 가르치는 코치들도 늘어났다. 하비 페닉은 그중에서도 독보적인 인물이다. 톰 카이트와 벤 크렌쇼Ben Crenshaw는 청소년 시절 그에게서 가르침을 받았고,

그들이 던졌던 질문은 늘 비슷했다.

"선생님, 어떻게 하면 벙커 너머로 로브샷을 날려서 볼을 곧바로 멈추게 할 수 있죠?"

페닉은 현명했다. 그는 그들의 머릿속을 '그립을 약하게 잡아야 한다'거나 '오른손을 과하게 돌리지 말아야 한다'는 식의 복잡한 기술 설명으로 채우지 않았다. 대신 그들에게 몇 개의 공을 쥐여주고, 연습 그린으로 내보냈다. 그리고 이렇게 말했다.

"벙커 뒤에 서서, 벙커 안에 나무가 자라고 있다고 상상해 보게. 공을 그 나무 위로 넘겨봐. 그리고 그 나무를 점점 더 높이 키워봐. 공이 홀 가까이에 멈출 수 있을 만큼 충분히 높은 나무를 만들어야 하네. 그게 되면 나한테 와서 알려주게."

결국, 카이트와 크렌쇼는 흥분을 감추지 못하고 프로숍으로 뛰어들어왔다. 자신들의 과제를 성공적으로 완수했다며 자랑스럽게 외쳤다. 페닉은 함께 연습 그린으로 나가 그들의 샷을 지켜보았다.

그리고 둘 중 누군가가 다시 고개를 갸웃거리며 "선생님, 로브샷을 칠 때 특별한 비법이 있나요?"라고 묻자, 페닉은 이렇게 대답했다.

"글쎄, 난 잘 모르겠네. 한 번 더 보여주겠나?"

그들이 다시 샷을 시연하면, 그는 미소를 지으며 말했다.

"방금 자네들이 한 그거야."

숏 게임에서는 섬세한 터치, 감각, 그리고 자신감이 무엇보다 중요하다. 그리고 페닉은 그 가치를 어떻게 가르쳐야 하는지도 정확히 알고 있었다.

그렇다면 골프장을 생활 공간으로 삼지 않은 평범한 이들은 어떻게 숏 게임을 발전시킬 수 있을까? 꼭 페닉을 직접 만나야만 할까? 대답은 간단하다. 무엇보다 중요한 건 연습량이다. 내가 지도한 모든 프로 선수들 역시 숏 게임에 전체 연습 시간의 70퍼센트를 쏟아부었다. 이 비율이 지켜지지 않으면, 결코 고수의 반열에 오를 수 없다. 훈련의 양과 질, 그리고 루틴에 대한 꾸준한 헌신이야말로 숏 게임 실력의 진정한 출처다.

프로 골퍼들은 연습장에서 무작정 볼을 때리지 않는다. 그들의 훈련은 놀이처럼 보이지만, 실제로는 정교하게 설계된 감각 훈련이다. 대부분은 자신의 캐디와 함께 움직이며, 연습장에 도착하자마자 10야드와 100야드 지점에 천으로 된 바구니를 설치한다. 그리고 두 바구니 사이 한가운데에는 작은 타월을 내려놓는다. 이 세 점이 정밀도를 키우는 훈련의 핵심이다.

선수들은 볼을 날려 타월 위에 안착시키려 애쓴다. 볼이 바구니 사이에 떨어지면 1점, 타월 정중앙이라면 3점, 타월을 벗어나면 2점 감점. 스윙의 강도, 각도, 터치 하나하나에 따라 점수가 달라진다. 이 훈련은 단지 거리 감각뿐 아니라, 감정 조절, 집중력, 경기 중 리듬까지 훈련해 준다. 종종 연습 그린 옆에서는 이와 유사한 방식으로 내기를 걸고 놀기도 하지만, 이 역시 진지한 리듬 훈련의 일환이다.

톰 카이트는 이 점수 훈련보다 더 정밀한 방식을 쓴다. 그는 캐디를 정확히 40야드 지점에 세운 후, 공을 날린다. 동시에 자신의 볼이 몇 야드 정도 갔는지 큰 소리로 외친다. 예를 들어, "38!" 하고 외치면, 캐디는 실제 착지 거리를 피드백한다. 카이트가 정확히 40야드를 맞히면, 캐디는 두 팔을 번쩍 들어 신호를 준다. 이 작은 승부의 반복이 카이트의 웨지샷 감각을 예리하게 만든다. 이 훈련은 정적인 거리 조절로 끝나지 않는다. 카이트는 50, 60, 70야드로 거리를 점차 늘려가며 반복한 뒤, 어느 순간엔 40, 80, 60, 110야드처럼 순서를 무작위로 섞는다. 이런 방식은 거리 조절을 넘어서, 경기 중 급변하는 상황에 신속히 대응할 수 있는 감각을 길러준다.

연습 벙커에서는 또 다른 방식으로 게임을 했었다. 일단 내가 20야드 거리의 그린 위에 서서 팔을 뻗는 것이다. 그러면 이제 카이트의 과제는, 내가 한 발자국도 움직이지 않고 그대로 손을 뻗었을 때 잡을 수 있을 정도로 정밀한 샷을 보내는 것이다. 내가 그 볼을 잡게 되면, 나는 카이트에게 한 발자국 가까이 다가간다. 그렇게 점점 간격이 좁아졌고, 마지막에는 불과 몇 야드 앞에서 마치 홀에 넣듯 섬세하게 샷을 날려야 했다.

이 훈련은 단순한 감각 체크가 아니었다. 프로 골퍼조차도 매일같이 반복하는 웨지샷 감각 단련이었다. 나는 아마추어에게 이런 방식의 연습을 그대로 적용하라고 하진 않는다. 하지만 톰 카이트처럼 웨지샷을 정확하게 보내고, 감각을 유지하기 위해 끊임없이 정밀하게 연습하는 자세만큼은 모든 골퍼가 본받을 만하다.

골프 연습의 가장 이상적인 시작점은 드라이버가 아닌 그린 주변이다. 많은 이들이 파워 게임부터 배우려 하지만, 진짜 실력은 짧은 거리에서 시작된다. 숏 게임은 단지 거리의 문제가 아니다. 이는 심리적 안정, 차분한 마음, 정밀한 감각, 그리고 목표에 대한 집중력으로 구성된 '정신적 기술'이다. 풀스윙처럼 겉으로 보이는 동작보다, 내면의 루틴과 확신이 훨씬 중요하다. 그리고 그 핵심은 단 하나, 생각하지 말고 느끼는 것이다.

숏 게임에서 '그 이상'이 필요하다는 말은 바로 이 점을 가리킨다. 120야드 이내에서는 스윙에 대해 지나치게 분석하지 말아야 한다. 스윙의 크기, 백스윙의 높이, 체중 이동의 타이밍 따위를 따지고 있을 시간에, 오직 볼을 어디로 보낼 것인지만 떠올려야 한다. 완벽한 타격은 완벽한 상상에서 시작된다. 연습을 통해 몸에 익힌 루틴을 믿고, 그 감각에 따라 반응하는 것이다. 그러한 신뢰가 없다면 스윙은 점점 더 조심스럽고 뻣뻣해진다. 결국 피치샷도, 칩샷도 힘을 잃는다.

특히 피치샷은 웨지 풀스윙보다 짧은 거리를 요구하기 때문에 감각 조절이 핵심이다. 많은 아마추어들이 이 부분에서 무너진다. 자신이 웨지로 칠 수 있는 최대 거리가 100야드라면, 그 거리를 기준 삼아 전술적으로 플레이해야 한다. 예를 들어 260야드가 남은 상황에서, 페어웨이 우드로 230야드를 시도할 필요는 없다. 오히려 6번이나 7번 아이언을 써서 안정적으로 160~170야드를 보내고, 남은 거리를 자신 있는 웨지로 처리하는 것이 현명하다.

또한 100야드가 자신 있는 최대 거리라면, 95야드나 98야드가 남았다고 해서 당황할 필요는 없다. '평균'이라는 수치는 실제 경기에서 큰 의미가 없다. 매 상황은 다르고, 바람과 경사, 심리 상태에 따라 결과는 달라진다. 중요한 것은 목표에 집중하고 감각에 충실하는 것이다. 거리가 약간 짧았다고 해서 '나는 실패했다'고 생각하는 순간, 다음 샷은 이미 흔들리고 있다. 프로 선수조차도 평균 거리보다 짧거나 긴 샷을 하는 경우가 수두룩하다. 핵심은 결과가 아니라 태도다.

당신이 해야 할 일은 명확하다. 목표를 설정하고, 연습 스윙을 하며 그 샷을 머릿속에 그려보는 것이다. 그 이미지를 눈과 감각으로 완성했다면, 더는 분석하지 말고 그냥 믿고 쳐라. 볼을 뚫어지게 바라보다가 경직된 몸으로 스윙을 시도하면, 의심이 감각을 덮어버린다. 볼은 당신의 믿음을 따라간다. 샷의 정교함은 수치가 아니라 상상과 감각의 밀도로 결정된다.

프로 선수에게 120야드는 웨지샷의 핵심 거리다. 이 범위 내에서는 타깃이 명확해야 하며, 각 거리마다 자신만의 확신을 갖고 샷을 시도할 수 있어야 한다. 궁극적인 목표는 그린에 올리는 것이 아니다. 홀에 넣겠다는 마음가짐으로 임해야 한다. 하지만 많은 아마추어 선수들에게 이 사실을 강조하면 오히려 부담을 느끼곤 한다. 나는 절대, 연못 바로 옆에 깃대가 꽂혀 있는 까다로운 상황에서 핸디캡 20의 골퍼가 홀을 직접 겨누는 무리수를 두길 바라지 않는다. 그보다 안전하게, 그린 중앙을 목표로 잡는 편이 훨씬 현명하다.

핸디캡이 있는 아마추어에게 110야드는 지나치게 도전적인 거리일 수 있다. 이들이 실수 없이 샷을 구사할 수 있는 실질적인 거리는 40야드, 60야드, 80야드 정도일 가능성이 크다. 중요한 건 자기 역량에 맞는 '거리'를 파악하고, 그 거리 안에서는 단순히 올리는 것을 넘어서, 정말로 홀에 넣을 수 있다는 자세로 접근하는 것이다. 칩샷이든 피치샷이든, 목표는 '그린 안'이 아닌 '홀 근처'가 되어야 한다. 아니, 한 걸음 더 나아가 '홀 그 자체'가 되어야 한다. 스스로 자신 있게 칠 수 있는 거리 내에서는 볼을 홀에 넣는 것만 생각해라.

공이 땅에 떨어진 이후 어떻게 구를지를 고려해야 한다. 만약 그린의 경사가 공을 휘게 만든다면, 목표 지점을 그에 맞게 조정해야 한다. 실제 홀보다 왼쪽으로 60센티미터, 또는 오른쪽으로 1.5미터 떨어진 가상의 홀을 상상해야 할 수도 있다. 그러나 가능하다면, 가상의 목표 지점도 실제 홀과 같은 거리에 설정하는 것이 가장 좋다.

내 선수들의 90퍼센트는 거리를 생각하고 목표를 정한다. 이는 어린 선수들에게 가르칠 때도 추천하는 방법이다. 하지만 일부 선수들은 어릴 때부터 '랜딩 지점'을 설정하고, 공을 그곳에 떨어뜨리는 것을 목표로 삼는 방식으로 배워왔다. 그런 경우, 나는 굳이 방식을 고치라고 강요하지는 않는다. 다만, 어떤 방식을 택하든 매번 일관성 있게 '지점 칩샷'을 시도할 것을 강하게 요구한다.

가장 중요한 것은, 단순히 공을 그린에 올리거나 홀 근처에 붙이는 것이 아니라, '공을 홀에 넣겠다'는 적극적인 생각을 갖는 것이다. 그렇게 해야만 숏 게임의 질이 눈에 띄게 향상된다.

때때로 짧은 샷을 해야 하는 상황에서 홀을 볼 수 없는 경우도 있다. 예를 들면, 경사 아래쪽에 서서 높게 솟은 그린을 향해 피치샷을 해야 할 때가 그렇다. 이런 경우에는, 깃대 바로 위로 공을 띄워 떨어뜨린다고 생각해야 한다. 이 방식은 일부 선수들에게 두려움을 준다.

공이 너무 멀리 날아갈까 걱정하는 것이다. 그러나 실제로는 땅의 경사 덕분에 공이 예상보다 더 높이 떠올라, 더 짧게 떨어진다. 결국, 너무 멀리 가지 않는다는 사실을 이해하고 자신 있게 샷을 시도해야 한다.

내가 데이비스 러브 3세와 처음으로 같이 일하게 되었을 때 당시 그는 노스캐롤라이나대학에 재학 중이었다. 그의 아버지는 〈골프 다이제스트〉 스쿨 시절부터 내 오랜 친구였으며, 숏 게임하는 것을 도와달라며 아들을 보냈다. 대학생 때 이미 데이비스는 아름답고 유연한 스윙을 구사했으며 비거리 또한 대단했다. 그는 이 분야의 전문가인 자신의 아버지에게 가르침을 받아 이미 숏 게임을 어떻게 해야 하는지에 대해 잘 알고 있었다. 그러나 성공한 프로 선수들만큼 훌륭한 수준은 아니었다.

나는 마이클 조던이 농구 경기에서 보여준 것처럼 피칭과 칩핑을 해야 한다고 조언했다. 조던은 골대를 보자마자 주저 없이 달려가 슛을 쏘는 공격적인 선수였다. 그에게 또 다른 비유도 들려주었다. 피아노로 재즈를 연주하는 걸 떠올리라고 했다. 피아노 연주자는 처음에는 정확한 건반을 누르는 법부터 배운다. 퍼팅이나 웨지샷을 정확한 지점에 보내는 법을 익히는 것과 비슷하다. 하지만 진짜 연주는 거기서 그치지 않는다. 흐름에 맡기고 자연스럽게 연주할 때 비로소 음악이 된다. 골프도 마찬가지다. 목표를 본 뒤, 생각 없이 반응하는 단계에 이르러야 한다.

데이비스는 숏샷을 단지 그린에 올리는 것이 아니라, 볼을 홀에 넣는 이미지로 접근하는 법을 새로 배워야 했다. 그가 처음 내게 왔을 때만 해도, 칩샷이나 피치샷이 홀에 들어가는 장면은 전혀 상상하지 않았다. 그린에 무사히 올리는 데만 집중했다. 자신의 숏 게임에 대해선 대체로 자신감이 있었지만, 때때로 기량에 대한 불안도 드러냈다. 그러나 결정적으로, 그는 '홀을 향한 집중'이 빠져 있었다. 꾸준히 우승하는 선수가 되기 위해선 바로 그 지점을 바꾸어야 했다.

데이비스의 기량은 매년 향상되어 갔고, 웨지와 퍼터를 능숙히 다룰 수 있는 훌륭한 선수가 되었다. 특히 나는 그가 훌륭한 숏 게임 능력을 토대로 토너먼트에서 우승했을 때 너무나 기뻤다. 몇 년까지만 해도 데이비스는 챔피언스 토너먼트 마지막 두 라운드에서 페어웨이에는 여섯 번, 그린에는 대여섯 번밖에 볼을 올려놓지 못했다. 그러나 그는 신들린 듯한 웨지샷과 퍼팅 덕분에 그 토너먼트에서 우승했었다.

나는 토너먼트 플레이어스 챔피언십현 The Players Championship, PGA 투어에서 가장 큰 상금이 걸린 대회에서의 데이비스의 승리, 그리고 특히나 긴 파 3 이었던 8번 홀에서 펼쳤던 경기를 또렷이 기억한다. 마지막 라운드에서 데이비스는 티샷을 약간 밀어 쳤고, 볼은 그린의 오른편에 떨어졌다. 그가 세컨샷을 준비하는 동안 갤러리 중 몇 명이 과연 데이비스가 그 볼을 올리는 데 성공할 것인지를 놓고 내기를 하고 있는 소리를 들었다. 데이비스는 세컨샷을 멈추고 그들을 향해 말했다.

"이봐요! 나는 이 샷을 꼭 성공시킬 거예요."

그러고는 다시 제자리로 돌아가 프리샷 루틴을 하고는 버디를 하기 위한 피치샷을 날렸다.

물론 홀에 대해 생각하는 것이 언제나 효과를 발휘하는 것은 아니다. 몇 년 전에 브래드 팩슨은 뷰익오픈에서 서든데스 연장전까지 간 적이 있었다. 그는 꽤나 저돌적인 어프로치샷을 한 뒤, 벙커 너머의 까다로운 라이에 공을 떨어뜨렸다. 성공적으로 처리하기엔 거의 불가능한 위치였다. 팩슨은 안전한 위치에 볼을 올려놓아야 했다. 이러한 트러블샷에 직면한 대부분 선수들은 우선 이 상황에서 벗어나는 것을 생각해야 한다. 그런 상황과 부닥쳐서는 안 되며, 벙커에 볼이 계속 남아 있어도 안 된다. 선수들은 그저 그린 어디엔가 볼을 올리는 것에 만족해 왔다.

그러나 팩슨은 그렇지 않았다. 그는 길고도 유연한 스윙을 해서 벙커 가장자리 너머로 볼을 띄웠다. 볼은 가볍게 올라간 뒤, 홀의 가장자리를 돌고 나와버렸다. 팩슨은 그 상황이 믿기지 않아 땅 위에 쓰러졌다. 이러한 상황은 게임의 운일 뿐이다. 더 중요한 점은 팩슨이 홀 안으로 볼을 집어넣는 데 집중했다는 점이다. 만일 그처럼 볼을 집어넣는 것에 집중했다면 점차 실수는 줄어들어 결국에 없어지게 될 것이다.

지금까지 제시한 숏 게임에 대한 예들은 항상 중요하게 고려되어야 한다. 당신의 모델은 1982년 톰 왓슨을 U.S.오픈 우승자로 이끌었던 그 유명한 샷(페블비치의 17번째 홀에 있는 깊은 프린지에서 선보인 유명한 칩샷)일 수 있다. 당시 왓슨의 파트너였던 빌 로저는 프린지그린 가장자리에서 깃대까지 볼을 보내는 데 자그마치 10분이나 걸렸다. 그는 라이를 본 뒤 그의 차례가 돌아올 때를 기다리기 위해서 그의 캐디인 브루스 에드워드가 서 있던 자리로 돌아갔다. 그러고는 볼 뒤로 걸어가서 두 번의 연습 스윙을 하고는 감이 좋다고 느끼자 목표를 마지막으로 한 번 더 바라본 뒤, 샷을 날렸다. 이렇게 대부분 골퍼들은 자신의 느낌에 따라 볼을 홀에 근접시킬 수 있는 적당한 거리를 결정할 것이다. 그리고 나서 바로 샷을 시도하지만 볼은 결국 홀을 지나쳐버리고 만다. 그러나 왓슨은 홀 안으로 볼을 집어넣을 것이라고 캐디에게 말했고, 결국 그는 해냈다.

10장

결과를 내려놓을 때 샷은 더 좋아진다

퍼팅은 결과를 통제하는 기술이 아니라,
감각을 신뢰하는 루틴이다.
결과를 붙잡으려 할수록 스윙은 경직되고
리듬은 깨진다.
샷을 믿는다는 것은 과정에 집중하는 결단력이다.

소년 시절, 나는 버몬트주 러트랜드에서 여름을 보내곤 했다. 그곳 러트랜드 골프장에서 클럽을 나르는 아르바이트를 하던 시절, 우연히도 자타가 공인하는 퍼팅의 대가, 바비 로크를 만나는 영광을 누렸다. 그는 버몬트 출신 여성과 결혼해 매년 여름 몇 주간 그곳에서 시간을 보냈고, 주변에서 가장 훌륭한 코스를 갖춘 러트랜드 골프장을 종종 찾았다. 라운드를 즐기거나 시범 경기를 할 때마다 나는 그의 골프 가방을 메고 뒤를 따랐고, 그렇게 전설의 퍼터를 곁에서 지켜볼 수 있었다.

로크는 내게 전혀 의도치 않은 방식으로 '귀로 퍼팅하는 법'을 가르쳐주기 시작했다. 로크는 외모부터가 다른 선수들과는 달랐다. 달걀형 얼굴에 얇은 콧수염을 하고 있었고, 1960년대 당시에도 넓고 긴 골프 바지에 긴 소매 셔츠, 심지어 넥타이까지 갖춰 입은 모습이었다. 언뜻 보기에 골프보다 문학이나 음악 쪽에 가까운 사람처럼 보이기도 했다.

또한 일반적인 운동선수처럼 열정적으로 새벽부터 연습하는 타입은 아니었다. 대부분 오전 10시가 지나서야 코스에 나타났고, 웨지샷을 15~20번, 칩과 퍼트를 몇 분 연습한 후 곧장 라운드에 들어갔다. 걸음은 느릿했지만, 정작 경기 중에는 결코 시간을 낭비하지 않았다. 일부 회원들은 그의 느린 동작에 불만을 품기도 했다. 오히려 경기가 끝난 후 바에서 맥주 한 잔과 함께 담소를 즐기며 시간을 보내곤 했다.

그의 자서전에서 알게 된 사실이 있다. 초년 시절, 누군가 "훌륭한 골퍼는 언제나 긴장을 풀고 여유롭게 플레이해야 한다"고 말해줬고, 그는 그 말을 평생의 철칙으로 삼았다고 한다. 어떤 상황에서도 침착함과 여유를 잃지 않으려 노력했던 로크는, 내가 직접 본 바와 같이 겉으론 나른해 보이지만 내면은 단단한 집중력을 지닌 인물이었다.

로크가 경기를 대충 치렀다는 뜻은 아니다. 시범 경기를 앞두고는 철저히 준비했다. 연습장이 없는 클럽 사정상, 그는 첫 번째 티에서 곧바로 몸을 풀었다. 나는 야구 글러브를 끼고 그를 따라다니며 그의 7번 아이언샷을 받아냈다. 로크는 공을 낮게 날려 보냈고, 나는 그것이 땅에 튕겨 오를 때까지 기다렸다가 레드삭스의 외야수처럼 달려가 잡곤 했다.

"마스터 밥!"

몇 개의 공을 받아낸 어느 날, 그가 나를 그렇게 불렀다. 아무도 내게 그런 존칭을 붙여 부른 적이 없었기에 당황했지만, 그의 말투에는 유쾌한 장난기가 섞여 있었다. 내가 달려가자 그는 말했다.

"내 공은 항상 네 오른쪽으로 갈 거야. 그러니 조금 일찍 움직여서 뛰지 말고 자연스럽게 걸으며 받아줘. 그게 더 멋져 보일 테니까. 물론 이건 내 쇼지, 네 쇼는 아니니까."

그때부터 나는 그의 '연출'을 돕는 조연이 되었고, 매 시범 경기마다 반복되는 퍼포먼스는 이제 익숙해졌다. 시범이 끝나면 관객들과 질의응답 시간이 있었는데, 누군가 퍼팅에 대해 조언을 구하면 그는 늘 같은 말을 반복했다.

"볼을 치고 보지 말고, 소리를 들으세요."

당연히 질문이 이어진다.

"무슨 뜻이죠? 들어갔는지 보지 않으면 어떻게 아나요?"

그는 미소를 머금고 말한다.

"굳이 볼 필요는 없습니다. 들어갔으면 소리가 들리니까요."

누군가는 더욱 따지듯 묻는다.

"그렇지만 들어가지 않았다면, 왜 들어가지 않았는지는 봐야 하지 않나요?"

로크는 단호하게 답한다.

"왜 내가 들어가지 않은 공을 보고 싶겠습니까?"

그의 요지는 명확했다. 자신감을 해칠 만한 장면은 애초에 보지 않는 게 낫다. 실패한 퍼팅을 곱씹는 순간, 다음 퍼팅이 망가진다. 퍼팅은 기술이 아니라 자신감의 게임이라는 철학, 그것이 그를 전설로 만들었다. 그는 말보다는 실천으로, 스윙보다는 감각으로, 시선보다는 청각으로 퍼팅을 완성했던 인물이었다.

그의 메시지는 지금도 분명하게 남아 있다. 퍼팅은 가장 단순한 샷이다. 휴지통에 종이 뭉치를 던져 넣을 수 있다면 누구나 퍼팅을 할 수 있다. 문제는 기술이 아니라 믿음이며, 그것이 로크가 평생 동안 일관되게 보여준 태도였다.

퍼팅의 기술은 결코 하나의 방식으로 귀결되지 않는다. 어떤 골퍼는 손목의 유연함을 살려 스트로크하고, 어떤 이는 어깨의 회전을 통해 리듬을 만든다. 손을 교차하거나 꼬아 쥐는 퍼팅법을 쓰는 선수들도 흔하다. 예컨대 조니 밀러Johnny Miller는 1994년 페블비치에서 열린 AT&T 프로암 대회에서 이른바 클로 그립claw grip으로 우승을 차지했고, 베른하르트 랑거Bernhard Langer는 1993년 마스터스에서 한 손으로 팔뚝을 단단히 고정해 퍼팅해 정상에 올랐다. 이처럼 퍼팅의 형태는 다양하고, 선수의 신체 조건과 심리적 안정감에 따라 달라질 수밖에 없다.

그럼에도 불구하고, 일부 티칭 프로들은 여전히 '정석'에 집착한다. 이상적인 스트로크의 각도, 손의 위치, 눈과 볼의 정렬 방식 같은 메커니즘을 분석하고, 이를 학생들에게 철저히 주입한다. 마치 퍼팅에도 하나의 모범 해답이 존재하는 것처럼 말이다. 하지만 퍼팅에는 완벽한 공식이 없다고 생각한다. 로크만 해도 타깃 라인보다 안쪽으로 퍼터를 뺐다가, 다소 몸을 닫은 자세로 선 채, 클럽 페이스를 살짝 덮은 채로 공을 굴렸다. 이 비정형적인 스타일은 교본에서는 결코 추천되지 않지만, 그는 이 방식으로 역사에 남을 퍼터가 되었다.

브래드 팩슨이 벤 크렌쇼와 관련된 인상적인 일화를 들려준 적이 있다. 그의 티칭 프로 친구가 크렌쇼의 퍼팅을 영상으로 남기고 싶어 했고, 팩슨이 연습 그린에서 크렌쇼를 소개해 주었다. 크렌쇼는 언제나 그렇듯 정중하고 너그러웠다. 촬영 중 프로가 물었다.

"크렌쇼 씨, 당신의 퍼팅 자세에 대해 설명해 주실 수 있나요?"

크렌쇼는 잠시도 망설이지 않고 이렇게 말했다.

"지금 저는 머리와 무릎을 살짝 움직여 스트로크가 좀 더 길게 느껴지도록 하고 있어요. 그랬을 때 퍼팅감이 좋아지더라고요. 많은 사람들이 머리는 절대 움직이지 말라고 말하죠. 하지만 지나치게 고정하면 몸 전체가 긴장하고, 감각은 오히려 흐려집니다."

이 말은 그 프로에게 충격이었다. 자신이 오랜 시간 신봉해 온 '머리는 고정해야 한다'는 골프 교리가, 세계 최고 퍼터에 의해 정면으로 반박당한 셈이었기 때문이다. 하지만 크렌쇼가 강조한 것은 기술적 요소가 아니었다. 그의 핵심 메시지는 감각에 대한 신뢰였다. 머리를 움직여야 한다거나 스트로크가 길어야 한다는 게 아니라, 자신에게 자연스럽고 확신이 드는 루틴을 따르는 것이 가장 중요하다는 것이다. 믿음 없이 자세를 시도한다면 결국에는 신뢰의 부재로 무너진다.

이처럼 퍼팅은 기교 이전에 태도의 문제다. 퍼팅은 거의 정신적인 행위에 가깝다. 좋은 퍼터가 되기 위해서는 자신만의 확고한 '내적 약속'을 정해야 한다. 나쁜 퍼팅을 집요하게 반추하지 않고, 다음 샷을 준비하기 위한 건설적인 사고로 마음을 채워야 한다. 매 홀마다 퍼터를 사용할 수 있는 기회에 기뻐하는 태도, 퍼팅을 두려워하지 않고 즐기는 자세야말로 최고의 무기다. 닉 프라이스는 1994년 여름, 모든 직선 퍼팅에서 마치 이미 성공이 확정된 듯한 자신감으로 스탠스에 들어섰다. 그는 퍼팅 자체를 '속임수처럼 간단한 일'로 여겼고, 그 믿음이 실제로 높은 성공률로 이어졌다.

이런 심리적 태도는 데이비스 러브 주니어와 게리 플레이어Gary Player의 일화에서도 드러난다. 1950년대, 러브와 플레이어는 남쪽의 느린 버뮤다 그린에서 경기를 치르며 같은 모텔에 묵었다. 러브는 그린 상태에 대해 불만이 많았지만, 플레이어는 매일 밤 "나는 이런 거친 그린이 정말 좋아"라고 말하곤 했다. 다음주 북쪽의 매끄러운 벤트 그래스 그린에서도 똑같은 말을 반복했다. 결국 러브가 물었다.

"도대체 어떤 그린을 좋아하는 건가요?"

그러자 플레이어는 웃으며 답했다.

"그냥 오늘 내가 플레이하는 그린을 좋아하려고 노력하는 거예요."

이 무조건적인 수용과 긍정은 매우 어리석게 들릴 수 있지만, 이성보다 믿음이 더 큰 무기가 되는 세계에서는 오히려 가장 실용적인 전략이다. 훌륭한 퍼터는 자주 실패하지만, 그 실패에도 불구하고 매 샷마다 성공할 수 있다는 순진한 믿음을 잃지 않는다. 그리고 그 믿음은 기술보다 깊은 곳에서, 퍼팅이라는 예술을 완성시킨다.

훌륭한 퍼터들이 겪는 가장 흔한 위기는 '입스Yips'라 불리는 심리적 현상이다. 이는 감정의 독처럼 퍼팅 감각을 마비시킨다. 그러나 입스에 대한 명확한 신경학적 근거는 존재하지 않는다. 나이가 들어서 예전처럼 퍼팅을 못하게 된다는 통설도 과학적으로 입증되지 않았다. 어떤 골퍼는 20대에 날렸던 그 퍼팅을 60대에도 똑같이 해낼 수 있다. 그러나 실수의 기억이 선수의 마음에 잔상처럼 남아 퍼팅 라인을 흐리게 만들기 시작하면, 입스는 현실이 된다.

훌륭한 선수들도 처음에는 자신감 넘치는 퍼터로 출발한다. 그러나 오랜 선수 생활 속에서 수없이 치른 경기, 특히 압박감이 극에 달하는 메이저 대회에서 실수한 한두 번의 퍼팅은 깊은 트라우마로 남는다. 시간이 흐르며 그 기억은 점점 또렷해지고, 결국 중요한 순간에 다시금 머리를 들이민다. 퍼팅 스트로크 직전에 '그때의 실패'가 떠오르고, 신체는 움찔하며 자연스러운 리듬을 잃는다. 골퍼는 볼을 보면서도 예전처럼 '들어갈 것'이라는 본능적 확신을 느끼지 못하고, 그저 의심과 주저함 속에 스트로크를 흘려보낼 뿐이다.

물론 나이가 들며 스트라이킹 기술이 오히려 더 좋아지는 경우도 있다. 그러나 그럴수록 짧은 퍼팅의 부담은 더욱 커진다. 어린 시절에는 가볍게 지나쳤던 3피트 거리의 퍼팅이 이제는 우승과 실패를 가르는 심리적 무대가 된다. 퍼팅에 대한 과도한 집중은 오히려 마음을 경직시키고, 작은 실수도 감정의 격류가 되어 되돌아온다. 퍼터를 쥔 손끝은 여전히 정교하지만, 마음은 그만큼 무거워진다.

이쯤 되면 대중도 선수의 불안을 감지하게 된다. 팬들은 "이제 호건은 퍼팅을 못한다더라", "왓슨도 예전 같지 않다"는 말을 주고받고, 골프 잡지들은 선수의 퍼팅 이슈를 대서특필한다. 이 모든 분위기는 선수의 어깨를 짓누르고, 그들이 4피트 거리에서 퍼팅을 할 때 드는 생각은 이렇다.

'지금 이 퍼팅을 실패하면, 모든 세상이 그 사실을 알게 될 거야.'

이처럼 불안은 피터의 손을 무겁게 하고, 감각을 흐리며, 타이밍을 흐트러뜨린다. 퍼팅을 잘하기 위한 가장 중요한 조건은 공포를 제거하는 것이다. 완벽한 기술보다도 마음의 상태가 더욱 결정적이다. 선수는 퍼팅이 성공할 것이라는 믿음을 가져야 한다. 결과를 지나치게 의식하기보다는 루틴에 집중하고, 실수를 두려워하지 않는 태도를 가져야 한다. 퍼팅은 때로는 몰입과 무심 사이의 미묘한 균형 속에서 가장 좋은 결과를 낳는다. 지나치게 퍼팅에 집중하면 오히려 역효과를 초래할 수 있다. 집중은 하되, 부담을 내려놓는 결단력이 필요하다.

아놀드 파머는 이런 태도를 본능적으로 알고 있던 선수였다. 한 번은 뉴욕 출장 중, 파머와 만나 퍼팅과 용기의 관계에 대해 이야기를 나눴다. 당시 나는 기업 골프 세미나에서 "골퍼는 육체적으로 용기를 잃는 것이 아니라, 정신적으로 루틴을 잊기 때문에 자신감을 잃는다"고 말했다. 그때 파머가 갑자기 내 말을 끊고 말했다.

"그게 바로 내 문제예요!"

그는 젊었을 때는 그린 위에서 대담하게 퍼팅했지만, 지금은 점점 주저하고 있다고 했다. 스스로 다시 그 용기를 회복해야겠다고 덧붙였다. 파머의 말은 내게 깊은 울림을 주었다. 위대한 선수는 자기 자신에게 솔직하다. 자신의 약점을 숨기지 않고, 나이를 탓하지도 않는다. 파머 역시 자신의 문제를 직시했고, 그 과정이 그를 다시 강하게 만들었다. 그런 정직함과 자기 통찰이 있었기에, 파머는 스킨스 게임에서 승리를 거둘 수 있었던 것이다.

하지만 대부분의 선수는 챔피언이 되기 전에 자신감을 잃는다. 퍼팅은 기술이 아니라 심리의 경기이기 때문이다. 골퍼는 본능적으로 퍼팅을 할 수 있어야 한다. 어린 바비 존스가 그랬던 것처럼, 볼을 보면 그냥 걷고, 그냥 쳐야 한다. 그러나 현실은 다르다. 어린 선수가 5피트 퍼팅을 놓치면, 어른들이 다가와 말한다.

"그건 네가 대충 쳤기 때문이야."

이 말은 곧 퍼팅이 어려운 일이라는 믿음으로 이어지고, 이제 그 아이는 더 이상 편안하게 퍼팅하지 못한다. 그 결과, 그 어린 퍼터는 클럽의 핸디캡 20짜리 아저씨들처럼, 심각한 표정으로 그린을 읽고 거리를 재며 고민하기 시작한다. 퍼팅을 사랑하기보다 분석하고 두려워하게 된다. 아이는 더는 본능적인 자신감으로 샷을 하지 않는다. 퍼팅을 즐기던 감각은 서서히 사회화의 그림자 속으로 사라진다.

하지만 아이들은 원래 퍼팅에 대해 두려움보다 놀라운 자신감을 갖고 있다. 몇 해 전, 뷰익오픈에서 브래드 팩슨이 우승을 앞두고 6피트 퍼팅을 준비하던 장면이 있었다. 그 긴장된 순간을 TV로 지켜보던 내 아홉 살 딸 케이지가 어리둥절한 얼굴로 물었다.

"어른들은 왜 저렇게 긴장해요?"

대회 우승이 걸린 중요한 퍼팅이라고 설명하자, 케이지는 고개를 갸웃하다가 어깨를 으쓱하며 말했다.

"브래드 아저씨는 저런 퍼팅은 항상 넣잖아요."

그러고는 태연하게 방을 나갔다. 놀랍게도 팩슨은 그 퍼팅을 완벽하게 성공시켰다. 물론 그가 항상 성공하는 건 아니다. 하지만 케이지처럼 결과를 믿고, 성공을 당연하게 여기는 태도는 퍼팅 성공률을 높이는 중요한 열쇠일지도 모른다.

예전에 한 토너먼트에서 벤 크렌쇼가 긴 퍼팅을 연달아 성공시키는 장면을 지켜본 일이 있었다. 그 자리에 함께 있던 톰 카이트의 어머니는 소년 시절의 크렌쇼를 떠올리며 이렇게 말했다.

"그땐 그냥 볼 앞으로 가서 쳤죠. 쪼그려 앉아 그린을 읽는다거나 거리를 계산하지 않았어요. 그런데도 퍼팅은 거의 다 들어갔죠."

시간이 흐르며 크렌쇼는 더 세련된 루틴을 갖추게 되었다. 하지만 과연 더 뛰어난 퍼터가 되었을까?

많은 투어 선수들이 퍼팅 고민을 안고 나를 찾아온다. 나는 그들에게 먼저 자세를 점검하게 한다. 퍼팅 자세는 각자의 신체 구조와 감각에 따라 달라진다. 풀스윙과 달리 퍼팅에서는 미세한 차이도 결과를 좌우할 수 있다. 그러나 나는 기술적인 부분보다 '읽는 태도'에 더욱 주목한다. 퍼터가 목표한 라인을 어떻게 그려내고, 어떤 결단으로 스윙에 들어가는지를 중요하게 생각한다. 거리와 경사, 잔디의 흐름은 단지 참고 자료일 뿐이다. 결국 퍼팅의 성공은 자신이 그린 그림을 끝까지 믿고 따라갈 수 있느냐에 달려 있다.

사람들은 종종 퍼트를 지나치게 분석하다 오히려 감각을 흐린다. 이전에 B.C.오픈에서 블레인 맥칼리스터 Blaine McAllister는 그런 분석의 벽을 뛰어넘은 예외적인 장면을 보여주었다. 그는 마지막 그린에서 8피트 퍼팅을 앞두고 라인도 보지 않은 채 바로 스트로크에 들어갔다.

그 볼은 단숨에 홀컵으로 빨려 들어갔고, 그는 극적인 우승을 차지했다. 경기 후 통화에서 그는 이렇게 말했다.

"그냥 감이 왔어요. 머뭇거리면 안 될 것 같아서 그냥 믿고 바로 쳤어요."

나는 그에게 말해주었다.

"그건 단순한 감각이 아니라, 확신에서 비롯된 본능이에요."

많은 선수들은 그와 반대로 8피트 퍼팅을 앞두고 수십 가지 생각에 휘둘린다. 그린을 읽는다고 하면서도 실은 실패의 가능성만을 되뇌고 있는 것이다. 빌리 캐스퍼Billy Casper의 말처럼, 과도한 분석은 퍼팅 라인을 찾는 게 아니라, 실수할 핑곗거리를 만드는 것일지 모른다.

퍼팅의 첫 단계는 그린을 과감하게 읽는 것이다. 그리고 나서 마음속에서 퍼팅 라인을 그려보는 상상이 필요하다. 이는 풀샷을 준비할 때처럼 선수마다 다르게 나타나는 감각의 문제다. 어떤 골퍼는 퍼팅 라인을 고속도로 중앙에 있는 노란색 분리선을 보듯 선명하게 그려낼 수 있다. 반면, 지나치게 분석에 의존하는 골퍼는 아무런 이미지도 그려내지 못하지만, 그럼에도 불구하고 자신이 상정한 라인이 옳다고 믿고 퍼팅을 실행한다. 중요한 건, 명확히 보이는가보다 '신념을 가지고 실행하는가'이다.

다음으로 중요한 건 목표 설정이다. 퍼팅에서는 중간 목표를 두는 것이 오히려 혼란을 불러일으킬 수 있다. 얼마나 강하게 칠지를 결정하는 데 오히려 방해가 되기 때문이다. 퍼팅의 목표는 홀 전체가 아니라, 홀 안의 특정한 한 지점이어야 한다. 퍼팅 라인이 휘어질 것으로 예상된다면, 홀 주변이 아닌 특정 지점을 목표로 삼아야 한다. 예를 들어 오른쪽으로 2피트 휘는 퍼팅이라면, 홀 왼쪽 2피트 바깥에 있는 스파이크 자국이나 바랜 잔디 조각, 심지어 작은 모래알이라도 좋다. 아주 평탄한 그린에서는 그런 물리적 지표 없이 잔디 한 점이나 퍼팅 선의 끝에 홀을 상상해야 할 수도 있다.

오르막과 내리막 퍼팅에서는 목표 설정이 더욱 중요하다. 오르막이라면 홀 뒤쪽을, 내리막이라면 홀 앞 가장자리를 겨냥해야 한다. 능선이 있는 경우엔 볼이 흘러내릴 출발점을 상상하여 퍼팅 라인을 조정한다. 이렇게 목표점을 정했다면, 이제는 그 지점에 온전히 집중해야 한다. 퍼팅 직전에 시선을 이리저리 옮기거나, 주변을 두리번거리는 일은 집중력을 해친다.

물론 선수마다 편차는 있다. 브래드 팩슨은 퍼팅을 읽은 시점부터 샷이 끝날 때까지, 홀 지점이 아니라 퍼팅 라인 전체에 집중한다. 그는 퍼팅 스피드를 의식하지 않는다. 모든 걸 본능에 맡긴다. PGA 통계 상위를 지키는 그의 비결은 반복된 연습과 축적된 경험에서 우러난 감각이다. 내가 조언하는 사고 방식은 간단하다. 내리막 퍼팅은 '볼을 홀 앞 가장자리까지만 굴린다'고 생각하고, 오르막 퍼팅은 '볼을 홀 뒤편까지 보낸다'는 의식으로 조절하라는 것이다.

핵심은 계산보다 감각이고, 기술보다 믿음이다. 퍼팅에서 스피드는 늘 중요한 요소지만, 나는 선수들에게 지나치게 그것을 의식하지 말라고 조언한다. 훌륭한 퍼터들은 스피드보다는 목표에 대한 집중력과 감각을 더 중시한다. 어떤 선수들은 확신에 찬 스트로크로 인해, 짧은 퍼팅에서조차 볼이 홀을 넘어가 튕겨 나오는 실수를 하기도 한다. 하지만 중요한 건 방법이 아니다. 어떤 접근을 택하든, 결국은 '볼을 홀에 넣는다'는 본질적인 목표에 집중하는 것이다.

짧은 퍼팅에서 자주 실수하는 골퍼는 대체로 자신감이 부족하거나 주저하는 경향이 있다. 특히 두려움이 앞서면, 볼이 홀을 지나칠까봐 짧게 미는 습관이 생긴다. 이런 유형의 실수는 스윙이나 정렬 문제가 아닌, 사고방식의 문제다. 퍼팅은 강하게 치는 것도, 멈춰 세우는 것도 아니다. 홀에 '정확히 넣겠다'는 분명한 태도가 필요하다.

얼마 전, 제임스 매디슨 대학교의 농구 코치 루 캠퍼넬리Lou Campanelli에게서 전화가 왔다. 그는 마지막 학년을 보내고 있는 한 선수가 자유투에서 갑자기 심각한 문제를 겪고 있다며 도움을 요청했다. 과거에는 훌륭한 자유투 슈터였지만, 요즘은 던질 때마다 백보드를 세게 때리는 수준이었다. 여전히 필드골은 잘 넣었지만, 자유투 성공률은 뚝 떨어져 있었다. 모든 슛이 길게 나가고 있었다.

그래서 그 선수를 만나 문제의 시작점을 물었다. 그는 "글쎄요, 올 시즌 첫 경기부터 그랬던 것 같아요"라고 말했다. 나는 더 전의 일은 없었느냐고 조심스레 물었다. 그러자 그가 말했다.

"작년 NCAA 토너먼트에서 노스캐롤라이나랑 경기했어요. 우리가 이길 수도 있던 경기였죠. 경기 종료를 얼마 남기지 않은 시점이었어요. 1점 차로 뒤지고 있는 상황에서 자유투를 얻었어요. 첫 슛을 넣어야 두 번째 기회가 생기는데, 제가 그 기회를 에어볼로 날려버렸어요. 상대가 인바운드했고, 한 10초쯤 지나서 우리가 공을 뺐고, 다

10장 결과를 내려놓을 때 샷은 더 좋아진다

시 제가 볼을 잡았어요. 바로 그때 노스캐롤라이나 선수 전부가 저를 덮쳤어요. 그 순간 생각했죠.

'세상에, 얘네는 일부러 나를 자유투 라인에 세우려고 하는구나' 마음을 가라앉히고, 막 슛을 쏘려는 순간 관중들이 '에어볼! 에어볼!' 하고 외치기 시작했어요. 그 소리에 완전히 흔들려서, 두 번째 슛은 림을 스쳤고, 우린 그 경기를 졌어요. 그렇게 경기가 끝나고 라커룸을 나가기 전에, 나는 마음속으로 다짐했어요. '다시는 에어볼을 던지지 않겠다'고요."

나는 그에게 이렇게 말했다.

"그 결심 덕분에 앞으로도 에어볼은 절대 안 던지겠네요. 하지만 자유투를 정말 넣고 싶다면, 생각을 좀 바꿔야 해요. 지금의 마음가짐은 에어볼을 피하는 데는 완벽하지만, 자유투를 성공시키기에는 좋지 않아요. 좋은 자유투 슈터가 되고 싶다면, 가끔 에어볼도 감수해야 해요."

골퍼들도 이와 유사한 심리적 경험을 겪곤 한다. 첫 퍼팅이 짧아졌을 때(흔히 앨리스라고 부른다), 골퍼들은 나머지 17홀 동안 의식적이든 무의식적이든 더 길게 퍼팅하려는 경향을 보인다. 반대로, 첫 홀에서 볼이 지나치게 멀리 굴러간 골퍼는 이후 샷에서 위축되어 과감성을 잃고, 퍼팅을 조절하려는 강박에 빠지기도 한다. 이런 태도는 퍼팅의 본질, 즉 '홀에 볼을 넣는다는 목표'에서 점점 멀어지게 만든다. 성공적인 퍼팅은 단순히 볼을 보내는 것이 아니라, 그것이 정확히 목표 지점에 도달하리라는 믿음에서 비롯된다.

그래서 나는 늘 선수들에게 말한다. 그린을 읽는 데 주저하지 말고, 과감하게 읽되 빠르게 결정하라. 이 단계에서 연습 스트로크를 몇 번 해보는 것도 좋다. 다만 기계적인 리듬을 위한 연습이 아니라, 감각을 점검하는 과정이어야 한다. 이때 눈은 볼이나 퍼터 헤드(블레이드)가 아닌, 자신이 설정한 목표점에 두는 것이 핵심이다. 볼을 응시하거나 헤드의 경로에 집중하다 보면, 중심이 흔들리고 타격의 질이 떨어진다. 의심은 타점을 흔들고, 망설임은 결과를 그르친다.

다음 단계는 자신과 목표 사이의 얼라인먼트다. 많은 프로 선수들은 이 정렬을 더 정밀하게 하기 위해 볼에 적힌 로고나 글씨를 적극적으로 활용한다. 볼을 마킹한 뒤, 글씨 방향이 퍼팅 라인과 정확히 일직선이 되도록 놓는다. 이후 퍼터 헤드를 그 글씨에 맞추고, 스탠스를 취하는 방식이다. 이렇게 하면 시각적으로도 목표와 자신의 몸이 연결되어 있다는 안정감을 얻을 수 있다.

이 과정에서 유념할 물리적 기준이 있다. 바로 눈의 위치다. 퍼팅 때 눈은 정확히 볼 위, 혹은 아주 근접한 위치에 있어야 한다. 그렇지 않으면 시각적 착시가 발생해 퍼팅 라인을 잘못 읽을 수 있다. 나는 선수들에게 바닥에 거울을 놓고 연습해 보라고 권한다. 거울 위에 볼을 놓고, 눈의 위치가 볼의 수직 상단에 올 때까지 스탠스를 조정하는 것이다. 별것 아닌 것처럼 보이지만 퍼팅 정확도 향상에 아주 효과적인 훈련이다.

조준이 끝난 뒤에는 의심하지 말고 믿어야 한다. 그린은 종종 설계자의 의도대로 시각적인 착각을 유도하기도 한다. 실제보다 더 굴곡이 심하거나 방향이 다르게 느껴질 수도 있다. 그러나 이미 설정한 퍼팅 루틴과 시선, 자세를 신뢰해야 한다. 조준을 마친 뒤에도 자꾸 뒤로 물러나 점검하려 하면, 스윙 직전까지 망설임이 이어진다. 그런 행동은 퍼팅의 리듬을 깨뜨리는 지름길이다.

만약 조준을 수정하고 싶다면, 차라리 처음부터 다시 루틴을 시작하는 편이 낫다. 단, 경기가 느려질까 봐 조바심 낼 필요는 없다. 확신 없이 퍼팅을 해서 두 번, 세 번을 더 퍼트하는 것보다는, 신중하게 한 번에 성공하는 것이 훨씬 현명한 선택이다.

목표를 본다, 볼을 본다, 퍼팅을 한다. 이 반복 루틴은 뇌와 신경 시스템이 목표에 반응할 때 가장 자연스럽고 효율적으로 움직인다는 뇌과학적 원리에 기반한다. 목표에 집중할 때, 신체는 기계적 반복보다 훨씬 정교하게 반응한다. 반대로 볼 위에 너무 오래 서 있으면 그 반응 구조에 잡음이 끼기 시작한다. 생각이 많아지고, 의심이 생기며, 의식적으로 조정하려는 순간 스트로크는 경직되기 쉽다.

데이비스 러브 3세는 이러한 본능적인 반응의 중요성을 마이클 조던의 경기에서 발견했다. 조던은 슛을 쏘기 위해 멈추는 법이 없었다. 달리다가 바로 던지는, 리듬을 끊지 않는 감각이 그의 비결이었다. 러브는 그 철학을 자신의 숏 게임에 접목했고, 나는 그 변화 과정을 직접 목격할 수 있었다. 리듬은 타고나는 재능이 아니었다. 반복된 훈련 끝에 몸에 배는 감각이었다.

퍼팅에도 고유한 리듬이 있다. 목표를 보고, 잠시 멈추고, 볼을 보고, 다시 멈추고, 퍼팅을 실행하는 그 흐름은, 마치 기도문처럼 반복

되어야 한다. 나는 선수들에게 이 리듬을 흉내 내는 것을 넘어서 자신의 신경계에 새기듯 내면화하도록 지도한다. 그렇게 해야 대회 상황에서 무의식적으로 그 리듬을 실행할 수 있기 때문이다.

선수가 대회에서 그 리듬을 유지하고 있는지를 확인하는 것은 매우 중요하다. 특히 짧은 퍼트일수록 그 리듬이 무너지기 쉽다. 내가 지도한 여러 선수 중에서도, 연습 그린에서는 완벽한 타이밍을 보여주던 선수가 실제 경기에서 볼 앞에 너무 오래 머무는 경우를 종종 본다. 그것은 두려움이나 긴장감이 무의식적으로 행동을 지배하고 있다는 신호다.

3피트, 혹은 6피트. 이 짧은 거리의 퍼팅이 경기를 좌우하는 순간은 셀 수 없이 많다. 미식축구에서 필드 골을 떠올려보라. 경기의 흐름과 별개로, 그것 하나로 승패가 갈리는 것처럼 퍼팅 역시 그런 결정적 순간을 품고 있다. 퍼팅의 결과는 힘이나 폼보다는 확신과 믿음에서 갈린다.

좋은 퍼터가 되기 위한 첫걸음은 자신에게 스스로 긍정적인 주문을 걸어주는 것이다. '나는 이 거리에서 자주 성공한다', '이건 내 거리다'라는 생각이 반복될수록 신경계는 안정되고, 몸은 자연스럽게 반응한다. 퍼팅은 심리와 기술의 교차점에 있는 예민한 영역이다.

짧은 퍼트를 좋아하게 되면, 그에 따른 행동 변화도 나타난다. 긴 퍼팅에서도 지나치게 조절하려 하기보다는, 자신 있는 스트로크가 자연스럽게 이어지고 거리 불안도 줄어든다. 퍼팅을 지나치게 통제하려 할수록 스윙은 경직되고 스트로크는 끊기기 쉽다. 반대로 자신감을 바탕으로 한 대담한 퍼팅은 성공률을 끌어올린다.

　연습 과정에서도 이 원칙은 그대로 적용된다. 나는 선수들에게 매 스트로크를 '성공할 퍼팅'으로 대하되 결과에 연연하지 않으며 감각을 의심하지 말라고 조언한다. 실수했을 때는 이유를 분석하되, 감정을 억제하며 냉정하게 접근하는 태도가 중요하다.

　결국 퍼팅 실수는 누구에게나 일어난다. 그러나 실수를 바라보는 태도에 따라 다음 퍼팅이 달라진다. 실패가 자신감을 깎아내리는 것이 아니라, 오히려 다음 성공을 위한 준비 과정이 될 수 있어야 한다. 실수와 성공 사이의 거리는 기술보다 심리적 회복력에 달려 있다.

　롱퍼팅에 대한 또 하나의 오해는 목표를 넓게 잡는 것이다. 많은 골퍼들이 '3피트 안에 넣으면 성공'이라는 생각을 가진다. 그러나 이 생각은 마치 양궁 선수가 과녁이 아닌 그 주변의 큰 원을 겨냥하는 것과 같다. 오히려 정확성을 떨어뜨리는 결과로 이어진다.

　훌륭한 퍼터들은 거리와 상관없이 항상 홀의 중심을 목표로 삼는다. 그 집중력은 방향의 문제를 넘어, 스트로크의 강도와 리듬, 심지어 몸의 미세한 긴장감까지도 바꾼다. 중심을 겨냥할 때 퍼터는 몸 전체를 그 방향으로 일관되게 정렬할 수 있다.

　'항상 중심을 겨냥하라'는 이 단순한 원칙은 퍼팅을 두려워하지 않고 즐길 수 있는 마음가짐의 출발점이 된다. 그리고 그 태도는 퍼팅에 결과보다 더 깊은 의미를 부여해 준다.

　볼이 홀에 들어가는 경험은 자연스럽게 자신감을 불러온다. 첫 두 홀에서 길고 까다로운 퍼팅이 성공하면, 누구든 세 번째 그린에 섰을 때 자신감 넘치는 몸짓으로 스트로크하게 된다. 하지만 더 중요한 것은 경기의 첫 중요한 퍼팅이 실패했을 때에도 자신감을 유지하는 마음가짐이다. 단 한 번의 실패가 하루 내내 심리에 영향을 줄 수 있기 때문이다.

닉 프라이스와 같은 탁월한 선수들조차 이 부분에서 흔들리곤 한다. 실제로 나는 여러 선수들이 "오히려 경기 초반에 어프로치샷이 조금 빗나가길 바란다"고 말하는 걸 들었다. 처음 몇 홀에서 짧은 버디 퍼트를 놓치면, 이후 라운드 전체에서 퍼팅 감각이 흔들릴 수 있다는 걸 그들은 경험적으로 알고 있었다. 퍼팅 실패를 긍정적으로 받아들이고, 다음 퍼팅으로 자연스럽게 넘어가는 건 생각보다 훨씬 큰 정신적 도전이다.

이럴 때 스스로에게 던져야 할 질문은 "이번 퍼팅이 들어갔는가?"가 아니라, "나는 이 퍼팅에 최선을 다했는가?", "내가 선택한 루틴과 마음가짐이 올바른 흐름을 만들고 있었는가?"여야 한다. 이 질문에 '예'라고 대답할 수 있다면, 그 퍼팅이 실패했더라도 흔들릴 이유는 없다. 그렇게 계속 나아가다 보면 평균의 법칙에 따라 좋은 퍼팅은 반드시 돌아온다. 실패는 예고 없이 방문하는 손님일 뿐, 그것이 전체 경기력을 정의할 수는 없다. 퍼팅할 때 결단력 없이 주저하고 샷을 믿지 못하면, 샷 하나하나, 퍼팅 하나하나에 점점 더 위축되고 불안해질 것이다. 그래서 나는 선수들에게 말한다.

"선택은 두 가지다. 주저하거나, 결단력과 믿음으로 퍼팅하거나."

1982년 U.S.오픈에서 톰 왓슨은 그런 결단의 좋은 사례를 보여줬다. 많은 이들이 기억하는 건 페블비치 17번 홀에서의 극적인 칩샷이 겠지만, 나에게 더 인상 깊었던 순간은 7번 그린이었다. 그는 단 2피트 남은 퍼팅을 형편없이 놓쳤고, 볼은 홀에 닿지도 못했다. 하지만 그는 아무렇지 않은 듯 그린을 빠져나왔고, 그다음 홀에서 18피트짜리 퍼팅을 넣으며 곧바로 잃었던 타수를 되찾았다. 경기 후 내가 그 순간의 마음가짐을 묻자 왓슨은 말했다.

"가끔 퍼팅의 귀재들도 실수합니다. 중요한 건 그다음 퍼팅에서도 나에게 기회를 주는 거예요."

그는 스스로 최고의 퍼터가 되려면 실망을 딛고 다시 퍼팅해야 한다고 다짐했다고 한다. 물론 다음 퍼팅이 성공할지는 알 수 없다. 하지만 '그렇게 생각하는 태도'가 결국 최고의 퍼터로 가는 힘이다.

11장

골프는 완벽의 게임이 아니다

챔피언에게도 실수는 찾아온다.
하지만 그들은 실패에 머물지 않고,
다음 샷을 준비한다.
실수를 있는 그대로 받아들이고
감정에 휘둘리지 않는 태도,
그 차이가 승부를 바꾼다.
골프는 완벽을 요구하지 않는다.
다음을 결정하는 건 기술이 아니라 회복력이다.

몇 해 전, 톰 카이트와 나는 오스틴의 레이크웨이 컨트리클럽에서 텍사스대학 골프팀의 두 선수와 함께 라운드를 돌았다. 날씨는 완벽했고, 모두가 즐길 수 있는 이상적인 조건이었다. 그날 경기의 질도 아주 높았다. 참가자들은 모두 69타에서 73타 사이의 스코어를 기록했고, 서로 간의 기량 차이가 거의 느껴지지 않을 만큼 팽팽한 승부가 이어졌다. 라운드 후, 시원한 음료를 마시며 함께 앉아 있었을 때, 대학 선수들의 눈빛은 하나같이 간절했다. 분명히 궁금한 게 있어 보였지만, 쉽사리 말을 꺼내지 못했다. 그때 한 학생이 조심스럽게 질문했다.

"톰 카이트 선배님, 오늘 저희도 정말 잘 친 것 같습니다. 샷의 질, 벙커샷 대처, 미스샷 이후의 리커버리까지 거의 같았다고 느꼈습니다. 스코어 차이도 미미했죠. 그런데 왜 선배님은 PGA 투어에서 꾸준히 상위권에 있고, 우리는 아직 학교 대표 수준에 머무르는 걸까요?"

카이트는 진지하게 설명을 시작했다.

"그 차이는 생각보다 단순하지만 결정적입니다. 시합에 나가면 매 라운드마다 최소 45개의 샷에서 집중력이 흔들릴 겁니다. 라운드 하나에선 큰 문제없어 보여도, 4일 대회 전체로 보면 1,620타의 손실로 이어질 수 있어요. 그 정도면 상위권과 컷 탈락의 간극을 결정짓는 숫자입니다. 그 집중력 저하가 한두 샷이 아니라 연속으로 이어지고, 감정까지 흔들린다면 손실은 25타 이상 커질 수 있어요. 그쯤 되면 대학 대표 자격조차 위협받는 수준이 됩니다."

그 말을 들으며 나도 덧붙였다.

"오늘처럼 편한 분위기 속에서는 실수에 쉽게 대처할 수 있어요. 러프에 빠지면 그냥 찾아서 빼내고, 그린에 올리고, 퍼팅으로 파를 만들어냅니다. 하지만 정식 대회에서는 똑같은 실수가 전혀 다르게 다가오죠. '왜 하필 중요한 라운드에서 이런 실수가 나왔을까?' 이런 생각에 빠지면, 자신을 비난하고, 흔들린 마음으로 다음 샷에 들어가게 됩니다. 그러면 결국 보기를 넘기고, 흐름도 끊기고 맙니다."

바로 이 지점에서 프로 선수의 진짜 능력이 드러난다. 카이트처럼 세계 정상급 선수들은 실수를 해도 그것에 얽매이지 않는다. 나쁜 샷은 그냥 나쁜 샷일 뿐이다. 그 장면은 끝났고, 다음 샷에 집중하면 된다. 이처럼 극도로 훈련된 심리적 반응이 그들을 위기로부터 건져내는 것이다. 카이트는 이 원리를 간결하게 요약한다.

"골프는 완벽의 게임이 아니다."

많은 아마추어는 실수를 받아들이지 못한 채, 그것을 '나쁜 경기'로 확대 해석하고 스스로 무너진다. 하지만 골프라는 스포츠는 애초에 모든 샷이 통제되지 않는 게임이다. 변수는 도처에 존재하며, 퍼펙트 라운드라는 개념은 그저 환상일 뿐이다.

그렇다고 해서 프로들이 실수에 무관심한 것도 아니다. 그들은 매일 반복된 연습과 분석을 통해 실수를 줄이려는 노력에 철저하다. 하지만 그들과 아마추어의 가장 큰 차이는 실수를 실수로만 받아들일 줄 아는 태도에 있다. 한 번의 미스로 경기 전체를 무너뜨리지 않는 그 능력, 그것이 바로 지속적인 성과를 만들어내는 원천이다.

실제 경기 중에는 이런 상황이 수도 없이 반복된다. 작은 변화, 예기치 못한 결과, 예상치 못한 바람 한 줄기가 플레이어를 흔들 수도 있다. 하지만 그럼에도 불구하고 자기 페이스를 지키고, 감정을 통제하며, 다음 샷으로 넘어갈 수 있는 내적 근력이야말로 톰 카이트가 말한 진짜 '프로의 세계'다.

내가 톰 카이트의 수많은 우승 중에서 가장 감명 깊게 본 경기는 이전에 베이 힐에서 치뤄진 대회였다. 그날 카이트와 데이비스 러브 3세는 나란히 마지막 홀에서 위기를 맞았다. 카이트는 어프로치샷을 실수하여 볼을 워터 해저드에 빠뜨렸고, 데이비스는 과감한 샷 끝에 볼을 그린 너머로 보내고 말았다. 어떤 선수든 그런 상황에선 위축되기 쉽고, 보통은 다음 샷에서 안전한 선택을 한다. 그린 중앙을 노리거나 벙커 쪽으로 보내며 더 이상의 실수를 피하려 들 것이다.

하지만 카이트는 전혀 다른 선택을 했다. 그는 실수를 끌고 가지 않았다. 정확한 목표를 설정하고 웨지샷을 날렸고, 이어진 퍼트까지 성공하며 연장전에서 승리를 거머쥐었다. 이 장면은 나에게 강한 인상을 남겼다. 샷의 실패를 있는 그대로 수용하고, 곧바로 다음 플레이에 온전히 몰입한 그의 태도는 진정한 '챔피언의 자질'이었다.

물론 대부분의 해설자들이나 기자들은 그 장면을 긍정적으로 평가하지 않았다. 그들은 마지막 홀에서 공을 물에 빠트린 선수는 우승할 자격이 없다고 여겼다. 그러나 나는 전혀 다르게 생각했다. 골프는 실수의 유무가 아니라, 그다음에 무엇을 하느냐로 승부가 갈리는 경기다. 카이트는 기본에 충실하게, 또 두려움 없이 다음 샷을 수행했고, 그 결정이 결국 승리를 이끌었다.

"어떤 샷이든 그 결과를 받아들이는 것."

이것이 루틴의 마지막 단계이자, 골프라는 게임을 지속적으로 성장시키는 가장 중요한 원리다. 이 대회에서 카이트는 그 누구보다 우승을 간절히 원했다. 그는 실수를 했다. 하지만 실수를 부정하지도, 감정에 흔들리지도 않았다. 그저 다음 샷에 집중했고, 결국 대회를 우승으로 마무리했다. 나는 카이트에게 말했다.

"톰, 골프에서는 아무리 뛰어난 선수라도 언제든 예기치 못한 일이 일어나요. 그런 상황들을 받아들일 수 있을수록 당신은 더 뛰어난 선수가 될 수 있어요."

실제로 이 경기가 끝난 다음 주, 카이트는 TPC 대회에서 거의 완벽한 경기를 펼쳐 또 하나의 우승을 차지했다. 그제야 많은 해설자들과 기자들이 그의 실력에 찬사를 보냈지만, 나에게는 베이 힐의 우승이 훨씬 더 인상적이었다. 그곳에서 그는 '골프는 완벽의 게임이 아니다'라는 철학을 실전에서 증명해 냈기 때문이다.

나는 카이트나 닉 프라이스 같은 세계적인 선수들이 '실수를 수용하는 법'을 몸으로 익히고 있다는 사실에 감탄했다. 반대로, 내가 골프 클리닉에서 만나는 많은 하이 핸디캐퍼들은 그와 정반대의 반응을 보였다. 그들은 샷이 빗나갔을 때 자신을 비난하고, 부정하며, 때로는 분노에 빠졌다. 특히 주말 골퍼나 연중 몇 번만 필드를 나서는 사람들일수록 그러한 경향은 더욱 심하다. 프로암 대회에서 나는 자주 이런 장면을 본다. 한 참가자가 티샷을 엉뚱한 방향으로 날린 후, 고개를 갸웃거리며 이렇게 말한다.

"이상하네, 난 절대 그렇게 치지 않았는데."

그러면 나는 웃으며 말한다.

"하지만 당신이 그렇게 친 것을 분명히 봤습니다."

골프는 있는 그대로를 받아들이는 게임이다. 스윙 결과, 라이 상태, 바람의 방향 모두 마찬가지다. 그것들에 저항할수록 스코어는 무너지고, 자신감은 흔들리며 경기 흐름은 붕괴된다. 진짜 강자는 실패를 부정하지 않는다. 오히려 실패를 훈련의 일부로 여기고, 그것을 통해 다시 샷을 정돈하고 자신을 되찾는다.

골프를 즐기는 누구라도 잘못된 샷을 원하지는 않는다. 특히 클럽 챔피언십처럼 중요한 대회의 첫 홀 티잉 그라운드에서 첫 티샷이 심한 슬라이스로 OB가 된다면, 누구에게나 쓰라린 경험이다. 하지만 그 순간이 경기의 전부는 아니다. 실제로 내가 기억하는 사례 중 하나는 파밍턴 컨트리클럽에서 열린 시니어 아마추어 대회였다. 그 대회의 우승자는 예선 첫날 첫 번째 티샷에서 바로 OB를 냈다. 그는 분명히 화가 났을 것이고 당혹감도 있었겠지만, 중요한 건 그 상황을 받아들이는 태도였다.

이때 핵심은 단순하다. 화를 내는 것이 경기에 무슨 이득을 주는가? 불만과 분노는 단기적으로는 감정을 분출하는 통로가 될지 몰라도, 실전에서는 오히려 자신을 옭아매는 족쇄로 작용한다. 긴장감은 신체를 경직시키고, 스윙 흐름을 깨뜨린다. 리듬과 타이밍이 어긋나고, 집중력과 자신감도 함께 흔들린다. 이내 실수한 샷을 분석하기 시작한다. 스윙 메커니즘에서 어디서 잘못됐는지 집착하게 되며, '어깨가 열렸나?', '백스윙이 너무 빨랐나?' 등 끝없는 내적 분석에 빠져든다. 그 집착은 다음 샷까지 흔들리게 만들고, 결국 경기가 무너지게 된다.

실수는 골프의 일부다. 그것을 받아들이는 것도 진짜 실력이다. 골프는 인간이 하는 스포츠이며, 인간은 언제나 실수를 한다. 골프는 그 자체가 실수의 게임이다. 실수를 줄이려는 노력은 필수적이지만, 실수를 아예 제거하려는 시도는 오히려 위험하다.

위대한 골퍼들은 실수를 '게임의 일부'로 받아들이고, 그것에 집착하지 않는다. 그들은 다음 샷에 곧바로 집중할 수 있는 심리적 전환 능력을 갖추고 있다. 예를 들어, 칩 벡은 숲속으로 볼을 날렸을 때조차 그 상황을 담담하게 받아들인다. 그는 이렇게 말하곤 했다.

"이런 상황이야말로 골프가 가장 흥미로운 이유죠. 이것이 골프의 본질입니다."

그의 말처럼 골프의 진짜 매력은 위기 상황에서 어떻게 대응하느냐에 있다. 공이 모래 벙커에 빠졌을 때, 러프에서 탈출할 때, 좁은 나무 사이를 뚫고 가야 할 때는 골퍼의 창의성과 담력을 시험할 수 있는 순간이다. 이런 '복잡한 상황'을 즐길 줄 아는 태도가 골프의 깊이를 아는 사람의 모습이다.

질식할 정도의 완벽주의를 골프장까지 끌고 간다면, 더 높은 핸디캡과 엉망인 기분을 안고 돌아올 가능성이 크다. 경기는 결코 당신의 기대치를 충족시키지 못할 것이기 때문이다.

몇몇 뛰어난 선수들은 나쁜 샷 이후 치밀어 오르는 분노를 흘려보내기 위한 자신만의 독특한 방식을 개발해 왔다. 셰리 스타인하우어 Sherry Steinhauer는 자기 기억을 비디오 테이프처럼 여긴다고 말한다. 라운드 중에 나쁜 샷을 하면, 그 장면을 '지워버리는' 상상을 한다. 마음속에서 실수를 지워버리는 방식이다. 어떤 선수들은 실수의 기억을 어딘가에 '파일링'해 넣는다고 하거나, 마음속 TV 채널을 돌린다고 표현하기도 한다.

잭 니클라우스에게도 자신만의 요령이 있었다. 그는 거의 항상 스스로 클럽을 선택했고, 캐디였던 안젤로 아르지아 Angelo Argea에게 바라는 건 침묵과 마른 수건뿐이었다. 하지만 만약 나쁜 샷을 날리면, 죄 없는 캐디를 향해 이렇게 쏘아붙이곤 했다.

"젠장, 왜 나한테 그걸 들게 놔둔 거야?"

아르지아는 그 말을 개인적으로 받아들이지 않을 만큼 영리했다. 니클라우스는 스스로에게 화를 내는 대신 캐디에게 분노를 돌릴 때 훨씬 더 좋은 경기를 한다는 걸 알고 있었다.

아놀드 파머와 베른하르트 랑거는 그 책임을 클럽에게 돌리는 편이다. 그들은 종종 클럽 세트를 통째로 바꾸거나 문제를 일으킨 클럽을 지하실 깊숙이 유배 보내기도 한다. 랑거는 실수를 유발한 클럽을 물통에 하룻밤 담가두는 벌을 주기도 했는데, 그 주간에 그는 마스터스에서 우승했다.

하지만 당신에게 그런 너그러운 캐디도 없고, 무한정 클럽을 제공해 주는 스폰서 계약도 없다면, 당신은 분노를 어떻게 다뤄야 할까? 가장 먼저 할 일은, 골프장에 들어서는 순간 모든 기대를 버리고 그저 플레이에 집중하는 것이다. 말처럼 쉬운 일은 아니다. 하지만 나는 지금까지, 티샷을 하기 전 기대를 내려놓지 않고도 자신의 진짜 잠재력을 발휘하는 골퍼를 단 한 명도 본 적이 없다.

기대라는 것은 장기적 관점에 한정될 때는 좋은 것이다. 예를 들어, 오랜 시간 동안 체계적으로 연습하면 실력이 향상될 거라는 기대는 괜찮다. 하지만 특정 샷, 특정 홀, 특정 라운드 결과에 대한 좁은 기대는 오히려 독이 된다.

미국 사회에서 골프를 치는 사람들은 대개 원하는 것을 얻어내는 데 익숙한 사람들이다. 많은 이들이 부유하고 성취한 가정에서 자랐고, 그렇지 않은 이들도 야망과 노력으로 사회적 성공을 이루었다. 그들은 골프도 다른 삶의 영역처럼 마스터할 수 있다고 믿는다. 대회에 나가면 당연히 이기려 하고, 스윙을 하면 공이 잘 맞아야 한다고 믿는다. 그러나 골프가 그런 기대를 충족시키지 못하면, 스스로를 판단하고 화내기 시작한다. 기대치와 현실의 간극은 경기를 꼬이게 만든다. 그렇다고 해서 '모든 샷이 정확히 핀을 향해 날아간다고 믿지 말라'는 이야기는 아니다. 그런 믿음은 필요하다. 하지만 '볼이 그렇게 날아가야만 한다'고 기대하고, 그렇지 않았을 때 화를 낸다면, 그것은 전혀 다른 이야기다. 티잉 그라운드에 설 때까지는 기대를 마음에서 완전히 지워야 한다.

첫 티잉 그라운드에 섰을 때, 당신은 두 가지 목표를 분명히 해야 한다. 하나는 이 라운드를 진심으로 즐기자는 것. 다른 하나는 결과가 아닌 '과정'에 집중하자는 다짐이다. 매 샷마다 마음을 '제 위치'에 두는 것이 오늘 당신이 칠 수 있는 최고의 스코어로 가는 길이다. 그게 67타든, 107타든 말이다.

즐기는 것이 그렇게 어려울 일은 아니다. 당신은 신선한 공기 속에 있다. 아름다운 초록 공원에서 걷고 있다. 어떤 이론가에 따르면, 깎인 초지가 인류에게 가장 심리적 안정과 위안을 주는 환경이라고 한다. 좋은 사람들과 함께, 다른 골퍼들과 어울려 그 순간을 즐기면 된다. 하늘을 향해 공을 띄우는 일, 그 간단한 행위가 인간 뇌의 깊은 부분을 기분 좋게 울린다. 우리가 처음 골프를 좋아하게 된 이유가 다 여기에 있다. 비록 그때는 실력이 형편없었더라도 이 모든 것을 곱씹으며, 골프의 기쁨이 나에게 다가오도록 하라.

언젠가 당신이 최고의 스코어를 기록하려면 한 가지 조건이 있다.

바로 자기 자신에게 가장 좋은 친구가 되어야 한다는 것이다. 말하자면, '자기 자신에게 훌륭한 캐디이자 코치'가 되어보자. 상상해 보라. 누가 돈을 주고 캐디를 고용해, 퍼트를 짧게 쳤다고 "겁쟁이야, 배짱도 없구나!" 하고 퍼붓게 하겠는가? 또 누가 레슨 프로에게 비용을 지불하고, "오늘 실수를 하나하나 따지면서 호텔방까지 따라와 달라"고 부탁하겠는가. 그런 사람은 없다. 하지만 골프장에서는 스스로에게 그런 짓을 하는 사람들이 많다.

우리는 판단보다 용서에 익숙해져야 한다. 실수했을 땐 잊고, 받아들이고, 자기 자신에게 너그러워져야 한다. 그런데 우리 문화는, 특히 높은 성취를 요구받는 이들에게 스스로를 엄격히 대하라고 가르친다. 자신에게 관대한 태도는 나약하거나 자기중심적이라고 여겨지기도 한다.

물론 그 안에는 일말의 진실도 있다. 스스로를 냉정히 돌아보고, 부족한 점을 고치려는 자세 없이는 골프 실력을 키울 수 없다. 그런 자기 평가는 분명 필요하다. 하지만 골프장에서는 하지 마라. 샷이 끝났다면, 그 순간은 이미 지나갔다. 그 이후에 할 수 있는 유일하게 생산적인 일은, 다음 샷을 최선을 다해 치는 것뿐이다. 그러려면 당신은 낙관적이고 열정적인 상태를 유지해야 한다. 만약 '결과에 대한 기대'를 반드시 가져야 한다면, 이렇게 기대해라.

"나는 라운드 중 실수 몇 번쯤은 하게 될 거야."

프로 골프의 아버지 월터 헤이건Walter Hagen은 한 라운드에 실수 일곱 번쯤은 당연히 나올 거라 생각했다고 한다. 그래서 나쁜 샷을 쳐도 전혀 동요하지 않았다.

"그건 그냥 일곱 개 중 하나일 뿐이야."

수용은 골퍼가 인내심을 기르는 바탕이 된다. 그리고 인내는 골프에서 반드시 필요한 덕목 중 하나다. 어떤 선수들은 내가 "인내심을 가져야 한다"고 말할 때마다 지겹다고 푸념하곤 한다. 하지만 내가 하는 말은 언제나 같다.

"결국, 그것까지도 인내심으로 받아들여야 할 일이야."

골프에서 즐거움을 기억한다면, 인내는 그렇게 어렵지 않다. 즐거움을 느끼고 있을 때, 당신이 초조했던 마지막 순간은 언제였는가? 또 한 가지를 기억하라. 골프는 정의의 게임이 아니다. 선수는 모든 연습을 제대로 했고, 생각도 정확하게 정리한 상태일 수 있다. 그런데도 이상한 바운스나, 갑작스러운 돌풍이 공을 벙커로 보낼 수 있다.

골퍼는 결과를 강제로 끌어낼 수 없다. 할 수 있는 건, 그 결과가 생겨날 수 있도록 최선을 다할 여건을 만드는 것뿐이다. 톰 왓슨이 말한 적이 있다.

"진정한 골퍼가 되려면, 기다리는 법을 배워야 한다. 하지만 그 기다림은 확신을 품은 기다림이어야 한다."

투어에서는 많은 요소들이 선수들의 기대치를 높이려 들고, 완벽을 요구하도록 부추긴다. 문제는 이럴 때다. 많은 선수가 투어에 오르기까지 자신을 몰아붙이며 훈련해 왔지만, 그런 성실함이 되려 독이 되어 스스로를 갉아먹는 고된 싸움으로 변질되는 것이다. 성공적인 선수는 스스로를 객관적으로 바라보는 능력을 갖춰야 한다. 연습이 부족하면 더 노력할 줄 알아야 하고, 반대로 스스로를 너무 몰아붙일 때는 한 걸음 물러설 줄도 알아야 한다.

스콧 버플랭크Scott Verplank는 아마추어였던 시절, 웨스턴오픈에서 첫 PGA 투어 우승을 거머쥐었다. 그는 이렇게 생각했다. 학교를 마치고 골프에만 전념할 수 있게 되면, 당연히 실력도 더 나아질 거라고. 하지만 현실은 달랐다. 아마추어 대회에서는 우승했을 성적이 프로 무대에서는 컷 탈락이었다. 그는 그런 결과를 '실패'로 받아들였고, 자연스레 더 열심히 연습했다. 자신에게 필요한 건 잠시 쉬는 시간이었음에도 불구하고, 그는 연습장에 나갔다. 읽고 싶었던 책도 미뤘다. 하지만 그 모든 노력은 눈에 띄는 성과로 이어지지 않았다.

나중에는 종종 자신의 모교인 오클라호마주립대를 찾아가 미식축구팀 러닝백 훈련을 돕곤 했다. 오직 골프 생각에서 벗어날 수 있는 방법이 그것뿐이었기 때문이다. 어느 해 뷰익오픈을 앞두고 그와 대화를 나눈 적이 있다. 나는 말했다.

"연습장 대신 호텔 방에서 책 좀 읽고 쉬는 것도 괜찮아. 제발, 이번에는 재미있게 치겠다고 약속해 줘."

그리고 나는 샬러츠빌로 돌아가 수업을 했다. 목요일 저녁, 스콧에게서 전화가 왔다.

"선생님, 나 오늘 해냈어요! 하루 종일 너무 재밌게 쳤어요. 그리고 지금 1등이에요! 첫 홀에서 5피트 퍼트를 놓쳤는데도 전혀 신경 안 썼어요. 그리고 바로 두 번째 홀에서 35피트 퍼트를 넣었죠!"

나는 경고했다.

"기자들이 '버플랭크가 프로 데뷔 첫 우승을 할 수 있을까' 그런 얘기만 했지? 만약 그랬다면 그 사람들 얘기를 듣다 보면 자기도 모르게 '이번에 꼭 우승해야 해' 같은 생각이 들 거야. 결과에 사로잡히면, 골프는 즐겁지 않아. 스코어에 집착하지 말고, 오늘 하루 최고의 플레이를 해보는 거야. 결과 말고 과정에 집중해."

물론 이 이야기를 꺼내는 이유는 해피엔딩이기 때문이다. 스콧은 결국 그 대회에서 우승했다. 일요일 저녁 그는 다시 전화를 걸어 내게 말했다.

"지금 댈러스의 한 신문사 기자랑 인터뷰 중인데요, '즐겁게 쳐서 우승했다'는 말이 이해가 안 된대요. 혹시 직접 얘기해 주시겠어요?"

나는 수화기를 넘겨받아 설명했다. 골프에서 최고의 퍼포먼스를 내려면 몸과 마음을 놓아야 하며, 실수를 받아들이는 자세가 얼마나 중요한지 말이다. 하지만 그 기자는 여전히 고개를 갸웃했다. '즐기는 것이 왜 어려운가'를 이해하지 못했다. 그래서 이런 제안을 했다.

"이해가 안 되신다면, 내일 신문에 이런 실험 하나 제안해 보세요. 1주차에는 매 샷이 완벽하지 않으면 스스로에게 실망하고, 화를 내고, 경기 후 집에 돌아와서도 그 기분을 끌고 가라고 해보라고 하세요. 아마 누구나 1주차 실험은 쉽게 해낼 겁니다. 2주차에는 어떤 샷이든 흔들리지 말고, 웃고, 흔들림 없이 타깃을 향해 공을 날려야 합니다. 결과에 상관없이 끝까지 유쾌하게, 의연하게요. 이 실험을 제대로 해낸 사람에겐 상금을 준다고 해보세요. 아마 정직하게 그 상금

11장 골프는 완벽의 게임이 아니다

을 받을 수 있는 사람은 거의 없을 테니까요."

은퇴한 골퍼들도 스콧 버플랭크와 비슷한 함정에 빠지곤 한다. 일에서 손을 떼고 주말 골퍼가 아닌 풀타임 플레이어가 되면 골프 실력이 확 좋아질 줄 안다. 하지만 생각만큼 되지 않는다. 골프는 여전히 '게임'임을 잊기 때문이다. 연습량이 늘어나는 만큼 기대치도 함께 치솟는다. 실수에 웃어넘기던 마음은 점점 사라진다. 완벽주의와 지나친 기대에 짓눌리는 골퍼라면, 어머니가 해줬을 법한 한마디 조언을 떠올릴 필요가 있다. 1927년 U.S.오픈에서 단 한 타 차로 우승을 놓친 진 사라젠Gene Sarazen에게, 그의 어머니 아델라 사라체니는 이렇게 말했다.

"얘야, 일어나는 모든 일에는 다 이유가 있는 법이란다. 그걸 잊지 마. 인생에서 항상 이길 수는 없어."

사라젠은 이 짧은 조언이 마음 깊이 남았다고 말했다. 그 덕분에 골프를 대하는 마음에 일종의 '운명 수용' 같은 여유가 생겼고, 어떤 결과든 받아들이고 최선을 다할 수 있게 됐다고 한다. 아델라 여사 같은 분들이 많았다면, 내가 이 책을 쓸 이유는 없었을지도 모른다.

12장

자신감은 훈련되는 감정이다

결과는 선택할 수 없지만,
자신을 믿는 태도는 선택할 수 있다.
자신감은 단숨에 솟는 감정이 아니라,
반복된 선택의 산물이다.
그 믿음은 훈련을 통해 길러지고,
경기가 흔들려도 끝까지 흐름을 붙든다.

골프에서 자신감이 얼마나 중요한지는 비밀도 아니다. 모든 스포츠에서 그렇듯, 자신감 없이 좋은 결과는 기대할 수 없다. 선수와 코치들 모두가 이미 오래전부터 알고 있는 사실이다. 팀이 이기기 위해서, 개인이 최고의 퍼포먼스를 발휘하기 위해서는 자신감이 반드시 필요하다.

내가 골퍼들에게 가르치는 거의 모든 원칙과 기술들(자유의지의 활용, 프리샷 루틴의 구축, 사고 전환의 습관화 등)은 결국 '자신감'이라는 하나의 목표를 향해 나아가게 되어 있다. 자신감이 없다면, 아무리 뛰어난 기술도 믿고 쓸 수 없고, 자신이 가진 능력을 최대치로 끌어낼 수도 없다.

하지만 문제는 많은 골퍼들이 이 '자신감'이라는 개념 자체에 대해 오해하고 있다는 점이다. 이들은 자신감이 어느 날 하늘에서 떨어지는 선물 같은 것이라고 믿는다. 오랜 시간 완벽한 플레이를 계속한 후에야 주어지는, 마치 신의 계시 같은 것이라고 착각하는 것이다. 이런 잘못된 인식을 가진 사람들 중에는 종종 이런 질문을 던지는 이들도 있다.

"성공과 자신감 중 무엇이 먼저인가요?"

그들은 대회에서 우승하려면 자신감이 필요하다는 사실은 알고 있지만, 동시에 우승을 해보지 않고는 자신감을 얻을 수 없다고 믿는다. 말하자면, 닭이 먼저냐, 달걀이 먼저냐 식의 사고에 갇혀 있는 것이다.

하지만 그런 사고방식이 맞다면, 누구도 생애 첫 우승을 할 수 없었을 것이다. 진실은 이렇다. 누구든, 제대로 된 방식으로 접근한다면 자신감을 '기를 수' 있다. 자신감은 타고나는 것이 아니라, 스스로 형성하는 것이다. 당신이 자신에 대해, 당신의 골프 게임에 대해 어떻게 생각하느냐에 따라 자신감은 생기고 자란다.

하나의 샷을 기준으로 봤을 때, 자신감이란 결국 '공이 목표에 도달할 것이라고 믿는 생각'이다. 그 샷을 할 때 오직 공이 정확히 원하는 지점으로 날아가는 것을 떠올리고 있다면, 그것이 바로 자신감이다. 그게 전부다.

하지만 많은 골퍼들은 이런 단순한 진리를 납득하지 못한다. 그들은 교육 수준도 높고, 분석과 회의적 사고에 익숙하며, 통계와 확률이라는 틀로 모든 것을 이해하고자 한다. 그래서 그들은 이런 식의 반문을 던진다.

"40피트 퍼트를 할 때 정말 그것이 들어갈 거라고 믿습니까?"

내가 "그렇다"고 대답하면, 그들은 다시 묻는다. "그럼 집을 걸고 내기할 수 있습니까?" 내 대답은 "아니요"다. 그럼 그들은 곧바로 "그럼 당신은 자신감 있는 게 아니죠"라고 말한다. 하지만 여기에는 중요한 차이가 있다. 내가 집을 걸지 않는다고 해서, 퍼트를 넣을 수 있다는 믿음 자체가 사라지는 것은 아니다. 이는 단순한 베팅 문제가 아니다.

내가 자신감을 갖고 퍼트를 한다는 것은, 그 순간 내가 퍼트를 성공시킬 확률이 낮다는 통계치를 모른다는 뜻이 아니다. 단지 그 순간 나는 숫자나 평균을 떠올리는 게 아니라, '오직 공을 홀컵에 넣는 것'만 생각하고 있다는 것이다. 진정한 자신감이란, 다른 모든 변수를 지우고 목표 하나에만 몰입할 수 있는 마음의 태도다.

우수한 운동선수들은 모두 이런 사고방식을 갖고 있다. 그들은 나에게 40피트 퍼트를 두고 집을 걸겠냐는 식의 질문을 하지 않는다. 그런 질문을 할 필요도 없고, 하지도 않는다. 그들은 '생각의 방향'이 성과에 끼치는 영향을 누구보다 잘 알고 있기 때문이다.

보다 넓은 관점에서 보면, 자신에 대한 모든 생각의 총합이 곧 골퍼로서의 자신감이다. 결국 자신감은 자신이 어떤 골프를 하고 싶은지를 어떻게 그리느냐에 달려 있다. 드라이버샷을 안정적으로 날리는 모습, 정교한 웨지샷, 벙커에서도 흔들리지 않는 숏 게임 감각, 그리고 퍼팅에서의 절대적 신뢰감이 모든 부분에 대해 명확한 이미지와 긍정적인 기대를 품고 있어야 한다.

만약 당신이 경쟁적인 플레이어라면, 단순히 기술적인 샷만이 아니라, 토너먼트에서 우승을 거두고, 낮은 타수를 기록하며, 초반 흐름이 좋지 않아도 침착함을 유지해 결국 좋은 스코어로 마무리하는 장면까지 상상할 수 있어야 한다. 나는 투어 선수들에게 자주 이렇게 말하곤 한다.

"코스 밖에 있을 때조차도 훌륭한 골프에 대해 상상하고 긍정적인 마음을 유지하지 못한다면, 그 시간에는 차라리 골프 생각은 하지 않는 것이 좋다."

골프는 당신의 생각을 점점 잠식하려는 속성을 지니고 있기 때문에, 의식적으로 긍정적인 사고를 유지하지 않으면 언제든 자신감을 잃기 십상이다. 그 본질상 자신감을 끊임없이 시험에 들게 한다. 아무리 뛰어난 선수라도 한 라운드에서 몇 번은 실수를 하게 마련이다. 한 시즌 동안을 돌아봐도, 최고의 선수조차 우승보다 패배의 횟수가 더 많다. 그러니 골프에서 자신감을 유지한다는 건 마치 강물의 흐름을 거슬러 헤엄치는 것과 같다. 정체되어 있으려 해도 필사적인 노력이 필요하다.

이 말은 단순한 은유가 아니다. 하루하루 코스 위에서 일어나는 실수, 계획대로 되지 않는 샷, 기대를 밑도는 성적, 모든 것이 당신의 내면에 '나는 정말 잘할 수 있는 걸까?'라는 의심을 심는다. 그렇기 때문에 자신감을 유지하는 것은 그저 '마음먹기' 이상의 능동적인 훈련과 꾸준한 자기 설계가 필요하다.

나는 선수들에게 매 라운드, 매 대회, 그리고 한 시즌 전체를 거치면서 점차 자신감이 자라나고 있다는 감각을 의식적으로 가져보라고 조언한다. 라운드 첫 홀의 티박스보다 마지막 18번 홀에 섰을 때 몸이 더 편안하고, 결정도 더 빠르게 내릴 수 있다는 것을 느껴야 한다. 목요일보다 일요일에 더 낮은 타수를 낼 수 있다는 자신감, 시즌 첫 대회보다 마지막 대회에서 우승할 수 있다는 믿음. 이런 감정들이 실제로 내면화되어 있어야 한다.

기량과 경험이 쌓이는 만큼, 그에 비례해 자신감도 함께 성장해야만 한다. 실력이 늘고 있음에도 불구하고 자신감이 제자리걸음이라면, 그 선수는 자기 잠재력의 절반밖에 활용하지 못하고 있는 셈이다. 기술의 진보는 눈에 보이지만, 자신감은 스스로 키워내야 하는 심리적 자산이다. 이는 자연스럽게 따라오는 것이 아니라, 의식적인 노력과 자기 점검을 통해 기르는 것이다.

그렇다면 자신감을 꾸준히 성장시킬 수 있는 방법은 무엇일까? 바로 '생각의 선택'을 배우는 것이다. 떠오르는 생각과 기억 중 어떤 것이 자신감에 도움이 되고, 어떤 것이 오히려 해가 되는지를 스스로 점검할 수 있어야 한다. 선수는 자신의 마음속에서 끊임없이 오가는 생각들을 무비판적으로 받아들이는 것이 아니라, 능동적으로 모니터링해야 한다.

"이 생각이 나에게 지금 긍정적인 영향을 줄까?"
"이 기억이 다음 샷에 도움이 될까, 방해가 될까?"

이 같은 질문을 스스로에게 던져야 한다. 그런 질문을 습관화한 선수는 점차로 자신에게 유익한 사고 패턴을 만들어가고, 그것이 바로 자신감으로 이어진다.

　만약 떠오른 생각이 자신감 형성에 도움이 되지 않는다고 판단되면, 선수는 의식적으로 그 생각을 머릿속에서 지워야 한다. 그리고 자신에게 긍정적 영향을 줄 수 있는 다른 생각, 즉 자신감을 북돋아줄 새로운 사고로 전환해야 한다. 단순히 긍정적인 사고를 하라는 말이 아니다. 현재 상황에서 내가 바라는 결과, 예컨대 특정한 샷의 성공이든, 장기적으로 프로 커리어의 상승이든 간에 '무엇을 원하는가'에 집중하라는 뜻이다. 누구나 가끔은 이런 방식으로 생각한다. 하지만 이를 지속적으로 실천하는 것은 전혀 다른 문제다. 꾸준히 이와 같은 사고방식을 유지하려면 높은 수준의 자기 관리와 의지가 필요하다. 매 라운드, 매 순간 생각을 점검하고 전환하는 습관은 훈련으로 만들어지는 것이다.

　닉 프라이스는 지난 몇 년 동안 이런 사고방식의 훈련을 철저히 수행해 온 대표적인 선수다. 지금의 그는, 골프 코스에 나서는 순간부터 머릿속에 오직 하나의 주제만 남겨둔다고 말한다. 바로 '내가 원하는 결과는 무엇인가'에 대한 생각이다. 그는 티샷을 어디에 떨어뜨리고 싶은지, 어프로치샷이 어느 구역에 멈추기를 바라는지, 퍼팅 라인이 어떻게 흘러가야 하는지를 구체적으로 상상한다. 흥미로운 점은, 그의 머릿속에는 '만에 하나 볼이 숲으로 들어가면 어쩌지' 같은 부정적인 생각이 아예 떠오르지도 않는다는 것이다. 그저 자신이 원하는 흐름과 움직임만이 그의 시야를 지배한다. 이처럼 철저한 사고 훈련은 그가 투어 무대에서 꾸준히 좋은 성적을 유지할 수 있었던 비결 중 하나다.

  어쩌면 이런 방식의 사고는 자기기만처럼 들릴지도 모른다. '현실을 외면하고 긍정만 하라'는 조언처럼 느껴질 수 있기 때문이다. 하지만 실상은 전혀 그렇지 않다. 이것은 오히려 최고의 운동선수들이나 각 분야에서 탁월한 성취를 이룬 사람들이 공통적으로 택한, 철저히 훈련된 사고의 방식이다.

13장

성공의 기억을 저장하라

기억은 선택할 수 있다. 무엇을 떠올릴 것인가.
성공의 기억을 저장하고, 실패의 기억은 지워라.
축적된 경험은 자신감의 자원이 된다.
좋은 기억을 품을 때,
좋은 흐름의 경기가 따라온다.
골프는 과거의 축적이다.

마크 트웨인은 골프광으로 알려진 인물은 아니었지만, 골프에 깊은 통찰을 던져줄 만한 말을 남겼다.

"기억하지 못하는 것보다 잊지 못하는 것이 훨씬 더 파괴적이다."

이 한 문장은 골퍼라면 누구든 한번쯤 곱씹어볼 가치가 있다. 특히 골프처럼 기억이 경기력에 직접적인 영향을 미치는 스포츠에서는 말이다.

골퍼는 시간이 지나면서 수많은 기억을 쌓아간다. 하늘 높이 솟구쳐 중심을 뚫고 페어웨이 한가운데에 안착한 드라이버샷, 깃대를 향해 정확하게 날아가 부드럽게 그린에 안착한 아이언샷, 프린지에서 홀컵을 향해 흘러들어간 칩샷, 언덕진 그린을 타고 구불구불 흘러들어간 40피트짜리 퍼트까지. 그 모든 좋은 샷은 우리 마음속에 깊이 각인된다.

13장 성공의 기억을 저장하라

하지만 그 반대의 기억도 있다. 티에서 채 올리지 못한 드라이버샷, OB로 날아간 샤크샷, 벙커에서 두 번이나 탈출하지 못한 샌드샷, 홀을 지나 영원히 멀어진 듯한 퍼트. 골퍼는 이런 불쾌한 기억 또한 결코 쉽게 놓아주지 않는다.

여기서 중요한 질문이 생긴다. 우리가 볼 앞에 서서 스윙을 준비할 때, 과연 어떤 기억을 꺼내 들 것인가? 과거의 어느 장면을 다시 불러와 마음에 그리게 될까? 많은 골퍼들이 말한다.

"나쁜 기억은 저절로 떠올라요. 피할 수가 없죠."

"좋았던 샷이든 나빴던 샷이든, 따로 고르진 않아요."

하지만 사실 골퍼는 자신의 기억을 선택할 수 있다. 자유의지는 기억마저 선별할 수 있는 힘이다. 우리는 실패의 기억은 짧게, 성공의 기억은 길게 유지하도록 스스로를 훈련시킬 수 있다.

그 첫걸음은 좋은 샷을 기꺼이 즐기는 것에서 시작된다. 심리학자들이 말하듯, 인간은 강한 감정을 수반한 사건을 더 오래 기억한다. 출산, 사별 같은 순간들이 대표적이다. 골프에서도 마찬가지다. 많은 골퍼들이 실패한 샷에 분노하며 그 감정으로 인해 나쁜 기억을 더욱 뚜렷이 각인시킨다. 반면 멋진 샷을 했을 때는 오히려 당연한 일인 양 아무런 감정도 반응도 보이지 않는다. 이렇게 되면 기억에 남는 것은 늘 부정적인 장면뿐이다.

하지만 만약 멋진 샷이 나왔을 때 그 순간을 곱씹고, 자축하고, 마음껏 즐긴다면 그 기억은 훨씬 더 오래, 더 선명하게 남게 될 것이다. 나는 선수들에게 이런 감정의 저장 방식을 권한다. 그래야 게임은 더 즐거워지고, 좋은 기억은 더 강력한 자신감의 자원이 된다.

문제는 인지의 왜곡이다. 어떤 골퍼가 티샷을 준비하면서 공을 OB로 날려버린 기억만 되살리고 있다면, 그것이 과연 현실적인 기억인가? 차라리, 지금까지 해온 수백 번의 티샷 중 대다수는 안전하게 페어웨이로 나아갔다는 사실을 떠올리는 게 훨씬 현실적이지 않을까?

실제로 많은 하이 핸디캐퍼들은 자신에 대한 기억을 지나치게 부정적으로 구성한다. 그러다 보니 좋은 샷의 기억보다 나쁜 샷의 기억이 마음속을 더 지배하게 된다. 반면 상급자일수록 기억을 선택적으로 구성하는 경향이 있다. 자신을 돋보이게 한 샷들, 위기에서 벗어난 샷들을 집중적으로 기억하고 그것을 마음속 무기처럼 꺼내 든다.

1992년 마스터스 마지막 라운드를 앞둔 저녁, 나는 몇몇 투어 선수들과 저녁 식사를 함께했다. 그 자리에 있었던 프레드 커플스는 그해 대회에서 우승을 차지하게 되는 선수였다. 그는 내게 자신의 멘탈 게임에 대해 어떻게 생각하느냐고 물었다. 나는 커플스를 개인적으로 지도하진 않았지만, 그의 플레이를 보며 그 멘탈이 상당히 안정돼 있다고 느끼고 있었다. 그래서 이렇게 답했다.

"아주 단단해 보여요. 당신은 어떤 방식으로 마음을 다스리나요?"

그는 어깨를 으쓱이며 말했다.

"저는 그저 볼 앞에 서기 전에 소매를 걷어붙이고 어깨를 한 번 으쓱하면서 긴장을 풀려고 해요. 그러고 나서 그 순간 손에 쥔 클럽으로 지금까지 쳤던 최고의 샷을 떠올리려고 하죠. 그게 제가 하는 전부입니다."

나는 웃으며 대답했다.

"프레디, 그거면 충분합니다. 아주 훌륭해요."

결국 골프에서 진짜 중요한 것은, 스스로의 기억을 어떤 방향으로 이끌고 나가느냐는 것이다. 그것이 바로 자신감을 만드는 근본적 사고방식이고, 그 누구도 대신해 줄 수 없는 자기 내면의 선택이다.

14장

두려움을 리셋하라

골퍼를 가로막는 건 공이 아니라,
마음속의 생각이다.
두려움이 지나야 샷도 다시 살아난다.
진짜 골프는 그 두려움을 넘는 마음에서 시작된다.
두려움은 멈추게 하고, 믿음은 다시 나아가게 한다.

몇 해 전, 브래드 팩슨이 어려운 고민을 털어놓았다. 어느 순간부터 자신의 드라이버를 두려워하게 되었다는 것이었다. 팩슨은 투어에서 가장 성공적인 젊은 선수 중 한 명으로, 압도적인 장타를 자랑하진 않았지만 280야드 드라이브를 안정적으로 구사할 수 있었고, 아이언샷의 정확성도 뛰어났다. 특히 그는 상황이 까다롭고 압박이 심할 때조차 웨지로 대담한 플롭샷을 날릴 수 있는 담력을 가졌고, 퍼팅 능력은 내가 본 선수들 중 최고 수준이었다. 그는 게임에 대한 깊은 애정과 더불어 지적이고 여유 있는 성격을 갖추고 있었다.

팩슨은 1983년 퍼먼대학을 졸업한 후 빠르게 프로 무대에 안착했고, 1985년에는 예선 없이 정규 투어에 출전할 수 있는 자격을 갖춘, 이른바 면제 선수가 되었다. 그러나 이처럼 성공적인 커리어를 쌓던 그가 이상하게도 드라이버에 대한 불안감을 호소하기 시작한 것이다. 문제는 단순히 티 위에서의 긴장감이 아니었다. 그의 두려움은 삶의 여러 순간에 불쑥 나타났다. 잠을 자다가 갑자기 공이 50야드 옆으로 날아가는 장면이 떠오르거나, 저녁 식사 중 불현듯 아내 옆으로 비슷한 이미지가 스쳐 지나갔다. 비정상적으로 큰 슬라이스가 머릿속에 반복 재생되면서 그는 티 위에서 더 이상 볼이 목표 지점에 도달할 것이라 믿지 못하게 되었다.

결국 그는 긴장 속에서 리듬을 잃었고, 특히 페어웨이가 좁거나 상황이 중요할수록 그 부정적 이미지에 얽매였다. 티샷이 조금이라도 빗나가면 그는 마치 배를 얻어맞은 것처럼 숨이 턱 막혔다. 에너지가 순식간에 빠져나가고, 자신감도 바닥을 쳤다.

팩슨의 이야기는 우리에게 중요한 점 하나를 일깨운다. 긴장과 두려움은 완전히 다른 정서라는 것이다. 긴장은 생리적 반응으로, 손에 땀이 나고 아드레날린이 솟구치며 일종의 각성 상태를 유도한다. 적절한 긴장은 오히려 경기에 도움이 될 수 있다. 그러나 두려움은 심리적 마비다. 두려움은 골퍼로 하여금 샷을 자유롭게 날리는 대신 공을 억지로 조종하려는 충동에 빠지게 만든다. 공을 부드럽고 자유롭게 날릴 때 정확도가 생기는 법이다. 그러나 공을 통제하려 들면 오히려 참사가 발생한다. 결국 좋은 골퍼란 샷의 방향을 정하고 목표를 설정한 뒤에는 결과에 연연하지 않고 그저 자신의 스윙을 믿고 보내는 사람이다. 이 신뢰가 바로 두려움을 넘는 열쇠다.

팩슨처럼 재능 있고 성공적인 프로도 두려움에 사로잡힐 수 있다면, 주말 골퍼나 아마추어에게 두려움이 얼마나 큰 영향을 미칠 수 있는지는 굳이 설명할 필요가 없다. 실제로 나는 많은 골퍼들에게서 비슷한 두려움의 사례를 들었다. 가령 어떤 이는 내리막 퍼트를 보기만 해도 머릿속에 '10피트나 지나칠지도 몰라'라는 부정적 생각이 먼저 떠오른다고 했다. 그러면 그는 공을 덜컥 찌르는 듯한 어색한 퍼트를 하게 된다. 또 어떤 이는 벙커를 넘겨야 하는 피치샷 앞에서 매번 공이 모래에 빠지는 상상을 하며 결국 그 샷을 망쳐버리곤 한다.

팩슨처럼 드라이버에 대한 두려움을 가진 이들도 많다. 심지어 투어 선수 중 일부는 한 해는 메이저 대회에서 우승 경쟁을 벌이다가도 다음 해에는 공포심에 사로잡혀 아예 대회 출전을 포기하는 경우도 있다. 이처럼 두려움은 골퍼의 커리어를 완전히 무너뜨릴 수도 있는 강력한 감정이다.

나는 가끔 이들에게 '두려움을 단번에 없애주는 마법 같은 해법이 있다면 좋을 텐데'라고 생각한다. 물론 대부분의 경우 그런 묘책은 없다. 두려움을 극복하는 과정은 시간이 걸리고 인내가 필요한 여정이다. 그러나 그 과정을 묵묵히 거쳐낸 골퍼는 자신의 게임뿐 아니라 인생에서도 소중한 교훈을 얻게 된다.

팩슨과 나는 그의 두려움이 단순히 심리적인 것인지, 아니면 기술적인 문제도 있는지를 먼저 점검했다. 팩슨은 자신이 느끼는 불안의 일부가 자세나 손목을 푸는 릴리스와 같은 작은 메커니즘의 문제에서도 비롯된다고 판단했다. 그래서 그는 티칭 프로와 함께 스윙 자세를 조금씩 수정해 나갔다.

연습장에서의 팩슨은 비교적 안정적으로 드라이버를 쳐냈다. 그 모습을 지켜보며, 문제의 핵심이 심리에 있다는 확신을 갖게 되었다. 막상 실제 티 위에 서면 두려움이 엄습하며 전혀 다른 사람이 되어버리는 이유, 연습장에서의 성공이 실전에서 이어지지 않는 이유는 바로 머릿속에 도사리고 있는 부정적 이미지 때문이었다. 팩슨이 드라이버샷에 대한 두려움을 안고 있었지만, 연습장에서 상대적으로 잘 쳤던 이유의 본질이 기술보다는 심리에 있다는 강력한 신호였다. 우리는 원인을 분석하기보다는, 실질적인 해결에 초점을 맞췄다. 왜 그런 이미지가 떠오르는지 분석하기보다는, 그 이미지들이 떠오를 때 어떤 선택을 해야 하는지에 집중한 것이다.

골프를 오래 쳐본 사람이라면 누구나 티샷에서 말도 안 되는 슬라이스나 훅을 날린 기억이 있다. 그 기억은 오래전 일이더라도, 종종 불쑥 떠오르며 현재의 플레이를 방해한다. 팩슨 역시 그런 이미지에 반복적으로 사로잡히고 있었고, 그 기억들은 점점 더 실체화되어 그의 스윙을 무겁게 짓눌렀다.

그래서 우리는 가장 기본적인 원칙으로 되돌아갔다. 자유의지는 사고를 선택할 수 있는 능력이다. 팩슨은 자신이 어떤 생각을 할 것인지를 통제할 수 있어야 했다. '볼이 나쁜 방향으로 날아갈까 봐 두렵다'는 생각 대신, '내가 원하는 방향으로 볼이 날아가는 장면'을 명확하게 떠올리도록 훈련했다.

우리는 이 시각화를 그의 루틴 중심에 두기로 했다. 특히 티샷에서는, 타깃을 정하고, 그 타깃으로 볼이 날아가는 장면을 머릿속으로 반복하는 과정이 핵심이 되었다. 단순히 긍정적인 이미지를 떠올리는 것이 아니라, 그 이미지를 습관적으로 되새김으로써 뇌의 신경 회로를 재구성하고자 했다. 하지만 이 접근만으로는 완벽하게 해결되지 않았다. 팩슨은 여전히 드라이버를 잡을 때 완전한 확신을 갖기 어려웠고, 이를 보완하기 위한 현실적인 대안이 필요했다.

그리하여 일시적으로 드라이버 대신 3번 우드나 1번 아이언을 사용하는 전략을 택했다. 이는 회피가 아니라, '통제 가능한 무기'를 통해 자신감을 점진적으로 회복하기 위한 일종의 다리 역할이었다. 다행히 팩슨은 3번 우드를 매우 잘 다루었고, 아이언샷과 숏 게임, 퍼팅 등 나머지 게임 요소들이 워낙 탄탄했기에 티샷 거리 손실을 충분히 보완할 수 있었다.

그 결과, 그는 몇 년 동안 드라이버 없이도 투어 상위권을 유지할 수 있었고, 이는 많은 아마추어 골퍼들에게 귀중한 메시지를 던졌다. 장타는 화려하지만, 정교한 플레이와 심리적 일관성이 결국 성적을 좌우한다는 사실. 팩슨은 멋진 드라이버샷보다 '자신 있는 선택'을 중시했고, 바로 그 점이 그의 커리어를 안정적으로 이끌어주는 결정적 요인이 되었다.

물론 팩슨이 언제까지나 드라이버를 꺼내지 않고 경기를 치를 수는 없었다. 그는 3번 우드에 의존하면서도, 여전히 마음 한편에서는 '언젠가는 드라이버를 반드시 다시 써야 한다'는 의지를 간직하고 있었다. 하지만 그 시점을 서두르지는 않았다. 그는 여전히 매 티샷마다 생각을 점검했고, 드라이버를 꺼내는 것이 심리적 안정감을 해친다면 과감히 접어두고 우드를 선택했다.

이러한 접근은 단지 공략법의 문제를 넘어, 생각하는 습관의 재구성이기도 했다. 팩슨은 스윙을 바꾸는 데 그치지 않고, 자신의 머릿속 언어와 이미지를 바꾸는 데 몰두했다. 나는 그에게 "드라이버샷이 잘되었던 기억만을 반복해서 떠올려라"라고 조언했다. 실제로 우리는 그가 중요한 순간에 성공시켰던 드라이버샷들만 편집한 오디오 테이프를 제작했고, 그는 차 안에서 그것을 반복해서 들으며 뇌에 긍정적인 기억을 심어갔다.

그렇게 '나쁜 기억은 단기 기억으로, 좋은 기억은 장기 기억으로' 만드는 훈련을 일상화했다. 실제로 스윙 리듬과 루틴에까지 영향을 미치는 실질적 훈련이었다. 시간이 지나며 그는 서서히, 그러나 확실하게 드라이버에 대한 두려움에서 벗어나기 시작했다.

드라이버에 대한 불안이 서서히 줄어든 팩슨은 마침내 마스터스 무대를 준비하게 되었다. 그는 여전히 드라이버를 조심스러워했지만, 마음 깊은 곳에서는 이번 대회를 계기로 완전히 두려움을 극복하고 싶다는 강한 의지를 품고 있었다. 대회 전날 밤, 우리는 팩슨의 집 근처를 산책했다. 어둑한 골목을 따라 걷다가 내가 제안했다.

"이 골목을 티잉 그라운드라고 생각해 봐. 여기는 페어웨이지. 저 멀리 있는 집의 창문을 목표로 삼아 드라이버샷을 상상해 봐. 내일 필드에서 다른 게 있다면, 공과 클럽이 실제로 존재한다는 것뿐이야. 너의 몸과 마음은 지금 여기서처럼 잘 작동할 수 있어. 단, 공기 널 겁주게 두지 마."

그는 웃으며 그림자 속에서 몇 번의 가상 스윙을 했다. 모든 샷이 완벽했다.

그 다음 날, 팩슨은 첫 마스터스 대회에서 자신감 있는 경기 운영을 보여주었다. 비록 완벽한 플레이는 아니었지만, 그는 분명 하나의 문턱을 넘어섰다. 그리고 그 해, 그는 두 번의 우승을 차지했다. 오랜 시간 쌓아온 작은 변화들이, 드디어 가시적인 결과로 이어진 것이다.

마침내 팩슨 스스로 해낸 일이 있었다. 그렇게 그는 플로리다를 떠나 자신의 고향인 로드아일랜드로 돌아갔다. 그리고 대회가 없는 기간에는 자신이 어린 시절부터 익숙했던 로드아일랜드 컨트리클럽과 메타코멧 골프장에서 연습과 라운드를 병행하기 시작했다. 팩슨은 고등학교 시절의 친구들과 어울려 골프를 쳤고, 이 환경 변화는 그가 열네다섯 살 무렵 가졌던 '티에 올라가 드라이버를 마음껏 휘두르고 싶다'는 순수한 열정을 다시 불러왔다. 어린 시절의 그는 공을 멀리 보내는 데 있어 전혀 두려움이 없는 선수였고, 고향에서 드디어 그 시절의 심리적 감각을 완전히 회복하게 되었다.

팩슨은 이제 드라이버를 두려워하지 않았다. 오히려 그는 매 홀 티샷에서 드라이버를 꺼낼 이유를 찾고 싶어 했다. 때로는 상황상 3번 우드나 아이언이 더 적합해 보이는 경우에도 드라이버를 선택하곤 했다. 비록 그런 선택이 가끔은 무리해 보일지라도, 그는 그것이 과거처럼 '두려움에서의 도피'가 아닌 '선택할 수 있는 자신감'에서 비롯된다는 점을 분명히 인식하고 있었다. 그는 이제 두려움을 피하기 위해 드라이버를 내려놓는 대신, 드라이버를 선택할 수 있다는 자유를 되찾은 것이다.

그에게 중요한 것은 특정한 클럽이 아니라, 어떤 상황에서도 스스로를 신뢰할 수 있다는 감각이었다. 그 회복된 감각이야말로, 팩슨이 오랜 시간에 걸쳐 되찾은 가장 소중한 능력이었다.

15장

스윙을 잊고 감각을 따라가라

기억은 몸의 방향을 바꾼다.
골프는 기술이 아니라 기억이며,
기억은 본능과 직관을 불러낸다.
감각은 잊히지 않는다.
한때 본능으로 코스를 지배했던 이도
기술의 미로에서 길을 잃을 수 있다.
승리의 감각을 잃으면 스윙도 흔들린다.

몇 해 전 여름, 웨스트체스터 클래식에서 세베 바예스테로스Seve Ballesteros가 조용히 내게 다가왔다. 그는 스스로를 소개하더니 이렇게 말했다.

"닉 프라이스가 선생님을 만나야 한다고 했어요. 선생님이 나를 다시 이기는 선수로 만들어줄 수 있다고요. 그리고 선생님이 가르치는 게 골프의 미래라고 말했습니다."

그의 말은 나를 놀라게 했다. 세베 바예스테로스. 한때 골프의 미래라 불리던 그가, 이제는 '승리하는 법을 잃었다'고 고백하고 있었던 것이다. 바예스테로스는 더 이상 예전처럼 코스를 지배하지 못하고 있었고, 자신도 그 사실을 받아들이고 있었다.

"과거에는 내가 승리하는 장면을 머릿속에 생생하게 그렸습니다. 샷을 성공시키는 모습, 우승하는 순간을 매일 상상했죠. 마스터스를

7타 차로 이겼던 해에는 미국에 도착하기도 전에 이미 우승할 거라는 확신이 있었어요. 사실, 대회를 시작하기도 전에 그걸 알고 있었기에, 마지막 홀을 걸어갈 땐 기쁨조차 느끼지 못했습니다."

나는 농담 삼아 "그렇다면 내가 당신에게 '행복해지는 법'을 가르쳐 줄 수 있겠군요"라고 말했다. 하지만 바예스테로스는 웃지 않았다. 그는 자신의 이야기를 진지하게 털어놓기 위해 이 자리에 온 것이었다.

그의 이야기에서 가장 인상 깊었던 것은, 바예스테로스가 그 누구보다도 타고난 '골프의 예술가'였다는 사실이었다. 스페인의 가난한 마을에서 성장했고, 하겐이나 넬슨, 사라젠, 호건처럼 캐디 생활을 하며 골프를 배웠다. 손에 쥔 몇 개의 낡은 클럽, 맞지 않는 아이언들이 그의 시작이었다. 그에게 골프는 기계적인 스윙이 아닌, '공을 어떻게 움직여 홀에 넣을 것인가'를 중심으로 한 본능적이고 창의적인 행위였다. 그는 어린 시절 버려진 7번 아이언을 들고 벙커에서 혼자 연습하며 다양한 방법을 시도했고, 스스로의 방식으로 해답을 찾아냈다.

바예스테로스는 항상 볼을 중심에 두었다. 스윙 메커니즘보다 공의 움직임을 직관적으로 읽고 반응했다. 그에겐 '볼을 넣는 법'을 고민하는 감각적인 태도가 있었고, 그것이야말로 그의 강점이었다. 연습장에서 그는 같은 클럽을 반복해 치기보다는 가상의 홀을 상상하며 다양한 상황을 설정하고, 클럽을 바꾸며 이에 맞는 샷을 그려냈다. 그것이 바로 그의 골프 방식이었다.

프로 데뷔 초 바예스테로스는 모든 것을 통제하고 있다는 강한 감각을 갖고 있었다. 그 통제란 단순히 자신의 몸과 볼만이 아니라, 때로는 갤러리와 상대 선수들까지 아우르는 느낌이었다. 그는 한 손으로 나뭇가지 아래를 가리키듯 몸을 숙이며 말했다.

"미국에 처음 왔을 때, 만약 공이 러프에 빠졌다면 아무렇지 않았어요. 단지 틈만 찾았죠. 나무가 있어도 상관없었어요. 공이 나갈 수 있는 틈을 찾아 그 위로, 옆으로, 혹은 밑으로 쳤고, 결국 홀에 넣었어요. 그런데 미국 선수들은 러프에 빠지면 그냥 페어웨이로 빼더군요. 그걸 보며 속으로 웃었어요. '이런 식으로 골프를 치면 나를 이길 수는 없겠구나' 하고요."

그는 그린 주변 플레이에 대해서도 똑같은 태도를 가졌다. 다른 선수들이 실수를 피하려고 프린지에서 퍼터를 꺼내는 모습을 보며, 바예스테로스는 웃어넘겼다.

"나는 웨지를 사용했어요. 나는 실수할 거라고는 전혀 생각하지 않았어요."

그러나 지금, 그는 예전의 자신의 모습과 점점 멀어져간다고 했다. 러프에서는 옆으로 피치샷을 하고, 프린지에서는 퍼터를 꺼낸다. 그의 골프에 대한 태도가 변했고, 예전의 그 즐거움은 사라졌다.

"예전에는 마지막 홀에 도착하면 '이제 골프가 끝나가는구나' 하며 아쉬워했어요. 그런데 요즘은 9번 홀에 도달하면 '아직도 9홀이 남았네' 하고 절망감부터 듭니다. 이렇게 치는 골프는 정말 싫어요. 이런 상태라면 계속 치고 싶지 않아요."

대화를 통해 분명해진 것은, 바예스테로스가 본래의 본능적이고 창의적인 스타일을 버리고, 메커니컬한 스윙 중심의 접근을 택했을 때 그의 게임이 무너졌다는 사실이었다. 더 나은 선수가 되기 위해서라는 순수한 의지가 그를 그 길로 이끌었지만, 감각적 예술가였던 그에게는 결코 쉬운 변화가 아니었다. 아니, 어쩌면 불가능에 가까운 길이었다.

"U.S.오픈에서 꼭 이기고 싶었어요. 그래서 주변에서 '스윙을 더 일관되고 기계적으로 만들어야 한다'는 말을 들을 때마다 마음이 흔들렸죠."

바예스테로스는 선의의 조언들, 사실상 원치 않는 충고들에 휘둘리며, 가장 본질적인 자신의 감각을 잊어버렸다. 그에게 필요한 것은 정교한 스윙이 아니라, 탁월한 코스 매니지먼트와 숏 게임 감각, 꾸준한 퍼팅, 그리고 인내심이었다. 그중 부족했던 건 오직 '인내'뿐이었는지도 모른다.

바예스테로스는 결국 유명한 스윙 코치들을 찾아가 '완벽한 스윙'을 향한 여정을 시작했다. 그는 한 번에 여섯 가지 이상의 기술적 교정 사항을 연습하며, 언젠가 모든 것이 완벽하게 맞아떨어지는 순간을 꿈꿨다. 연습장에서는 가끔 그것이 실현되기도 했다. 아름다운 샷이 연속으로 나오면서 희망이 피어오르곤 했다. 하지만 그 순간들은 찰나에 불과했다. 가장 큰 문제는, 그러한 기계적 연습들이 그의 태도 자체를 바꾸어 놓았다는 점이다.

이전의 바예스테로스는 러프에 공이 빠졌을 때, 나무 사이를 꿰뚫는 샷을 상상하고는 그 상상대로 몸을 움직였다. 그러나 이제는 공이 러프에 빠지는 순간, 그의 머릿속에는 스윙 지도자의 수많은 조언들이 떠올랐다. '손목을 더 빨리 써야 하나?', '스탠스를 조금 더 닫아야 하나?' 그런 생각들이 그의 리듬을 망가뜨렸다. 그는 이제 스윙을 고쳐가며 다음 샷을 만회할 수 있다고 믿었지만, 현실은 정반대였다.

"드라이버가 한번 삐끗하면, 그 순간부터 머릿속에 가득 들어찬 테크닉들로 인해 다음 샷도 그 다음 샷도 계속 나빠지기 시작했어요."

기계적 사고는 그의 숏 게임마저 감염시켰다. 그렇게 그는 점차 우승하지 못하게 되었고, 골프 자체를 즐기지 못하게 되었다. 마음 깊은 곳에서는 이미 무엇이 잘못되었는지 알고 있었다. 그는 예전처럼 직관과 감각으로 샷을 해야 한다는 걸 알았다. 하지만 문제는 그 방식으로 돌아가는 것이 생각보다 훨씬 어렵다는 것이었다. 그에겐 예전의 바예스테로스, 그 감각적이고 반응 중심적이던 소년 시절의 골퍼로 다시 돌아가는 여정이 필요했다. 우리는 이야기 중, 신체와 뇌가 가장 잘 협력하는 순간은 샷의 메커니즘이 아닌 '목표를 응시하고 반응하는 방식'일 때라는 점을 되새겼다. 그 말이 바예스테로스의 내면에 가볍게 파문을 일으켰다.

"예전엔 캐디들 하고 동전 던지기 놀이를 했어요. 바닥에 클럽을 놓고 누가 제일 가깝게 던지나 겨뤘죠. 나는 그 누구보다 잘했어요. 지금도 가끔 호텔 방에서 쓰레기통에 뭔가를 던지곤 하는데, 단 한 번도 빗나간 적이 없어요. 왜 그런지는 몰라요. 그냥 그렇게 되는 거죠."

그 순간 나는 확신했다. 바예스테로스는 자신의 본질을 잊지 않았다. 다만, 그것을 잠시 잃었을 뿐이었다. 바예스테로스는 내가 말하는 모든 이야기에 고개를 끄덕였다.

"선생님 말이 옳아요. 나는 다시 예전의 바예스테로스로 돌아가야 해요."

그는 이렇게 말하면서 덧붙였다.

"하지만 시간을 좀 주세요. 쉽게 되는 일이 아니니까요. 머릿속에 너무 많은 생각들이 쌓여 있는데, 그걸 하나씩 털어내는 데는 시간이 필요할 거예요."

그는 골프 코스에 발을 디딜 때마다 느꼈다. 예전엔 자신감으로 가득 찬 상태로 티잉 그라운드에 섰지만, 지금은 그 어떤 샷도 장담할 수 없는 불안감과 동반된 발걸음이었다.

"마치 구름 위를 걷는 것 같은 기분이에요. 언제든 빠져버릴 수 있을 것 같은… 그런 불안함이 계속 따라옵니다."

그와의 대화는 내게 중요한 사실을 다시 일깨워주었다. 누군가가 자신의 골프를 개선하려 한다면, 단지 노력이나 의지만으로는 충분하지 않다. 어떤 종류의 발전이 자신에게 맞는 방식인지를 분별할 수 있어야 한다. 어떤 선수들은 본래 기계적인 성향을 타고났기에, 복잡한 스윙 변화도 비교적 잘 흡수하며 필드에서 자신 있게 플레이할 수 있다. 하지만 바예스테로스와 같이 감각과 직관으로 플레이하는 이들은, 그러한 변화를 받아들이는 과정에서 오히려 자신만의 리듬과 집중력을 잃게 될 위험이 크다.

80여 개의 우승을 거머쥔 선수조차 자신의 정신 상태와 자신감을 유지하기 위해 끊임없이 신경 써야 한다면, 아마추어 골퍼들은 더욱 그러할 것이다. 특히 일주일에 한두 번 라운드하는 취미 골퍼들에게 있어, 스윙을 단순하게 유지하고 자신감을 높이는 일이야말로 가장 중요한 과제다. 지나치게 세세한 조언들에 흔들려서는 안 된다. 그것이 아무리 선의에서 나온 것이든, 그 결과는 때로 큰 혼란으로 이어질 수 있기 때문이다.

많은 골퍼들이 한때 가졌던 '자신감'을 언제든 다시 되찾을 수 있다고 믿는다. 하지만 바예스테로스의 사례는 그게 결코 간단한 일이 아님을 보여준다. 정신적 습관도 몸의 습관처럼 반복과 정비를 통해서만 회복된다.

나는 바예스테로스가 다시 일어설 거라고 믿는다. 그는 스스로 문제를 직시했고, 그것과 정직하게 마주하고 있었다. 나는 가끔 유럽 투어 결과를 확인하면서 그가 다시 정상에 오르는 모습을 기대하곤 했다. 사실 얼마 뒤, 그는 또 하나의 우승을 추가했다. 그는 여전히 꿈과 열정을 가슴에 품고 있었고, 그것이 그가 계속해서 골프장으로 돌아오게 하는 가장 강력한 이유였다.

16장

보수적 전략이 확신을 만든다

골프는 확신의 게임이다.
과감한 스윙은 멋져 보일 수 있지만,
확신 없는 시도는 결국 실수로 이어진다.
공격보다 중요한 건,
자신 있게 칠 수 있는 샷을 고르는 일이다.
보수적인 전략은 물러섬이 아니라,
흔들림 없이 경기를 이어가기 위한 단단한 선택이다.

아마 골프 역사에서 가장 많은 사람들을 잘못된 길로 이끈 샷을 꼽자면, 1960년 U.S.오픈 마지막 라운드에서 아놀드 파머가 체리 힐스의 1번 홀에서 날린 드라이브샷을 들 수 있다. 단 한 번의 샷이 골프계 전체에 어마어마한 영향을 미친 사례다.

그 당시 체리 힐스의 1번 홀은 길이 346야드의 파 4홀이었는데, 왼쪽에는 나무들이 도열해 있었고, 오른쪽에는 도랑이 흐르고 있었으며, 그린 앞엔 U.S.오픈 특유의 깊은 러프가 도사리고 있었다. 게다가 이 코스는 덴버 외곽 해발 1마일 지점에 위치해 있었기 때문에, 고지대의 특성상 공이 평지보다 멀리 날아가는 조건이었다. 파머는 이 모든 요소를 감안하고, 네 번째 라운드에서는 드라이버로 직접 그린을 공략하겠다는 결심을 했고, 놀랍게도 실제로 그 계획을 실행에 옮겨 성공시켰다.

미국 전역의 골퍼들은 이 티샷에 대한 이야기를 들었고, 그것이 파머의 전설적인 마지막 라운드 65타의 출발점이자, 무려 7타 차이를 뒤집고 유일한 U.S.오픈 우승을 거머쥐게 만든 기적의 장면이었다는 사실도 알게 되었다. 이 장면은 당시 골프 팬들에게 강렬한 메시지를 남겼다. 진짜 승자는 주저하지 않는 공격적인 플레이, 심지어는 무모할 정도의 과감한 골프를 해야 한다는 인식을 확산시킨 것이다.

하지만 많은 사람들이 잊고 있는 사실이 하나 있다. 파머가 첫 번째 홀에서 그린을 직접 노렸던 시도는 마지막 라운드 이전까지 그다지 성공적이지 않았다는 점이다. 실제로 대회 첫 세 라운드 동안 그는 이 홀에서 한 번은 파, 한 번은 보기, 그리고 한 번은 더블보기를 기록했다. 즉, 네 번째 라운드를 시작할 즈음 파머는 이미 이 홀에서만 3오버파였던 것이다. 결국 마지막 라운드에서 그린을 정확히 공략해 버디를 잡았지만, 대회 전체로 보면 이 홀에서는 결국 2오버파를 기록한 셈이다.

만약 파머가 그 주 내내 다른 전략을 택했다면 어땠을까? 예를 들어, 티샷을 드라이버 대신 2번 아이언으로 안전하게 페어웨이에 보내고, 이후에 웨지로 그린을 공략하는 방식이었다면 말이다. 그런 전략을 선택했더라면 아마도 매 라운드에서 파를 기록했을 가능성이 높았을 것이며, 때로는 버디 퍼트를 성공시킬 기회도 있었을 것이다. 그렇게 하면 최소한 타수를 잃지는 않았을 것이고, 전체적인 경기 운영도 보다 안정적이었을 것이다. 그렇다면 굳이 마지막 라운드에서 65타라는 무모할 정도의 스코어를 기록하며 극적인 역전극을 펼칠 필요도 없었을 것이다.

1960년 U.S.오픈은 골프 방송의 이면을 처음으로 드러낸 사례이기도 하다. 이 대회는 골퍼들에게 한 가지 불편한 진실을 알려주었다. 그것은 바로, TV 골프 해설자의 말을 그대로 믿는 것은 오히려 당신의 골프 실력에 해가 될 수 있다는 점이다.

방송 제작진은 경기를 스포츠가 아닌 '쇼'로 만들어야 한다는 압박을 받는다. 시청자들이 지루함을 느끼지 않도록, 그들은 방송에 극적인 요소를 넣기를 원한다. 그리하여 한 선수가 파머처럼 과감한 시도를 할 때, 해설자들은 그 플레이를 미화하고 찬양하며 시청자들에게 '이런 플레이가 진짜 골프다'라는 메시지를 전달한다. 그 순간, 시청자들은 자연스럽게 무모함을 용기와 동의어로 받아들이게 된다.

결국 이런 식의 방송은 골퍼들에게 왜곡된 인상을 심어준다. 마치 대담하고 공격적인 샷이 마법처럼 성공을 보장해 주는 길인 것처럼 느껴지게 만든다. 하지만 현실은 그렇지 않다. 그런 샷들이 성공할 확률은 생각보다 훨씬 낮고, 전체 스코어에 긍정적인 영향을 줄 만큼 자주 성공하지도 않는다. 과감한 전략이 늘 멋진 결과로 이어질 것이라는 믿음은 그저 방송 연출이 만들어낸 착시일 뿐이다.

사실 모든 수준의 골퍼에게 성공적인 경기 전략과 안정된 스윙을 위한 핵심은 그런 과감한 플레이와는 전혀 다른 방향에 있다. 우리가 지향해야 할 전략은 화려하고 모험적인 방식이 아니라, 실제로 내가 확신을 가지고 구사할 수 있는 샷을 선택하는 것이다.

즉, 아놀드 파머라면 시도했을 법한 샷, 혹은 자신이 '마땅히 이 정도는 칠 수 있어야 하지 않을까' 하고 스스로에게 기대를 강요하는 그런 샷이 아니라, 지금 이 순간 내가 가장 자신 있게 칠 수 있는 샷을 선택하는 것이 진짜 전략이다.

그래서 나는 항상 '보수적인 전략과 자신감 있는 스윙'을 강조한다. 이는 겉보기에 상반되는 조합처럼 보일 수도 있지만, 실제로는 최고의 결과를 만들어내는 가장 강력한 조합이다. 각 홀을 공략할 때, 자신의 능력 안에서 확실히 해낼 수 있는 샷만을 선택한다면, 스윙은 자연스럽게 확신에 차게 된다. 그런 확신이 깃든 스윙, 즉 '콕키Cocky 스윙'은 단순히 건방지거나 과장된 스윙이 아니라, 자기 신뢰에 기반한 적극적인 스윙이다.

반대로, 겉보기에 멋있어 보이는 대담한 전략은 오히려 위험을 내포하고 있다. 그런 전략은 자신이 온전히 믿지 못하는 샷을 시도하게 만들고, 그 결과 스윙은 망설임과 긴장으로 가득 차게 된다. 그런 '머뭇거리는 스윙'은 정타를 맞히기 어렵고, 대부분 실수를 유발한다. 결국 자신 없는 스윙으로 무리한 샷을 시도하면, 좋은 결과는커녕 높은 스코어를 피할 수 없게 된다.

그렇다면 이런 전략이 실제 경기에서 어떤 식으로 작동할까? 이론만으로는 이해가 부족할 수 있기 때문에, 골프 역사 속 실제 사례를 통해 그 의미를 좀 더 구체적으로 살펴보는 것이 좋다.

골프 문헌 속에 등장하는 한 일화는 이 원칙을 아주 적절하게 설명해준다. 그 이야기는 단지 스코어를 줄이는 전략뿐 아니라, 골프라는 게임에서 사고방식이 얼마나 중요한지를 보여주는 교훈으로도 남아 있다.

전설적인 골퍼 토미 아머Tommy Armour는 그의 시대에 프로 골퍼가 도달할 수 있는 모든 정상에 오른 인물이었다. 1927년 U.S.오픈, 1930년 PGA 챔피언십, 그리고 1931년 브리티시오픈현 The Open Championship, 남자 프로 골프 메이저 대회까지, 그는 주요 메이저 대회를 모두 제패했다. 그러나 그 시절 메이저 대회의 상금은 오늘날처럼 거대하지 않았다. 당시 우승자는 겨우 천 달러 안팎을 받았을 뿐이었다. 그렇기에 프로 골퍼로서 생계를 유지하고, 더 나아가 여유로운 삶을 누리려면 단순히 대회에서 우승하는 것만으로는 부족했다. 일명 '허슬링Hustling', 즉 각종 내기 골프나 사교적 게임을 통해 수익을 올리는 것이 중요한 생존 전략이었다. 아머 역시 예외는 아니었다. 그는 잘 살기를 원했고, 그렇게 살 줄도 아는 사람이었다.

현역에서 은퇴한 이후, 토미 아머는 겨울마다 플로리다 보카 레이턴에 있는 고급 컨트리클럽에서 시간을 보냈다. 그는 그곳에서 부유한 계층의 회원들을 상대로 골프 레슨을 진행하며 시간을 보내는 동시에, 상당한 수입도 올렸다. 아침에는 스윙과 경기 운영에 관한 레슨으로 돈을 벌었고, 오후에는 그들과 고액의 내기 골프, 특히 '나소Nassau' 게임을 통해 다시 한 번 그들의 지갑을 열게 만들었다. 그는 기술적인 지도를 해주는 선생이자, 동시에 이익을 챙기는 선수였던 셈이다.

첫 티잉 그라운드에서 누군가가 내기 금액을 조금 줄여보자고 말하면, 그는 으레 이렇게 응수하곤 했다.

"날 잭 베니로 아시오?"

이 말은 당시 인기 있는 검소한 코미디언 잭 베니를 빗댄 것으로, 자신은 그 정도로 인색하지도, 웃기지도 않으며, 그만한 가치는 있다는 유쾌한 으름장이었다.

어느 겨울날, 그는 클럽 라커룸에서 우연히 자신의 제자가 친구들과 대화를 나누는 장면을 목격했다. 그 제자는 지금껏 한 번도 90타를 깨본 적이 없었음에도 불구하고, 이번에는 90타를 넘기지 않겠다고 장담하며 내기를 제안하고 있었다. 이 말을 들은 아머는 즉시 자신의 오랜 직감이 작동하는 것을 느꼈다. 그것은 이 경기가 자신에게 아주 확실한 수익이 될 수 있다는 예감이었다. 그는 제안했다.

"좋아, 내가 그 내기를 후원하지. 단 한 가지 조건이 있다네. 라운드 내내 내가 옆에 붙어서 전략을 조언하는 거지."

그렇게 조건이 합의되자, 내기의 규모는 상당히 커졌고, 경기는 곧 시작되었다. 첫 번째 홀은 긴 파 4홀이었고, 제자는 전력을 다해 티샷을 날렸지만, 공은 오른쪽 러프로 밀려들어 갔다. 그는 볼이 떨어진 지점까지 걸어가면서 자신의 다음 샷을 준비했다. 그린은 약 170야드 거리였고, 높게 솟아 있었으며, 앞쪽에는 깊은 벙커 두 개가 도사리고 있었다. 제자는 본능적으로 5번 아이언을 꺼냈다. 그 거리에서는 무난해 보이는 선택이었다. 하지만 그 순간, 옆에 있던 아머가 단호하게 말했다.

"5번 아이언은 집어넣게. 지금 자네가 할 일은 8번 아이언으로 페어웨이 왼쪽, 그린보다 약 30야드 앞쪽의 안전한 지점을 노리는 것일

세. 그러고 나서 그 지점에서 개구부를 통해 칩샷으로 그린에 올리게. 그러면 최악의 경우 5타로 끝날 거야. 그런데 자네가 지금 무리해서 그린을 바로 노리다가는, 샷이 조금만 빗나가도 6타나 7타는 각오해야 해."

제자는 잠시 망설였지만, 결국 스승의 지시를 따르기로 했다. 그는 8번 아이언으로 아머가 지목한 지점에 공을 안전하게 보냈고, 이어서 침착하게 칩샷을 날렸다. 볼은 그린에 안착했고, 그는 퍼트를 성공시켜 파를 기록했다. 이는 단순한 파 이상의 의미를 지닌 결과였다. 제자는 이날 그런 방식으로 경기를 풀어나갔고, 결국 무려 79타라는 성적을 기록했다. 그의 골프 인생에서 처음으로 80타 이하 스코어를 기록한 날이었다. 그리고 토미 아머는 덕분에 한동안 자신의 생활 수준을 넉넉하게 유지할 수 있을 만큼의 돈을 벌었다.

사실 토미 아머가 그날 자신의 제자에게 해준 일은 단순한 경기 조언을 넘어선 일이었다. 그는 말 그대로 제자의 머릿속에 잠시 동안 다른 사람의 두뇌를 이식해 주는 것과 같았다. 아머가 옆에서 전략을 짜주고, 어떤 샷을 선택할지 결정해 주자, 제자는 혼자 고민할 필요가 없었다. 그는 오로지 자신이 할 수 있는 샷에만 집중했고, 그 결과 게임 전반에 걸쳐 평정심과 자신감을 유지할 수 있었다.

그는 아머가 제시한 명확한 타깃만을 바라보며 플레이했고, 스윙의 기술적인 부분에 대해서는 전혀 걱정하지 않았다. 어차피 문제가 생기면 아머가 그 즉시 알려줄 것이라는 신뢰가 있었기 때문이다. 그렇게 자신의 판단 대신 아머의 전략에 모든 것을 맡기자, 제자는 오히려 마음이 더 편안해졌고, 플레이 하나하나에 집중할 수 있었다. 전략적인 선택과 심리적인 안정이 결합되면서, 그는 이전까지 단 한 번도 상상하지 못했던 수준의 성과를 이끌어냈다. 그것이 바로 보수적인 전략과 자신감 있는 스윙이 만들어낸 힘이었다.

이러한 원칙은 단지 아마추어나 일반 골퍼에게만 해당되는 것이 아니다. 골프 최고의 무대에서도 동일하게 적용되는 진리이다. 실제로 이 원칙을 완벽하게 증명해 보인 사례가 있다. 바로 1992년 U.S.오픈 마지막 라운드에서의 톰 왓슨이었다.

1992년 U.S.오픈의 마지막 라운드, 톰 왓슨은 대회 마지막 홀이었던 파 5로 구성된 18번 홀에서 이 원칙을 완벽히 실천해 냈다. 그는 드라이버 대신 3번 우드를 선택해 페어웨이에 볼을 안전하게 안착시켰고, 이후 두 번째 샷으로 7번 아이언을 사용해 레이업Lay-up, 전략적으로 짧게 끊어 치는 샷했다. 그리고 마지막으로는 그린까지 정확히 맞는 거리에서 풀샷을 할 수 있도록 9번 아이언을 남겼다.

당시 중계를 하던 방송 해설진은 그의 두 번째 샷이 다소 짧게 멈춘 것을 보고 당황스러워했다. 그들은 왓슨이 실수했다고 판단했다. 하지만 이는 철저히 계산된 전략이었다. 경기 후 인터뷰에서 왓슨은 평소 같았으면 5번 아이언으로 더 가까이 붙였을 것이라고 설명했다. 그러나 그날 경기 초반, 그는 페어웨이에서 짧은 웨지샷을 두 번 연속으로 정확하게 맞히지 못했고, 그로 인해 웨지를 들고 부분 스윙을 해야 하는 상황에서 자신감을 잃고 있었다.

많은 골퍼들이라면 아마 이 상황에서 '프로라면 웨지쯤은 자신 있게 쳐야지'라는 생각에 사로잡혀 무리하게 웨지샷을 선택했을지도 모른다. 드라이버를 강하게 때려 멀리 보내고, 긴 아이언으로 최대한 접근한 뒤, 짧은 웨지로 마무리하겠다는 것이 일반적인 선택일 것이다. 하지만 왓슨은 그렇게 하지 않았다. 스스로의 감각과 자신감을 정확히 파악했고, 부족한 감각이 회복될 때까지는 웨지를 꺼내지 않기로 결심했다. 대신, 자신이 온전히 믿고 칠 수 있는 샷만을 선택해 플레이했다. 그리고 자신의 전략을 약간 수정하되, 보다 보수적인 방향으로 조정한 것이다.

다시 말해, 왓슨은 경기의 마지막 순간에도 보수적인 전략과 자신감 있는 스윙이라는 원칙을 지켰고, 그것이 그가 최상위 무대에서도 꾸준히 성공할 수 있었던 이유였다. 자신에게 진짜로 맞는 샷을 선택하고, 그 선택을 믿으며 자신 있게 휘두른 스윙이 가장 탁월한 결과를 만들어낸다는 사실을 누구보다 잘 알고 있었던 것이다.

결국 중요한 건 얼마나 멀리 보내느냐가 아니라, 얼마나 믿고 휘두르느냐이다. 전략이 화려할 필요는 없다. 내 안에서 가장 신뢰할 수 있는 선택을 하는 것, 그 선택에 확신을 실어 흔들림 없이 휘두르는 것, 그게 진짜 골프다. 보수적 전략은 결코 소극적인 선택이 아니다. 그것은 자신의 감각을 명확히 인식하고, 그에 맞는 가장 능동적인 해법을 실행하는 용기다. 그리고 그 용기야말로, 긴장된 경기의 흐름을 끝까지 지켜내는 힘이 된다.

17장

전략이 승부를 완성한다

경기에는 감정이 개입되지만,
계획은 이성으로 세워야 한다.
흔들리는 순간, 누구나 본능을 따른다.
하지만 준비된 골퍼는 감정 속에서도
이성의 흐름을 놓치지 않는다.
즉흥은 유혹이고, 준비는 무기다.
승부는 그 무기를 꺼내는 순간에 달려 있다.

내가 아는 어떤 미식축구나 농구 감독도 게임 플랜 없이 팀을 경기에 내보내는 일은 없다. 그들은 전략이 팀의 장점을 극대화하고 단점을 감추는 데 얼마나 효과적인지를 잘 알고 있다. 게다가 더 중요한 사실은, 탄탄하게 구성된 게임 플랜이 경기의 정신적 부담을 훨씬 가볍게 만들어준다는 점이다. 선수들은 경기 중 그때그때 감정에 따라 즉흥적인 결정을 내릴 필요가 줄어든다. 대신, 경기의 열기에서 벗어난 평정한 상태에서 미리 내린 계획에 따라 침착하고 체계적으로 플레이할 수 있다. 즉, 경기장 밖에서 이성적으로 결정한 전략을 경기장 안에서 그대로 실행하는 것이다.

　이와 같은 원리는 골프에서도 그대로 적용된다. 특히 중요한 라운드를 앞두고 있다면, 반드시 명확한 게임 플랜을 수립한 상태로 코스에 나서야 한다. 그럼에도 불구하고 많은 아마추어 골퍼들, 특히 핸디캡이 높은 초보자들은 이 점을 제대로 이해하지 못한다. 그들은 대부분 즉석에서 전략을 정하고 즉흥적으로 플레이한다. 하지만 이런 방식은 결국 나쁜 결정을 더 자주 하게 만든다. 불필요한 실수와 실점은 대부분 여기서 비롯된다.

프로 골퍼는 다르다. 그들은 철저하게 코스를 사전에 분석하고, 상황에 맞는 전략을 준비한 다음에야 본격적인 경기에 들어간다. 이러한 플랜에는 티샷 타깃과 클럽 선택뿐 아니라, 각 홀에서의 이상적인 착지 지점, 반드시 피해야 할 해저드, 그리고 바람이나 비 같은 기상 변수에 대한 대응책까지 포함된다. 이처럼 세심하고 복합적인 계획은 단순히 스코어를 줄이기 위한 수단이 아니다. 경기 도중 정신적인 여유를 확보하고, 오직 목표물에만 집중하기 위한 기반이 된다.

물론 예외도 있다. 전혀 처음 가보는 코스를 사전 답사 없이 플레이해야 할 경우도 있기 마련이다. 이런 상황에서는 즉석에서 전략을 세워야 한다. 그럴 땐 스코어카드에 실린 홀 도면을 참고하거나, 경험 많은 캐디 또는 현지 회원에게 자문을 구하는 것도 도움이 된다. 심지어 각 홀의 티잉 그라운드에 설 때마다 짧은 전략을 짜는 것만으로도, 아예 아무런 계획 없이 플레이하는 것보다는 훨씬 낫다. 그러나 가능하다면 어떤 상황에서도 사전에 체계적인 전략을 세우는 것이 가장 바람직하다.

그렇다면 전략은 어떻게 세워야 할까? 가장 효과적인 접근은 홀을 뒤에서부터 거슬러 올라가는 방식, 즉 그린에서 티 방향을 바라보며 역으로 분석하는 것이다. 그렇게 하면 티잉 그라운드에서는 보이지 않던 중요한 요소들이 명확하게 보이기 시작한다. 홀 설계자가 그 안에 숨겨둔 시각적 트릭이나 심리적 유도 장치 또한 눈에 들어온다. 이러한 접근을 통해 우리는 공을 어디에 안착시켜야 하는지, 어떤 클럽이 가장 적절할지, 그리고 이상적인 티샷은 어떤 형태여야 할지를 전략적으로 사고하게 된다.

예를 들어 보자. 투어 골퍼들에게 가장 익숙한 구간 중 하나인 오거스타 내셔널의 10번부터 13번 홀, 일명 '아멘 코너Amen Corner'를 함께 걸어보면 이 전략이 얼마나 유효한지를 실감하게 된다. 마스터스를 준비하는 선수를 데리고 이 구간을 거꾸로 따라가다 보면, 티잉 그라운드에서는 절대 보이지 않던 정보들이 뚜렷하게 드러난다. 그중 10번 홀은 대표적인 예다.

10번 홀은 길고 내리막이며, 왼쪽으로 살짝 꺾이는 도그레그Dog-leg 파 4이다. 대회 티 기준으로는 485야드에 달한다. 10번 그린에 서서 티 방향을 바라보면 가장 먼저 눈에 들어오는 것은 그린이 왼쪽으로 강하게 기울어 있다는 점이다. 이 경사는 단순한 퍼팅 경사가 아니라, 칩샷조차 어렵게 만드는 방해 요소가 된다. 그 다음으로 눈에 띄는 건, 그린 앞쪽 오른편에 있는 벙커다. 이 벙커에 공이 빠질 경우, 반대편 그린 끝까지 무려 50야드 가까이를 띄워야 하는 샷이 요구된다.

그러나 이 그린에 서면 가장 중요한 전략적 통찰 하나가 떠오른다. 바로 이 홀에서는 왼쪽에서 티샷을 하는 쪽이 훨씬 유리하다는 사실이다. 티에서는 미처 감지하기 어려운 경사 차이가 그린에서는 명확하게 드러난다. 드로우 구질로 왼쪽 코너를 감아 공을 보내면 이 홀은 실제보다 거의 100야드 가까이 짧아진다. 실제 거리의 차이가 아니라, 공이 멈추는 지점의 차이가 전략의 전부를 바꿔버린다. 왼쪽 페어웨이를 공략하면, 프로 골퍼는 6번이나 7번 아이언으로 무리 없이 그린을 노릴 수 있다. 반면, 오른쪽으로 공이 밀리면 롱 아이언이나 페어웨이 우드로 그린을 겨냥해야 하며, 경사 있는 사이드힐 라이에서 불편한 자세로 스윙을 해야 한다. 마치 귀가 땅에 닿을 듯한 기울기에서 샷을 날리는 것이다. 그래서 비거리와 정확도를 갖춘 프로나 상급 아마추어는 이 홀에서 대부분 드로우 구질로 왼쪽을 공략하는 플랜을 세운다.

　물론 모든 전략은 선수 개인의 강점과 선호도에 맞게 조정되어야 한다. 기술 수준은 매년, 심지어 라운드마다 달라질 수 있고, 그에 따라 전략도 유연하게 바뀌어야 한다. 나는 선수에게 "이 홀은 이렇게 쳐야 한다"고 강요하지 않는다. 만약 어떤 선수가 "나는 10번 홀에서 오른쪽이 더 편하다"고 말한다면, 나는 그 판단을 존중한다. 내게 중요한 것은 단 하나다. 그가 명확한 계획을 가지고 있고, 그것을 믿으며, 일관되게 따르고 있다는 것이다.

　오거스타 내셔널의 일반 회원이든, 우연히 초청을 받아 이 코스를 플레이하게 된 아마추어든, 10번 홀에서 고려해야 할 핵심 요소는 프로 선수와 크게 다르지 않다. 이들도 그린이 왼쪽으로 기울어 있다는 점을 인지할 것이고, 특히 홀컵 아래에서 퍼팅하는 것을 선호하는 골퍼라면 이 경사에 더욱 신경을 쓰게 될 것이다. 무심코 지나칠 수 있는 부분이지만, 오른쪽 앞 벙커가 만들어낼 수 있는 문제는 결코 가볍지 않다. 가장 흔한 실수는 페이드가 걸린 샷이 경사에 의해 오른쪽 벙커로 미끄러져 들어가는 경우이다. 이렇게 되면 아마추어 골퍼가 가장 두려워하는 종류의 샷, 즉 긴 거리의 벙커샷이 남게 되며, 실수 가능성이 급격히 높아진다.

이와 함께, 페어웨이 양 옆에 늘어서 있는 나무들 역시 유의해야 할 장애물이다. 프로 대회에서는 거의 영향을 미치지 않는 이 나무들도, 주말 골퍼가 드라이버를 세게 휘두를 경우 샷이 나무에 걸릴 위험이 있다. 이는 특히 비거리 욕심이 강한 골퍼에게 자주 나타나는 실수 중 하나다. 그리고 종종 간과되는 요소지만, 그린에서 약 100야드 앞쪽, 페어웨이 한가운데에 자리 잡은 벙커 또한 전략의 중요한 변수다. 이 벙커는 마스터스에서는 대부분의 선수들이 피할 수 있는 위치지만, 아마추어 골퍼가 레이업을 선택할 경우에는 반드시 이 벙커에 닿지 않는 거리로 조절해야 한다.

이러한 요소들을 종합적으로 분석한 아마추어 골퍼는, 이 홀을 단순히 긴 파 4로 공략하는 대신, 짧은 파 5처럼 다루는 전략이 더욱 현실적이라는 결론에 도달할 수 있다. 즉, 티샷은 페어웨이 안에 안전하게 안착시키는 데 집중하고, 두 번째 샷은 페어웨이 벙커가 시작되기 전 지점에 멈추도록 조절하는 것이다. 이 경우 총 비거리는 약 360야드 정도가 되고, 남은 거리에는 웨지나 9번 아이언 정도로 그린을 공략할 수 있게 된다. 그렇게 하면 파 퍼트를 시도할 수 있는 기회를 만들 수 있으며, 최악의 경우에도 보기로 홀을 마무리할 가능성이 높아진다. 마스터스에서 이 10번 홀의 평균 스코어가 약 4.2타라는 점을 감안하면, 이 전략은 결코 나쁘지 않은 선택이라 할 수 있다.

이처럼 홀을 역으로 분석하는 방식은 티샷에서 선택할 클럽에도 큰 영향을 준다. 단순히 티에 서서 홀 길이만 보고 "드라이버로 최대한 멀리 보내자"는 식으로 결정하는 것은 자칫 무모한 선택이 될 수 있다. 하지만 티샷 이전에 홀 전체 구조를 역으로 살펴보고 전략을 수립하면, 전혀 다른 판단에 도달할 가능성이 높아진다. 예를 들어, 페어웨이 우드나 3번 아이언을 사용해 페어웨이에만 안전하게 안착시킨다면, 중간 아이언으로 레이업 지점까지는 충분히 무난하게 도달할 수 있다. 이 경우 가장 현명한 전략은, 드라이버 대신 자신 있는 클럽으로 200야드 티샷을 보내면, 두 번째 샷으로 6번이나 7번 아이언으로도 충분히 레이업 지점까지 도달할 수 있다.

그렇다면 만약 드라이버를 잘 쳐서 240야드 정도를 곧게 보냈다고 생각해 보자. 큰 이득일 것 같지만, 실상은 그렇지 않다. 여전히 그린까지는 245야드 정도가 남는다. (이 예시는 마스터스 대회 티를 기준으로 하고 있다.) 이 거리는 대부분의 아마추어 골퍼에게는 현실적으로 도달하기 어려운 거리이다. 게다가 두 번째 샷이 오른쪽으로 조금만 벗어나도, 길고 까다로운 벙커샷이 남게 된다. 결국 대부분의 아마추어는 이 시점에서 레이업을 선택하게 되는데, 드라이버를 사용해서 고작 6번 아이언 대신 9번 아이언을 쓰게 된다는 정도의 이득을 얻기 위해 큰 위험을 감수하는 것이 과연 합리적인 전략인지 다시 생각해 볼 필요가 있다. 이와 유사한 상황은 아마추어 골퍼가 430야드를 넘는 긴 파 4홀을 플레이할 때도 흔히 발생한다. 이런 홀에서 두 번의 샷으로 그린을 정확히 공략할 수 있는 아마추어는 거의 없다.

그럼에도 불구하고 많은 이들이 무의식적으로 드라이버를 꺼내 무리한 티샷을 시도하며, 기껏해야 보기로 끝날 수 있는 홀을 6타, 7타, 심지어 8타로 망쳐버리는 경우가 잦다. 이와 같은 오류는 실력과 무관하게 모든 수준의 골퍼에게서 나타난다.

많은 골퍼들이 거의 모든 티에서 습관처럼 드라이버를 꺼내 무조건 휘두르려고 한다. 물론 톰 카이트나 닉 프라이스처럼 드라이버로도 정밀한 샷을 할 수 있는 프로 선수들에게는 예외일 수 있다. 그들은 자신 있게 드라이버를 사용할 수 있고, 실제로 그 선택이 스코어에 도움이 되기도 한다. 하지만 주말 골퍼의 경우는 다르다. 이들에게 솔직하게 물어보면, 대다수는 드라이버를 사용하는 이유로 "재미있기 때문"이라고 대답할 것이다. 가끔은 시원하게 뻗은 드라이브샷이 동반자에게 깊은 인상을 주기도 하고, 그 몇 번의 경험이 드라이버 사용을 멈추지 못하게 만든다. 사실 스코어 향상을 위해서는 드라이버를 뺄 줄 아는 것이 훨씬 현명하다는 걸 알면서도, 그 강한 유혹을 이겨내지 못하는 것이다.

물론 만약 당신이 정말로 드라이버를 쓰고 싶다면, 그렇게 해도 괜찮다. 다만 그 선택으로 인해 발생할 수 있는 대가 역시 기꺼이 감수할 준비가 되어 있어야 한다. 대부분의 골프 코스는 실수를 허용하지 않기 때문이다. 어떤 경우에는 드라이버 대신 세 번째 웨지를 캐디백에 넣는 것이 오히려 더 현명한 판단이 될 수도 있다.

당신이 진정으로 원하는 것이 최대한 낮은 타수를 기록하는 것이라면, 잭 니클라우스, 벤 호건, 닉 팔도Nick Faldo 같은 전설적인 선수들이 왜 티샷에서 1번 아이언이나 3번 우드를 즐겨 사용했는지 다시 떠올려봐야 한다. 만약 당신이 확신을 갖고 페어웨이에 올릴 수 있는 클럽이 5번 아이언이라면, 그 클럽을 사용하는 것이 결과적으로 가장 유리한 선택일 것이다.

이 원칙은 특히 짧은 파 4홀에서 더욱 중요하게 작용한다. 우수한 골프장 설계자는 이 짧은 홀에 골퍼의 욕망을 자극하는 요소들을 숨겨놓는다. 한 번에 그린을 노리거나, 두 번째 샷을 아주 짧게 남기고 싶게 만드는 홀들이 그렇다. 하지만 뛰어난 설계자는 동시에 티샷이 조금만 벗어나도 곧바로 해저드나 벙커로 빠질 수 있는 위험 요소를 정교하게 배치한다. 그래서 가장 현실적이고 안정적인 선택은, 티샷에서는 아이언이나 페어웨이 우드를 선택해 정확하게 페어웨이에 안착시키고, 두 번째 샷은 풀샷 웨지로 그린을 공략하는 방식이다. 이러한 전략은 스코어를 안정적으로 관리하면서도, 위험은 최소화하는 가장 실용적인 선택이 된다.

오거스타 내셔널의 11번 홀은 또 다른 긴 파 4홀로, 전장은 455야드에 이른다. 그린에 서서 티 방향을 바라보면, 가장 먼저 눈에 들어오는 것은 그린 왼쪽 앞에 자리한 작은 연못이다.

이 연못은 플레이 전략에 직접적인 영향을 미치는 핵심 변수다. 깃대가 어디에 있든, 특히 마스터스 일요일처럼 깃대가 항상 연못 가까이에 꽂혀 있을 경우에는, 두 번째 샷에서 공이 물을 피하도록 신중히 조절해야 한다. 처음에는 이렇게 생각할 수도 있다. '왜 굳이 물을 신경 쓰지? 그냥 깃대를 향해 치면 되잖아. 그게 긍정적인 사고 아닌 가?' 하지만 진정한 긍정적 사고란 무조건 위험을 감수하는 것이 아니다. 위험과 보상을 신중히 따져, 가장 좋은 결과를 낼 수 있도록 전략을 세우고 실행하는 것이 진짜 긍정적인 접근이다.

나는 프로 선수들에게 이렇게 조언한다. 깃대를 노릴지 말지는 결국 거리의 문제다. 웨지를 들고 있다면 언제나 깃대를 정면으로 겨냥해야 한다. 그 정도 정밀하게 웨지를 다룰 수 없다면, 애초에 투어에 오를 수조차 없다. 하지만 120야드에서 170야드 사이는 대부분의 선수에게 판단이 까다로운 회색 지대다. 이 거리에서는 바람, 그린의 속도, 당일 컨디션, 그리고 실수 시의 패널티까지 모두 고려해야 한다. 만약 실수해도 깔끔한 벙커에 빠지는 정도라면, 특히 오거스타처럼 정돈된 벙커라면, 깃대를 노릴 수도 있다. 하지만 그 실수가 곧바로 물에 빠지고 벌타로 이어지는 상황이라면, 그린 중앙을 겨냥하는 것이 훨씬 안전한 선택이다.

170야드 이상 거리에서는, 나는 선수들에게 깃대 위치와 무관하게 가장 넓고 안전한 지점만을 겨냥하라고 조언한다. 물론 가끔씩 200야드에서 250야드 거리에서도 깃대 가까이에 공이 붙는 경우가 있긴 하다. 해설자들은 이런 장면을 보며 "과감하다", "대담한 선택이다" 라고 찬사를 보낸다. 하지만 실상은 다르다. 대부분의 경우 선수는 그린 중앙을 겨냥했고, 단지 공이 약간 벗어난 결과일 뿐이다.

11번 홀에서 안전한 방향은 명백하다. 바로 그린의 오른쪽이다. 이 지역을 자세히 보면, 잘 손질된 넓은 페어웨이 잔디 구역이 펼쳐져 있다. 바로 이곳은 1987년 플레이오프에서 래리 마이즈Larry Mize가 그렉 노먼Greg Norman을 꺾는 칩샷을 성공시킨 위치기도 하다. 퍼터에 자신만 있다면, 이곳에서 퍼팅을 시도하는 것도 충분히 가능하다.

11번 홀에서 연못에 빠지는 선수들은 대체로 퍼팅과 칩샷에 자신이 부족한 선수들이다. 그들은 세 번째 샷에서 두 번 안에 마무리하지 못할까 봐 걱정하며, 두 번째 샷을 깃대 가까이 붙이려다 무리한 공략을 시도하게 되는 것이다. 하지만 웨지와 퍼터에 대한 자신감이 있다면, 이 홀에서도 훌륭한 코스 매니지먼트를 구현할 수 있다.

주말 골퍼가 11번 홀을 역방향으로 분석한다면, 그 계산 방식은 프로와는 조금 달라진다. 이 홀은 대부분의 아마추어에게 두 번 만에 도달하기엔 지나치게 길다. 그렇다면 처음 두 샷을 통해 가장 편안하게 피치샷을 할 수 있는 거리를 남기는 것이 최선의 전략이다. 자신의 임계 거리 안이라면 깃대를 직접 노려도 좋지만, 그 거리보다 멀다면 그린 오른쪽을 목표로 삼아 연못이라는 위험을 의도적으로 제거해야 한다.

예컨대 긴 아이언으로 어프로치해야 하는 상황이라면, 아마추어 골퍼는 그린의 오른쪽 끝을 정확히 노리는 전략이 바람직하다. 그렇게 하면 물이라는 위협 요소를 게임에서 완전히 배제할 수 있다. 만약 공이 오른쪽 잔디 위에 떨어진다면, 숏 게임으로 파를 지켜낼 수 있는 기회(업앤다운)도 생긴다.

더 나아가, 단지 그린에서 티 방향으로 홀을 역으로 살펴보기만 해도 티샷에서 어떤 클럽을 선택해야 할지 훨씬 더 똑똑한 판단을 내릴 수 있다. 홀 길이만 보고 무조건 드라이버를 꺼내드는 것이 아니라, 어떤 클럽이 이 홀에서 전략적으로 더 나은 선택이 될지를 고민하게 되는 것이다.

12번 홀은 거리로 보면 겨우 155야드에 불과하지만, 역방향 분석이 유독 빛을 발하는 홀이다. 그린에 서서 티 방향을 바라보면, 티잉 그라운드에서는 감지하기 어려웠던 레이스 크릭작은 개울의 위협이 훨씬 더 선명하게 다가온다. 멀리서 보면 단순히 넓어 보이던 그린은, 실제로 그린 위에 서 보면 깊이가 얕고 폭도 좁다는 사실을 실감하게 된다.

그뿐만 아니라, 그린 오른편을 따라 흐르는 개울은 티에 서 있을 때는 마치 샷 방향과 직각으로 흐르는 듯 보인다. 그러나 실제로는 그린의 오른쪽으로 휘어져 있어 훨씬 더 위협적인 위치에 자리한다. 조금만 길게 치면 공은 벙커로 향하고, 그 벙커샷이 다시 개울을 넘기지 못하면 물에 빠질 수 있다. 짧게 치면 말할 것도 없이 직접 물에 빠진다. 물론 1992년 프레드 커플스처럼 운과 침착함이 완벽하게 조화를 이룬 경우가 아니라면, 이 홀은 결코 만만치 않다.

그래서 대부분의 프로들은 12번 홀에서는 그린의 왼쪽 중앙을 목표로 한다. 그곳이 실수의 여유를 조금이라도 허용해 주는 사실상 유일한 지역이기 때문이다. 일요일에는 깃대가 언제나 오른쪽에 꽂히지만, 대부분의 선수들은 그 깃대를 노리는 것은 위험 대비 보상이 너무 낮다고 판단한다. 이 홀처럼 불확실성이 큰 곳에서는 유연한 게임 플랜이 필수다. 특히 이 홀은 바람의 방향을 정확히 파악하지 않

17장 전략이 승부를 완성한다

고는 클럽 선택조차 쉽지 않다.(실제로 12번 홀이 오거스타에서 가장 위대한 홀이자 까다로운 홀로 평가받는 이유 중 하나가 바로 바람을 읽기 어렵다는 점이다.) 예컨대 톰 카이트는 이 홀을 준비할 때 보통 6번 또는 7번 아이언 중 하나를 염두에 둔다. 그가 중시하는 것은 결정의 순간이 왔을 때, 단호하게 클럽을 선택하고 그대로 믿고 스윙하는 태도다.

오거스타 내셔널처럼 훌륭하게 설계된 골프장에는 12번 홀 오른쪽처럼 골퍼를 유혹하는 핀 위치가 자주 등장한다. 좋은 골퍼는 이 유혹을 식별하고 견뎌낼 줄 아는 사람이다. 몇 년 전 쇼울 크릭에서 열린 PGA 챔피언십 연습 라운드에서, 나는 톰 카이트와 게리 플레이어가 16번 홀을 공략하는 모습을 지켜본 적이 있다. 그 16번 홀은 비교적 긴 파 3로, 그린은 콩팥 모양을 한 복잡한 형태였다. 가까운 쪽은 넓고 받아주는 형태였지만, 멀리 있는 구역은 좁고 양쪽에 벙커와 러프가 배치되어 있었다. 실제 대회가 시작되면, 특히 후반 라운드에는 깃대가 그 좁은 끝자락에 꽂힐 것이 분명했고, 많은 선수가 그 유혹을 따라갔다가 보기 이상을 기록할 가능성이 높았다. 그때 게리 플레이어는 동반자들에게 이렇게 말했다.

"깃대가 어디에 있든, 나는 넓은 곳을 노릴 거야."

플레이어는 실제로 그 대회에서 16번 홀을 2언더파로 마무리했다. 거의 모든 참가자들보다 더 좋은 성적이었다. 그는 한 번은 무려 90피트 거리의 퍼트를 성공시켰는데, 그 퍼트는 그린 가장자리 러프를 통과하다가 굴러들어가 홀에 떨어졌다. 언제나처럼 플레이어는 현명한 게임 플랜을 갖추고 있었고, 자신감 있는 퍼터를 들고 있었다.

오거스타 12번 홀에서는 주말 골퍼도 프로와 거의 동일한 전략을 짤 수 있다. 사용하는 클럽만 다를 뿐, 이 홀은 워낙 단순한 구조와 강한 압박감을 동시에 지닌 홀이기 때문에, 사실상 선택의 여지가 거의 없는 홀이라 볼 수 있다. 하지만 다른 코스들에는 이보다 훨씬 더 긴 파 3홀이 있으며, 그곳에서는 전략적인 선택지가 보다 다양해진다. 대표적인 예는 사이프러스 포인트 16번 홀이다. 이 홀은 티에서 그린까지 거리가 220~230야드이며, 그중 대부분이 태평양 위를 가로질러야 한다. 하지만 이 홀을 역방향으로 분석해 보면 대안 루트가 명확히 보인다. 예를 들어, 그린 왼쪽의 죽은 사이프러스 나무 방향을 겨냥하면, 물을 넘는 거리는 고작 140야드에 불과하고, 그 너머에는 넓고 안전한 페어웨이가 펼쳐진다. 바람이 정면에서 불지만 않는다면 7번 아이언으로도 충분히 도달할 수 있는 거리이며, 그 후에는 60~70야드 정도의 간단한 피치샷으로 그린을 공략하면 된다.

어떤 루트를 택할지는 결국 자신의 게임 스타일과 기술 수준에 달려 있다. 바람이 부는 상황에서도 220야드를 안정적으로 날릴 수 있는 클럽이 있다면, 직접 그린을 노리는 것도 한 가지 선택이다. 하지만 사이프러스 포인트의 설계자인 앨리스터 매켄지Allister MacKenzie가 잘 알았듯이, 대부분의 아마추어는 그 정도 거리를 일관되게 날릴 수 있는 실력을 갖추지 못했다. 많은 골퍼들이 자신은 가능하다고 생각하지만, 그건 대부분 캐리carry, 공이 날아간 거리와 런run, 지면에서 굴러간 거리을 합친 총 비거리를 착각하고 있기 때문이다.

사이프러스 포인트 16번 홀에서 공을 짧게 쳤을 경우, 그 대가는 매우 혹독하다. 공은 곶 너머의 절벽에 부딪혀 튀어나가고, 결국 태평양 위로 떨어져 바다표범의 장난감이 되어버린다. 그리고 당신은 여전히 티잉 그라운드에 서서 세 번째 샷을 준비하는 초라한 상황에 놓이게 된다.

　나는 이 특별한 코스를 플레이할 기회를 얻은 아마추어 골퍼들에게 "드라이버나 3번 우드를 절대 쓰지 말라"고 강요하지는 않는다. 하지만 이 코스를 자주 플레이해 본 사람이나 대회에서 경기해 본 사람이라면 안다. 대부분의 아마추어 골퍼에게는 왼쪽 페어웨이를 향한 안전한 루트가 더 현명한 선택이다. 이것은 결코 부정적인 사고가 아니다. 게임에 대한 정직한 분석에서 비롯된 합리적 판단일 뿐이다.

　당신이 자신의 실력을 냉정하게 평가해 보았을 때, 7번 아이언은 10번 중 9번 성공시킬 수 있지만, 드라이버는 10번 중 1번밖에 성공시키지 못한다고 판단된다면, 그 경우 위험과 보상에 대한 계산은 자명하다. 실제로 부정적인 사고는 그 다음 단계에서 시작된다. 즉, '나는 7번 아이언조차 제대로 칠 수 없어'라는 자기 의심이 바로 그것이다. 이런 사고는 전략 차원의 판단을 넘어, 자신의 플레이 전체에 악영향을 미치게 된다. 당신이 자주 다니는 홈 코스에도, 비록 사이프러스만큼 극적이진 않더라도, 비슷한 형태의 길고 까다로운 파 3홀이 하나쯤은 있을 것이다. 홀 한쪽으로 OB 말뚝이 늘어서 있거나, 그린 앞을 연못이나 개울이 가로막고 있을 수 있다.

　이럴 때 주말 골퍼에게 가장 실용적인 게임 플랜은 중간 아이언으로 티샷을 안전하게 보내고, 피치샷으로 그린에 올리는 전략이다. 이 전략은 더블보기나 트리플보기를 피할 수 있게 해준다. 무리해서 직접 그린을 노렸다가 크게 무너지는 일을 방지할 수 있는 합리적인 선택이다.

반대로, 그 홀이 넓고 탁 트여 있으며 뚜렷한 장애물이 없는 홀이라면, 이때는 드라이버를 선택해 과감하게 도전해 보는 것도 하나의 전략이 될 수 있다. 그러나 이 역시 중요한 전제가 있다. 즉흥적으로 결정하지 말고, 라운드 전에 미리 판단해 두는 것이 핵심이라는 것이다. 감정에 휘둘리지 않고, 이성적인 판단이 가능한 상태에서 전략을 수립해야 실전에서 흔들림 없이 그 결정을 실행할 수 있게 된다.

오거스타 내셔널의 13번 홀은 485야드 거리의 짧은 파 5이지만, 투어 프로들이 1년 동안 마주치는 가장 어려운 짧은 파 5 중 하나일 수 있다. 나는 어떤 선수가 이 홀에서 두 타 만에 그린을 노려야 할지 말지에 대해 직접적으로 조언하거나 판단해 주지 않는다. 그 결정은 오롯이 해당 홀의 조건과 플레이어 본인의 역량에 달려 있기 때문이다.

어떤 선수는 롱 아이언을 매우 능숙하게 다루지만, 어떤 선수는 그렇지 못하다. 또한 티샷 거리 역시 매우 중요한 요소다. 대부분의 프로 선수는 파 5 공략 시, 두 번째 샷에 대한 임계 거리 기준을 설정해 둔다. 예를 들어, 두 번째 샷이 230야드 이내라면 그린을 노리고, 그 이상이라면 무리하지 않고 레이업을 선택하는 식이다. 나는 그들에게 이렇게 묻는다.

"두 번째 샷에서 감수해야 할 위험이 과연 그만한 보상을 줄 수 있는가?"

만약 실수했을 때 OB나 워터 해저드에 빠질 가능성이 있다면, 그 전략을 다시 생각해야 한다. 반면, 실수했을 때의 최대 손해가 벙커에 빠지는 것 정도라면, 때로는 과감하게 도전해 볼 수 있다. 나는 경기 후 이런 말을 하는 선수를 볼 때마다 안타깝다.

"그 파 5에서 더블보기만 안 했어도 지금쯤 내가 선두였을 텐데."

하지만 위험과 보상을 냉정하게 분석하고 균형 있게 판단한 선수는 이런 후회를 할 일이 거의 없다.

프로 선수에게 있어 버디는 반드시 그린 가장자리에 공을 올려야만 얻을 수 있는 것이 아니다. 편안하게 레이업한 지점에서도 충분히 만들어낼 수 있는 기회다. 1993년 마스터스에서 칩 벡은 바로 그런 식의 신중한 판단을 내렸다. 나는 그와 4~5년간 함께 작업해 왔지만, 그 대회 무렵에는 직접 동행하고 있지는 않았다.

벡은 경기, 골프, 그리고 예상치 못한 난관을 대하는 태도에 있어서 항상 성숙하고 존중받을 만한 자세를 유지하는 선수였다. 나는 그에게, 그리고 내가 지도하는 모든 선수들에게 늘 이렇게 강조한다.

"늘 비판을 받을 준비를 해라."

내가 고등학교 시절 쿼터백으로 뛰며 배운 것이 있다. 경기 도중 오더를 바꿨을 때 그것이 성공하면 사람들은 '천재'라고 부르고, 실패하면 '멍청이'라고 말한다. 어느 쪽 평가든, 그에 흔들리지 않고 중심을 잡는 자세가 필요하다.

만약 벡이 그린을 공략해 두 타 만에 홀을 마치는 이글 퍼트를 성공시키고 우승했다면, 언론은 그를 곧바로 영웅의 반열에 올렸을 것이다. 반대로, 그 우드샷이 워터 해저드에 빠지거나 벙커 턱에 박혔다면, 언론은 그를 '참을성 없는 선수'라며 비난했을 것이다. 그래서 나는 선수들에게 항상 이렇게 말한다.

"칭찬이든 비난이든, 그 모든 말에 흔들리지 마라. 놀라지도 말고, 들뜨지도 말아라."

메이저 대회에서 경쟁하는 선수라면, 이러쿵저러쿵 쏟아내는 외부의 평가는 마땅히 감내해야 할 몫이다. 어떤 평가에도 스스로의 중심을 잃어선 안 된다.

벡은 일요일 15번 홀에서 자신의 임계 거리 언저리에 있었다. 그러나 공의 라이 상태는 좋지 않았다. 경사면 뒤쪽 내리막에 놓여 있었기 때문에, 공을 정확히 컨트롤하기 어려운 상황이었다. 깃대는 그린 뒤쪽 오른편에 있었고, 공이 물을 넘겨 간신히 벙커에 안착하더라도 파 이상을 만들기는 어려워 보이는 위치였다. 그래서 벡은 과감한 도전을 포기하고 레이업을 선택했다. 그 선택은 안전하게 파를 지키겠다는 뜻이 아니었다. 그는 웨지와 퍼터를 통해 버디를 만들 수 있는 가능성이 더 높다고 신중하게 판단한 결과였다. 결과적으로 그는 그 홀에서 파를 기록했다.

결론부터 말하자면, 벡은 옳은 결정을 내린 셈이다. 신문 칼럼니스트나 스포츠 방송 해설자들이 뭐라고 말하든 상관없다. 만약 그의 웨지 샷이 몇 피트만 더 짧아서 버디 퍼트가 성공했더라면, 그들은 분명 그의 인내심과 탁월한 코스 매니지먼트를 극찬했을 것이다.

그런데 혹시라도 벡의 배짱을 의심하는 사람이 있다면, 그는 분명

불과 몇 분 전 13번 홀에서 무슨 일이 있었는지를 잊고 있는 사람일 것이다. 그때 벡은 레이스 크릭을 가로질러 환상적인 우드샷을 그린에 올려놨고, 공은 홀에서 25피트 떨어진 곳에 멈췄다.

 이어진 베른하르트 랑거는 3번 아이언으로 조금 더 안쪽에 공을 붙였고, 벡은 이글 퍼트를 아쉽게 놓쳤다. 반면 랑거는 벡의 퍼트를 보며 라인과 속도를 읽은 뒤, 그 퍼트를 깔끔하게 성공시켰다. 결국 승부는 몇 개의 퍼트 차이로 갈렸다. 랑거의 공은 홀에 들어갔고, 벡의 공은 아슬아슬하게 홀 가장자리를 타고 빗나갔다.

 이제 시선을 다시 13번 홀 자체로 돌려보자. 이 홀은 마스터스에 참가한 선수들이라면 대부분 좋은 드라이브 한 번이면 두 번째 샷으로 그린에 도달할 수 있는 짧은 파 5이다. 그린에 서서 티 방향을 거꾸로 바라보면 전략이 보다 명확해진다. 가장 먼저 눈에 띄는 것은 레이스 크릭이 페어웨이 왼쪽을 따라 흐르다가 그린 바로 앞을 가로질러 위치하고 있다는 점이다. 또한 두 번째 샷을 치게 될 지점은 페어웨이가 강하게 경사진 구역으로, 이곳에서는 공이 발보다 높은 위치에 있게 되어 정확한 임팩트Impact, 공이 클럽에 맞는 순간와 그린에 공을 세우는 것이 더욱 어려워진다.

 이처럼 홀을 거꾸로 분석해 보면, 많은 현명한 선수들이 왼쪽 물가 쪽은 아예 피하고, 그 대신 오른쪽, 즉 보통 공 위치를 확인해 주는 진행 요원이 있는 쪽을 공략하는 결정을 내리게 된다. 티에서는 드라이브를 왼쪽으로 휘어 보내 아주 짧은 두 번째 샷을 남기고 싶은 유혹이 크지만, 동시에 이 방법은 위험을 극대화시키는 선택이다.

프로 선수에게 이 홀에서 가장 중요한 것은 티샷과 두 번째 샷 모두에서 명확한 결단력을 갖는 것이다. 타깃을 확실히 정하고, 클럽을 선택한 다음에는 그 선택을 전적으로 믿고 스윙해야 한다. 나는 마스터스를 앞두고 있는 선수들의 캐디들과 많은 시간을 함께 보낸다. 그들에게 항상 이렇게 당부한다.

"선수가 어떤 클럽을 선택하든, 절대 의심의 기색을 보이거나 말을 해서는 안 됩니다."

예를 들어 선수가 "13번 홀에서는 4번 아이언이겠다"고 말했을 때, 캐디가 속으로는 3번이 낫다고 생각하더라도, 겉으로는 반드시 "저도 딱 그 생각이었습니다"라고 말해야 한다.

반면, 주말 골퍼에게 이와 같은 전략은 사실상 거의 적용되지 않는다. 설령 드라이버를 잘 쳐서 250야드를 보냈다고 해도, 레이스 크릭을 넘기기 위해서는 여전히 235야드가 남는다. 이 거리에서 대부분의 아마추어는 그린을 정확히 공략하기 어렵다. 그래서 그들은 그린을 직접 노리기보다는, 가장 자신 있는 거리에 공을 두는 것을 목표로 삼는 것이 더 현실적이다. 이럴 경우, 크릭 가까이에 공을 두는 것보다 충분히 뒤쪽에 멈춰 풀샷 웨지를 남기는 편이 더 나은 전략이 된다. 이러한 전략은 자연스럽게 티샷 클럽 선택에도 영향을 준다. 10번 홀의 경우처럼, 주말 골퍼는 무조건 드라이버를 꺼내기보다는 3번 우드나 롱 아이언처럼 자신 있는 안정적인 클럽으로 200야드 정도만 페어웨이에 안전하게 보내는 편이 현명하다.

이 전략은 마스터스처럼 극한의 코스가 아니라, 470~520야드 화이트 티에서 파 5를 치는 대부분의 아마추어에게도 그대로 유효하다. 그린을 두 타에 올릴 가능성이 거의 없다면, 굳이 드라이버를 선택할 이유가 없다.

많은 주말 골퍼들은 자신이 페어웨이에 안정적으로 200야드를 보낼 수 있는 클럽을 갖고 있을 때 골프가 훨씬 쉬워진다는 사실을 종종 잊고 있다. 결국 그 클럽을 연습하고 익히는 것이 플레이 전반의 질을 향상시키는 가장 빠른 방법이다.

아멘 코너에서 마주치는 전략적 과제는, 사실 오거스타뿐 아니라 모든 훌륭한 골프 코스에서 공통적으로 나타나는 현상이다. 이를 해결하기 위해서는 정밀한 거리 정보가 반드시 필요하다. 요즘은 페어웨이 스프링클러 헤드에 거리 표기가 되어 있어 많은 아마추어 골퍼들이 거리 측정을 너무 쉽게 생각하곤 한다. 하지만 그 표기만으로는 실전에서 필요한 거리 정보의 절반도 채우지 못한다. 진짜 필요한 정보는 직접 코스를 걸으며 스코어카드에 주석을 달아가며 얻는 세부적인 거리 데이터다. 나는 이 작업이 필수라는 점을, 프로 선수는 물론 대학 선수들에게도 늘 강조해 왔다. 티잉 그라운드에서 특정 나무, 벙커, 도그레그 코너까지의 거리, 그리고 파 5홀의 레이업 지점까지의 거리까지. 이런 세세한 거리를 알지 못하면, 샷 직전 피할 수 있었던 불확실성에 사로잡히게 된다. 그리고 의심과 불확실성은 골퍼에게 가장 위험한 적이 된다.

게임 플랜은 단순히 이상적인 공략 루트만 담는 것이 아니다. 예상하지 못한 상황에 대처할 만한 대비책 또한 반드시 포함되어야 한다.

아무리 정교하게 코스를 분석하고 목표를 설정해도, 모든 샷이 계획대로 흘러가지는 않는다. 공이 나무에 맞을 수도 있고, 바람에 휘청일 수도 있으며, 페어웨이 벙커에 빠지거나, 그린을 노린 샷이 튀어버려 벙커로 굴러들어갈 수도 있다.

따라서 진짜 유효한 게임 플랜은 최상의 상황과 최악의 상황, 양쪽 모두를 가정해 준비된 전략이다. 예를 들어 클럽 챔피언십에서 1번 홀이 370야드짜리 파 4라고 하자. 왼쪽 235야드 지점에는 깊은 벙커가 있고, 오른쪽은 OB 구역이다. 이때 대부분의 골퍼는 235야드를 넘기지 않는 3번 우드를 선택해 왼쪽 중앙을 노리는 전략을 취할 것이다. 이 전략은 다섯 번 중 네 번은 잘 작동하지만, 나머지 한 번은 샷이 밀려 OB가 되거나, 너무 정확하게 맞아 벙커에 빠질 수도 있다.

만약 이런 예외 상황에 대해 아무런 대비 없이 라운드에 나섰다면, 그 한 번의 예외가 멘탈을 흔들고, 결국 대회를 망치는 원인이 될 수도 있다. 하지만 그런 시나리오에 대한 대비가 되어 있다면 전혀 다른 결과가 나온다. 예를 들어 OB가 났을 때, 누구든 한 번쯤은 밀릴 수 있다고 생각하고 침착하게 새 공으로 더 부드럽게 스윙할 수 있다. 벙커에 빠졌을 경우에도, 공이 벙커 벽까지 5야드 이내라면 과감히 그린을 포기하고, 샌드 웨지로 짧게 빼내는 결정을 한다. 반대로 여유가 있다면 8번 아이언으로 그린을 공략할 수도 있다. 핵심은 명확하다. 예기치 못한 상황까지 준비된 대응 시나리오를 갖추는 것, 그것이 진짜 게임 플랜의 완성이다. 그렇게 준비가 되어 있다면, 실제로 그런 일이 발생했을 때도 침착함을 잃지 않고 전체 경기 흐름을 유지할 수 있다.

이러한 태도로 톰 카이트가 1992년 U.S.오픈에서 우승할 수 있었다. 하지만 그 3년 전, 그는 전혀 다른 상황을 겪었다. 오크 힐에서 열린 대회에서 그는 당시 리더보드 선두에 있었다. 하지만 5번 홀에서 하나의 나쁜 샷이 경기 흐름을 완전히 무너뜨렸다. 그는 첫 샷을 물에 빠뜨렸고, 다음 샷으로 공을 올린 뒤 보기 퍼트를 남겼다. 그는 나중에 내게 "그 순간에도 나는 긍정적이고, 자신감도 있었으며, 그 퍼트를 넣을 수 있다고 믿었다"고 말했다. 하지만 퍼트는 홀 2피트 앞에서 미묘한 미세한 경사브레이크를 따라 휘어지며 빗나갔다. 당황한 그는 공을 마크하고 루틴을 재정비하는 대신, 곧바로 퍼트를 시도했고, 그것마저 놓쳤다. 결국 그는 그 홀에서 트리플보기를 범했고, 사실상 그 대회의 우승 가능성은 그 순간 사라졌다.

1992년, 그는 페블비치에서 열릴 U.S.오픈을 앞두고 그때의 실수를 반복하지 않기 위해 멘탈과 루틴 훈련에 집중했다. 나는 그에게 매일 "2피트 퍼트를 놓쳤을 때, 흔들리지 않고 넘어갈 수 있겠느냐"고 물었다. 그는 "그렇다"고 답했다. 그리고 카이트는 그 약속을 일요일, 4번 홀에서 스스로 증명해 냈다. 사람들은 그가 7번 홀에서 버디를 기록하며 선두에 나섰던 칩샷 장면을 기억하지만, 내게 정말 인상 깊었던 순간은 4번 홀에서의 반응이었다.

페블비치의 4번 홀은 대회용 뒤쪽 티 기준으로 겨우 327야드밖에 되지 않는 짧은 파 4홀이다. 하지만 실력 있는 선수에게는 반드시 버디를 노려야 하는 전략적 기회 구간이다. 왜냐하면 이후 이어지는 훨씬 더 어려운 홀들에 대비해 스코어 쿠션을 하나쯤 확보해 두어야 하기 때문이다. 톰은 이 홀에서 4번 우드와 샌드 웨지로 두 번의 깔끔한 샷을 날렸다. 하지만 어프로치샷은 바람에 말라 미끄러워진 딱딱한 그린에 튕겨 벙커로 들어가고 말았다. 그는 벙커에서 무사히 빠져나왔지만 파 퍼트를 놓쳤고, 짧은 거리의 보기 퍼트까지 실패해 더블보기를 기록했다. 하지만 이번에는 달랐다. 그는 이전의 실수에서 교훈을 얻었고, 멘탈 준비 역시 훨씬 철저했다. 그는 결코 자신의 생각이 지금 플레이하고 있는 위치보다 앞서 나가지 않게 했다. '이 두 타를 잃은 것이 결국 대회를 날리는 결과가 아닐까?' 같은 생각은 애초에 마음속에 떠오르지 않도록 막았다. 그는 오직 눈앞의 샷에만 집중했고, 플레이 흐름과 루틴을 끝까지 지켰다. 그리고 마침내 그는 그 누구보다 자격 있는, 정당한 메이저 챔피언으로 우뚝 설 수 있었다.

게임 플랜은 언제나 유연성을 갖춰야 한다. 단 한 가지 조건만 가정하고 코스를 공략하는 계획은 현실과 어긋날 가능성이 크다. 예를 들어, 강한 바람이 불 경우를 생각해 보자. 그때는 바람을 정면으로 받으며 높이 뜨는 우드샷을 시도하는 대신, 낮게 깎아 치는 아이언 샷을 선택하는 것이 훨씬 낫다. 반대로 뒷바람이 강하게 불 경우, 파 5홀에서 평소보다 더 길게 칠 수 있으므로, 평소에는 시도하지 않던 드라이버나 롱 아이언으로 두 타 만에 그린을 노리는 전략도 가능해진다.

또한 비가 오거나 코스가 젖어 있다면, 공이 멀리 굴러가지 않기 때문에 플랜을 전반적으로 수정해야 한다. 이럴 땐 티샷에서 더 긴 클럽을 선택하고, 그린 공략에서도 더 공격적으로 깃대를 노리는 것이 하나의 방법이 될 수 있다. 상황이 바뀌면 전략도 바뀌어야 한다. 상황에 맞춰 계획을 조정할 줄 아는 유연함은 탁월한 골퍼의 기본 조건이다.

하지만 내가 가장 강하게 권장하는 건 다음의 원칙이다. 전략을 바꿔야 할 때는, 항상 더 보수적인 방향으로 조정하라. 특히 스트로크 플레이처럼 한 타 한 타가 곧 성적에 직결되는 경기 방식에서는 무리한 선택이 더 큰 손실로 이어지기 쉽다. 계획이 흔들릴 때는, 과감한 샷보다 안전한 선택이 더 현명하다.

18장

실력은 긴장 속에서도 빛난다

중압감은 막을 수 없다.
중요한 건 그 안에서도 흐름을 되찾는 힘이다.
흔들려도 괜찮다. 떨림은 자연스러운 신호다.
끝까지 집중하고 자신만의 리듬을 지켜낼 때,
마지막 홀에 살아남는다.
승부는 실력이 아니라,
흔들림을 마주한 이후의 태도로 결정된다.

골퍼들은 대부분 아주 자연스럽게 골프라는 세계에 들어선다. 초보일 때는 그저 볼을 때리는 법을 익히고, 공이 맞았는지 멀리 갔는지에만 관심을 둔다. 그 시기의 골프는 순수하다. 유일한 경쟁 상대는 게임 그 자체다. 실수해도 웃으며 넘길 수 있고, 완벽함은 바라지도 않는다.

그러나 어느 순간부터 게임은 달라진다. 친구와 몇 달러를 걸고 경쟁을 벌이기 시작하거나, 클럽 챔피언십에 참가하면서부터다. 조금 더 나아가면, 골프가 단순한 취미가 아닌 생계를 위한 직업이 되고, 언젠가는 메이저 대회 트로피에 자신의 이름을 새겨넣고 싶다는 열망에 닿게 된다. 그렇게 단계를 오를수록 골퍼는 자신이 같은 게임을 하면서도 전혀 다른 방식으로 그것을 느끼고 있다는 사실을 깨닫는다.

눈앞에 펼쳐진 페어웨이는 여전히 푸르고, 공도 똑같이 희다. 그러나 마음속에서는 그 페어웨이가 점점 더 좁아 보인다. 예전엔 자신 있게 똑바로 보였던 퍼트 라인도 이제는 구불구불 뱀처럼 출렁인다. 정신은 날카로워지지만, 몸은 오히려 굳고 둔감해진다. 이처럼 '중압감'이라는 요소는 골프를 완전히 다른 경기로 바꾸어 놓는다.

많은 골퍼가 경쟁의 압박을 처음 마주할 때 게임에 집중하지 못하고 얼어붙는다. 그들의 몸은 움직임을 기억하고 있지만, 마음은 그 흐름을 방해한다. 평소처럼만 하면 될 일을 그 순간만큼은 해내지 못하는 것이다. 이런 현상이 반복되면 골프는 그저 기술의 싸움이 아니라 '마음의 전쟁'이 되어버린다.

우선 '언다'는 것의 정의부터 분명히 할 필요가 있다. 골프에서 얼어붙는다는 건 단순히 긴장하거나 떨리는 것 이상의 상태다. 그것은 공포, 분노, 의심, 혹은 기대감 같은 외적 자극이 선수를 압도할 때 생긴다. 마음이 어지러워지면 루틴은 흔들리고, 계획은 사라지며, 몸은 뻣뻣해지고 리듬과 유연함은 증발한다. 결국 자신이 가진 역량의 절반도 보여주지 못한 채 경기를 마무리하게 된다. 이게 바로 '언다'는 것의 진짜 의미다.

그리고 이 시점에서 자주 혼동되는 사실 하나 '언 상태'와 '긴장'은 같지 않다. 모든 골퍼는 크든 작든 긴장을 경험한다. 사실 긴장은 때로는 경기력을 끌어올리는 자극제가 되기도 한다. 나는 몇 년 전 잭 니클라우스를 만났을 때 그가 해준 말을 생생히 기억한다. 그는 나이가 들수록 큰 경기에서도 긴장하지 않게 되는 자신을 걱정했다.

"이젠 메이저 대회 결승 라운드도 예전처럼 떨리지 않아요. 그게 문제죠."

그는 웃으며 말했지만, 그 속엔 진심이 담겨 있었다. 긴장은 그가 여전히 경기에서 기대와 흥분을 느끼고 있다는 신호였고, 그것이 없으면 경기에 몰입하기 어려웠다.

잭 니클라우스뿐만이 아니다. 보스턴 셀틱스의 센터였던 빌 러셀Bill Russell도 경기 시작 전 탈의실에서 구역질을 해야 비로소 "오늘은 이긴다"는 확신이 들었다고 말했다. 토하지 않으면 그는 오히려 자신이 긴장하지 않고 있다는 점에서 경기를 망칠까 두려워했다고 한다. 중요한 건 긴장을 두려워하지 않는 것이다. 그것은 우리가 어떤 일에 마음을 쏟고 있다는 가장 명확한 증거다. 골프에서 진짜 문제가 되는 건 긴장이 아니라, 그것에 휘둘려 평소의 자신을 잃어버리는 것이다.

긴장은 몸에 아드레날린을 분비하게 만든다. 특히 강한 긴장은 엄청난 양의 아드레날린을 유발하며, 심장을 빠르게 뛰게 하며 손끝까지 떨리게 만든다. 이 반응은 경기 전 또는 결정적인 샷을 앞둔 순간, 거의 누구에게나 나타나는 생리적 변화다. 하지만 많은 골퍼들은 이런 신체적 변화에 놀라며 당황한다. 경험이 부족하거나 아직 자기 몸의 반응을 잘 이해하지 못하는 이들에게는 이 현상이 마치 '무언가 잘못되고 있다'는 경고처럼 느껴지기 때문이다.

하지만 사실, 이것은 아주 정상적인 반응이다. 몸은 자연스럽게 상황의 긴박함에 대응하고 있으며, 집중력과 반응 속도를 끌어올릴 준비를 하고 있는 것이다. 문제는 그 신체적 반응 자체가 아니라, 그것을 받아들이지 못하는 마음가짐에 있다. '왜 이러지?'라는 의문이 '이래도 괜찮다'는 수용적 태도로 바뀌지 않으면, 결국 의심과 두려움이 퍼지고, 그 감정이 스트로크의 구조와 리듬을 무너뜨린다.

손이 떨리고 심장이 빠르게 뛴다고 해서 잘못된 건 아니다. 오히려 그것을 인지하고 받아들이는 사람은 그 상황을 통제할 수 있게 된다. 내셔널 챔피언 발 스키너 역시 이 문제로 한때 큰 어려움을 겪었다. 중요한 퍼트를 앞두고 손이 떨리는 경험은 그녀를 위축시키고, 때로는 경기 흐름을 바꾸기도 했다. 하지만 내가 "결정적인 순간에 성공하는 선수도 떨리는 손으로 퍼팅을 한다"고 말해준 뒤, 그녀는 전혀 다른 태도를 갖게 되었다. 떨림을 '잘못된 징후'가 아닌 '경기 몰입의 증거'로 받아들이면서, 그녀는 오히려 그 상황에서 더 집중력을 발휘하기 시작했다.

또 하나 중요한 것은 이런 신체 반응을 없애려 하지 않는 것이다. 손의 떨림이나 심장의 고동은 그저 '또 하나의 경기 조건'일 뿐이다. 바람이 불면 클럽을 조절하듯, 떨림은 루틴과 집중력으로 다스릴 수 있다. 심장이 빠르게 뛰는 것을 진정시키려 애쓰기보다는, 그 에너지를 루틴에 녹여 넣는 편이 훨씬 효과적이다. 프로 선수들은 이 점을 명확히 이해하고 있다. 평소 연습처럼, 누가 보든 말든, 마치 텅 빈 연습장에서 플레이하듯 차분히 준비하고 스트로크에 임하는 것이다.

잭 니클라우스 같은 선수는 긴장을 환영했다. 그는 경기가 긴장되지 않으면 오히려 불안해했다. 긴장은 그에게 '이 경기는 중요하다'

는 신호였고, 그런 긴박함을 통해 몰입과 성취의 기회를 찾았다. 조금 전 이야기했듯이, "요즘은 예전만큼 긴장하지 않아서 더 이상 경기력이 살아나지 않는 것 같다"고도 했다. 그의 말은 곧, 진정한 경쟁이란 긴장을 마주하고 그것을 기꺼이 환영하는 데 있다는 뜻이다.

나는 젊은 선수들에게 이렇게 말하곤 한다. "정말 사랑하는 사람과 처음 데이트할 때 떨리지 않는다면, 그건 뭔가 이상한 거야" 마찬가지로, 진심으로 이기고 싶은 경기에 나가서 아무런 떨림이 없다면, 그것은 오히려 감정적 에너지가 부족하다는 신호일 수 있다. 긴장은 경기를 '살아 있게' 만드는 요소다.

'언 상태'와 '긴장'은 완전히 다르다. 중요한 구분은 여기서 시작된다. 언다는 것은 단순한 생리적 반응이 아니라, 의심과 마비, 결단력의 부재로 이어지는 상태다. 손이 떨리는 것과 결정을 내리지 못하는 것은 전혀 다르다. 60센티 퍼트를 놓쳤다 해도, 그것이 곧 얼었다는 의미는 아니다. 전략을 잃지 않고, 루틴을 지켰으며, 올바른 판단과 자신감을 갖고 샷을 준비했다면, 그건 단순한 실수다. 곧 경험이며, 성장의 일부다.

우리가 골프를 배울 때 흔히 듣는 말이 있다.

"중압감 속에서도 버틸 수 있는 스윙을 익혀야 한다."

하지만 실제로 '어는 현상'은 결코 잘못된 스윙의 필연적 부산물이 아니다. 연습장에서 안정적이고 한결같은 샷이 나올 만큼의 스윙을 갖추고 있다면, 골퍼의 생각 역시 명확하고 일관된다면, 코스 위에서도 그 스윙은 충분히 제 기능을 발휘할 수 있다. 문제는 스윙이 아니라 사람 자신이다. 중압감을 버티는 건 스윙이 아니라, 사람 자신이다.

그리고 또 하나, 많은 이들이 간과하지만 중요한 사실이 있다. 얼어붙는다는 것은 잘못된 성격이나 심리적 결함을 지녔다는 뜻이 아니다. 성격이 까칠하고 이기적인 사람도 압박을 이겨내며 우승을 차지하는 경우가 있고, 반대로 온화하고 존경받는 선수도 가장 중요한 순간에 긴장으로 인해 스윙을 망치거나 퍼트를 놓칠 수 있다. 골프를 오래 하다 보면, 누구든 한 번쯤은 자신의 실력을 전혀 보여주지 못하는 순간을 맞닥뜨리게 된다. 그리고 바로 이런 순간들이 모여 중압감 속에서 버티는 기술을 배우고 익힐 수 있는 기회를 제공한다. 이 기술은 자연스럽게 타고나는 것이 아니라 훈련과 통찰, 반복을 통해 습득해야 하는 것이다.

나는 이 책의 앞부분에서 몇 가지 예시를 통해 '언다는 것'의 본질을 설명한 적이 있다. 예컨대 오거스타 내셔널의 16번 홀, 연못 앞에서 집중력을 흐트러뜨린 코리 페이븐은 1986년 마스터스 우승 기회를 스스로 날려버렸다. 또 1989년 U.S.오픈에서는 톰 카이트가 중요한 순간에서 일상적인 루틴을 이탈했고, 2피트짜리 짧은 퍼트조차 놓쳐버리는 결과를 초래했다. 이들은 내가 아는 한 가장 강인한 정신력을 가진 선수들이었다. 그럼에도 불구하고 중압감 앞에서는 흔들릴 수밖에 없었다.

이 외에도 유사한 사례는 수없이 많다. 1994년 시니어 PGA 챔피언십에서 레이몬드 플로이드Raymond Floyd는 마지막 라운드의 후반 9

홀에서 안정적인 리드를 지키지 못했다. 경기 후 인터뷰에서 그는 "압박감 속에서 셋업을 평소하고 조금 바꿨다. 그 변화가 의도치 않은 샷들을 유발했다"고 고백했다. 플로이드처럼, 베테랑 선수조차 중압감 속에서 무의식적으로 루틴을 수정하고, 그로 인해 플레이 전체가 흔들릴 수 있다는 사실은 많은 것을 시사한다.

우리가 이런 상황을 마주했을 때 반드시 기억해야 할 것이 있다. 어는 것은 불치병이 아니다. 고칠 수 있는 반응이며, 연습과 학습, 반복된 자기 점검을 통해 충분히 극복할 수 있는 문제다. 중요한 것은 왜 얼었는지, 어떤 순간에 평정심을 잃었는지를 정확히 돌아보는 분석이다. 그 과정을 통해 골퍼는 다음 번 같은 상황에서 자신을 더 효과적으로 통제할 수 있게 된다.

이 점에서 U.S.오픈은 그야말로 중압감 아래의 퍼포먼스를 실험하고 연구할 수 있는 최고의 무대다. 어떤 사람은 마스터스가 더 수익성이 높다고 말하고, 브리티시오픈이 더 전통이 깊다고 주장할지 모른다. 하지만 정신적으로 가장 힘든 시험대는 단연코 U.S.오픈이다. 이곳에서 우승을 향한 갈망은 종종 방해 요소로 작용한다. USGA United States Golf Association, 미국 골프 협회는 러프를 무성하게 키우고 페어웨이를 바늘처럼 좁히며, 퍼트를 방해할 만큼 빠르고 짧게 깎은 그린 위에 긴장을 심는다. 게다가 피니시 홀은 항상 선수의 체력과 정신력을 한계까지 끌어올리는 구조로 설계되어 있다.

그 결과, 골프의 역사상 가장 위대한 선수들조차 이 대회의 마지막 순간에서 우승을 놓친 경우가 적지 않다. 그리고 그 장면을 보는 사람들, 특히 아무것도 걸지 않은 안락한 의자에 앉아 TV 중계를 보며 평론가 행세를 하는 사람들은 때때로 그들의 실패를 성급한 비난으로 치환해 버린다.

 나는 그런 태도를 혐오한다. 골퍼들은 단지 승패만을 가리는 경기를 하는 것이 아니다. 그들은 고대 투사처럼 경기장의 중앙에 홀로 서서 자신과 싸운다. 그리고 그런 이들에게 실수는 부끄러움이 아닌 가르침이며, 실패는 낙오가 아니라 발전의 과정이다. 어떤 골퍼든, 아무리 위대한 선수라도 한 번은 어느 경험을 하게 마련이다. 그리고 중요한 것은 그 경험을 어떻게 소화하고, 어떻게 성찰하며, 다시 그린 위에 서는가 하는 것이다.

 1960년 U.S.오픈에서 극적인 우승을 거머쥐었던 아놀드 파머는, 불과 몇 해 뒤 1966년 샌프란시스코 올림픽 클럽에서 열린 같은 대회에서 정반대의 결과를 경험하게 된다. 당시 그는 결승 라운드에서 무려 7타 차로 앞서고 있었다. 상대는 빌리 캐스퍼였다. 하지만 누구도 예상치 못했던 일이 벌어졌다. 파머는 점점 흐트러졌고, 결국 추격을 허용해 연장전으로 끌려갔다. 그리고 그 다음 날, 파머는 캐스퍼에게 무릎을 꿇고 말았다.

 나는 아놀드 파머라는 인물에 대해 깊은 존경심을 가지고 있다. 특히 내가 자주 인용하는 일화는, 그가 한창 전성기였을 당시 보여준 여유와 자신감을 잘 보여주는 장면이다. 1962년, 콜로니얼 연장전 9번 홀에서 조니 포트 Johnny Pott 와의 경기 중 벙커샷을 준비하던 파머에게 갑작스레 아이의 목소리가 들려왔다. 뒤이어 들리는 건 아이의 어머니가 조용히 하라고 윽박지르는 소리였다. 순간적인 방해에도 불구하고 파머는 짜증을 내기는커녕 부드럽게 미소 지으며 아이와 엄마를 바라봤다. 이어 다시 샷을 준비했지만, 이번에는 울먹이는 아이의 목소리가 또 들려왔다. 파머는 한 번 더 몸을 풀고 아이를 향해 다정하게 웃으며 말했다.

"괜찮아요. 숨 막히게 할 필요 없어요. 이게 그렇게까지 중요한 건 아니니까요."

그는 결국 멋진 벙커샷을 성공시키며 승리를 거뒀다. 이 일화는 그가 어떤 상황에서도 스스로를 잃지 않던 태도를 잘 보여준다.

그러나 1966년, 그는 더 이상 같은 사람이 아니었다. 세계 최고의 자리에서 잭 니클라우스에게 밀리며, 그는 U.S.오픈 우승에 대한 갈망으로 평정심을 잃기 시작했다. 우연의 일치일지도 모르지만, 나는 그가 U.S.오픈에 참가하던 그 해, 그의 캐디였던 마이크 리조Mike Riso와 함께 몇 차례 골프 클리닉을 진행한 적이 있다. 리조는 당시 브리검영대학 골프 팀의 실력 있는 선수이기도 했다. 그의 증언과 파머 본인이 나중에 직접 밝힌 글을 토대로, 그날 파머의 심리 상태를 어느 정도 재구성할 수 있었다.

라운드를 시작하며 파머는 리조에게 조용히 한 가지를 부탁했다.

"내 스윙 템포가 빨라지면, 꼭 말해줘."

당시 그는 여전히 7타 차로 선두를 지키고 있었다. 리조는 그의 움직임에서 조금씩 빨라지는 템포를 감지했다. 7번 홀에 접어들 무렵부터였다. 하지만 그는 고민에 빠졌다. 이 타이밍에 정말 그 얘기를 꺼내야 할까? 세계 최고의 골퍼에게 지금, 그것도 승기를 잡은 상황에서 조언을 해도 될까? 그는 스스로에게 질문했다. 그리고 조심스럽게 침묵을 택했다.

하지만 파머 본인도 그때를 회상하며 털어놓은 바가 있다. 그는 10번 티박스에 섰을 때, 당장의 샷보다도 훨씬 앞선 미래를 보고 있었다. 마음은 이미 트로피를 들어 올리고 있었고, 더 나아가 벤 호건이 수립한 1948년의 276타 기록을 갱신하는 장면을 상상하고 있었다. 그는 이미 브리티시오픈에서도 기록을 세운 바 있었기에, 이 기록을 동시에 보유하는 영예를 갈망하고 있었다. 그러나 이러한 지나친 욕심이 바로 집중력을 흐트러뜨린 원인이었다. 마음이 들뜬 사이, 그는 캐스퍼에게 10번 홀을 내주고 만다.

11번 홀에서의 티샷은 러프로 흘러갔다. 이 지점에서 리조는 더는 망설일 수 없었다. 파머의 걸음 뒤를 따르며 점점 무거워지는 분위기를 느꼈다. 라조는 그때를 이렇게 회상했다. 라조의 말은 늦은 것일 수도 있었고, 어쩌면 적절한 순간이었을 수도 있다. 그 한마디는 분명 파머의 마음에 파문을 남겼다.

"나는 큰 소리로 '아놀드!'라고 외쳤습니다. 그랬더니 그는 멈칫하며 잠시 행동을 멈추더니 천천히 뒤돌아보더군요. 나는 스윙이 점점 더 빨라지고 있다고 말했고, 그 말을 들은 그는 무언가를 알아차린 듯 고개를 끄덕였습니다. 이후 그는 속도를 맞추려 애를 썼지만, 그 의도는 오히려 동작을 어색하게 만들었고 스윙에 긴장만 더해졌습니다."

　파머는 부담스러운 상황에서 골퍼들이 흔히 빠지는 두 가지 정신적 오류에 동시에 빠져 있었다. 그는 자신이 치고 있는 타수, 대회 기록 같은 외부적인 요소들에 계속해서 의식을 두고 있었고, 동시에 스윙의 템포와 같은 메커니즘적인 요소에도 집중하고 있었다. 템포에 대한 생각은 다른 스윙 관련 생각들에 비해 해를 덜 주는 편이지만, 문제는 이처럼 압박이 심한 라운드 후반에 들어서 그것이 중심적인 사고가 되는 순간이다. 너무 서두르는 백스윙은 결국 주저함이 섞인 포워드스윙으로 이어지며, 결과적으로 스윙 전체의 리듬과 안정감을 망가뜨린다. 파머의 경우에는 차라리 아무 생각 없이 자연스러운 루틴을 따랐더라면, 더 나은 결과가 나왔을지도 모른다. 리조는 그 과정을 옆에서 똑똑히 지켜봤다.

　11번 홀에서 파머는 어렵사리 파 세이브를 해냈지만, 캐스퍼는 13번 홀에서 침착한 버디로 타수 차를 5타까지 좁혔다. 그리고 파머는 중압감 속에서 골퍼들이 흔히 빠지는 세 번째 함정, 바로 '더 대담하게' 플레이하려는 충동에 사로잡혔다. 15번 홀은 짧은 파 3홀이지만, 그린을 감싸고 있는 벙커들은 그야말로 함정 그 자체였다. 게다가 USGA는 이날 핀을 벙커 뒤의 가장 어려운 지점에 세팅했다. 보수적으로 중앙을 노리고 2퍼트로 마무리할 수 있었지만, 파머는 핀을 직접 공략하기로 했다. 볼은 몇 인치가 모자라 벙커에 빠졌고, 그는 보기로 물러섰다. 반면 캐스퍼는 계획대로 중앙에 볼을 떨어뜨리고 침착하게 퍼트를 성공시켜, 이제는 격차가 3타 차로 줄어들게 되었다.

당일의 16번 홀은 길이만 해도 604야드에 달하는 긴 파 5홀로, 단 두 번에 그린을 공략하는 것은 거의 불가능에 가까웠다. 보통이라면 페어웨이에서 1번 아이언이나 유틸리티 클럽으로 짧은 샷을 이어가고, 웨지로 안전하게 그린에 붙이는 전략이 통한다. 그러나 파머는 내내 공격적인 플레이를 고수해 왔다. 사흘 연속으로 드라이버를 잡았고, 이날 역시 동일한 선택을 하기로 마음먹었다.

그는 티잉 그라운드에서 캐스퍼의 티샷을 지켜보며 한동안 생각에 잠겼다. 머릿속에서는 '이번엔 1번 아이언으로 안전하게 플레이할까?' 하는 고민이 스쳤지만, 그 스스로 '아놀드 파머답지 않다'는 생각에 결정을 뒤집었다. 수많은 갤러리가 지켜보는 가운데 그가 드라이버를 꺼내지 않는 모습은 어울리지 않는다고 여긴 것이다. 결국 그는 드라이버를 들었고, 결과는 휘는 훅볼이 나무와 러프가 가득한 지역으로 향했다.

볼은 깊고 질긴 러프에 잠겼고, 라이는 좋지 않았다. 그러나 그는 여전히 공격을 포기하지 않았다. "3번 아이언으로 이걸 칠 수 있을까?"라고 리조에게 물었다. 리조는 냉정하게 보았을 때 이 상황에서는 더 높은 탄도를 낼 수 있는 클럽을 선택하는 것이 맞다고 판단했다. 그러나 세계 최고의 선수에게 이런 조언을 하는 일은 쉽지 않았다. 결국 그는 조심스럽게 말했다.

"스윙이 아주 좋으면요."

파머는 필요하다면 완벽한 스윙을 만들어낼 수 있다고 믿었다. 그는 결국 3번 아이언을 손에 쥐었고, 과감하게 스윙을 감행했다. 그러나 결과는 기대와는 달랐다. 클럽 페이스가 볼을 제대로 감싸지 못했고, 임팩트는 약하게 이루어졌다. 볼은 고작 40~50야드를 전진하는데 그쳤다. 완전히 풀에 묻히지는 않았지만, 그의 다음 샷 선택 역시 무리였다. 9번 아이언으로 겨우 페어웨이로 볼을 끌어냈고, 이후 3번 우드로 공격적인 샷을 시도했지만 볼은 그린 주변의 벙커로 빠져버렸다. 결국 파머는 이 홀을 보기로 마무리할 수밖에 없었다. 반면 캐스퍼는 세 타 만에 그린을 안전하게 공략했고, 또 하나의 버디를 추가하며 격차를 한 타 차로 좁혔다.

파머는 다음 홀에서 겨우 리드를 지켜냈다. 17번 홀에서 그의 티샷은 그린을 놓쳤지만, 훌륭한 리커버리로 5피트짜리 파 퍼트를 만들어냈다. 하지만 그 퍼트가 실패로 돌아가면서, 우승 경쟁은 사실상 원점으로 돌아가고 말았다.

그렇다면 만약 파머가 좀 더 보수적인 전략으로 파이널 라운드에 임했다면 결과는 달라졌을까? 반드시 그렇다고 단언할 수는 없다. 리조 역시 당시를 회상하며, 파머가 16번 홀에서 보인 불안정한 스윙은 어떤 클럽을 들었든 결과는 크게 다르지 않았을 것이라고 말했다. 1번 아이언을 선택했더라도 방향성이나 정확도에서 큰 차이는 없었을 것이고, 스윙 템포의 흐트러짐이 본질적인 원인이었다는 뜻이다.

하지만 이 장면은 그로부터 1년 뒤, 잭 니클라우스가 발투스롤에서 펼쳤던 플레이와 비교하면 강한 대조를 이룬다. 당시 파머와 니클라우스는 마지막 조로 함께 라운드를 돌고 있었고, 18번 홀에 이르렀을 때 니클라우스는 파머에 4타 차로 앞서 있었다. 이 홀에서 버디를 잡으면 벤 호건이 1948년에 세운 276타 기록을 깨는 새로운 토너먼트 레코드를 세울 수도 있는 상황이었다.

18번 홀은 왼쪽으로 휘는 542야드 파 5홀이었다. 티잉 그라운드에서 약 400야드 지점에는 페어웨이를 가로지르는 실개천이 있었고, 이는 플레이어에게 전략적 결정을 요구하는 장애 요소였다. 니클라우스도 기록을 의식했을 것이다. 하지만 그는 무엇보다 우승을 굳히는 것이 우선이라는 판단 아래 1번 아이언을 선택했다. 결과적으로 티샷은 예상보다 밀렸고, 볼은 러프에 빠졌다. 파머와 마찬가지로 좋은 스윙이 아니었다. 하지만 니클라우스는 거기서 무리하게 두 번째 샷으로 그린을 직접 노리지 않았다. 그는 8번 아이언을 잡고, 단단히 레이업을 하여 실개천 앞쪽으로 볼을 보냈다. 샷은 이상적이진 않았지만 페어웨이에 볼을 안착시켰고, 흐름을 되살릴 수 있었다.

그 시점에서 파머는 두 번째 샷을 그린 근처까지 보냈고, 상황은 다시 팽팽해지는 듯 보였다. 그러나 니클라우스는 집중력을 잃지 않았다. 그는 235야드 거리에서 인생 최고의 1번 아이언샷을 날렸고, 이어진 퍼트를 성공시켜 결국 신기록과 우승을 동시에 거머쥐었다.

이 두 명장면의 차이는 기술이 아니라 '심리와 전략'의 차이였다. 둘 다 중압감 속에서 첫 샷을 불안정하게 날렸지만, 이후의 대응이 달랐다. 파머는 흐트러진 템포를 끝까지 되돌리지 못했고, 공격적 플레이를 고집했다. 반면 니클라우스는 흐름을 받아들이고, 무리하지 않으면서도 결정적인 순간에 강한 집중력으로 완성도 높은 샷을 해냈다. 바로 그 점이 두 전설의 경로를 갈랐던 것이다.

주말 골퍼라 할지라도, U.S.오픈에서 파머가 리드를 잃어가던 그 장면을 상상해 보면 그 심정을 충분히 공감할 수 있을 것이다. 그러나 파머의 몰락이 우리에게 주는 교훈은 단순히 메이저 대회의 특수한 경우에 국한되지 않는다. 친구들과 몇 달러 내기를 하거나, 클럽 챔피언십의 마지막 홀에서 퍼트를 남겨둔 상황처럼, 아마추어 골퍼들이 마주하는 중압감 속에서도 이 교훈은 유효하다.

첫 번째 원칙은 간단하다. 바로 '지금 이 순간의 샷'에만 온전히 집중하는 것이다. 파머가 1966년 대회 기록을 의식하기 시작한 순간, 그는 경기 흐름에서 이탈했다. 현재가 아닌 미래를 향한 의식은 샷에 긴장과 혼란을 가져온다. 예컨대 내기 골프에서 이기고 난 뒤 어떤 맥주를 마실까 고민하거나, 다음 라운드 조 편성을 미리 상상하는 순간, 샷은 더 이상 지금 여기와 연결되지 않는다. 반대로 점수가 뒤처지고 있다면, 패배에 대한 불안이나 상대의 기세를 걱정하기 시작한다. 어느 쪽이든 샷에 영향을 미친다.

두 번째 원칙은 '기술에 대한 과도한 생각은 금물'이라는 점이다. 파머는 라운드 도중 템포 조절이라는 기술적 문제를 의식하며 스윙을 교정하려 했다. 하지만 이 같은 기계적인 접근은 스윙을 더 경직되게 만들고, 되레 감각을 마비시킨다. 중요한 순간일수록 골퍼는 1번 홀보다 18번 홀에서 자신을 더 깊이 믿어야 한다. 리듬과 기억에 몸을 맡기고, 머릿속에서는 스윙이 아닌 목표와 흐름만을 유지하는 편이 더 나은 결과를 가져온다.

세 번째 원칙은 '루틴과 게임 플랜의 일관된 실행'이다. 실수가 나왔다고 해서 갑자기 과감해지는 것이 해결책이 될 수는 없다. 예를 들어 앞 홀에서 실수를 만회하려고, 보수적인 전략을 버리고 드라이버를 꺼내 깃대를 정면으로 노린다면, 그것은 상황을 더 악화시키는 선택이 될 수 있다. 평소에 아이언 티샷을 선택했다면 그대로 간다. 깃대보다 그린 중앙을 보는 것이 원래의 전략이었다면 그대로 따른다. 일관성은 흔들리는 상황에서도 자신을 다시 원점으로 되돌리는 힘이 되기 때문이다.

불가피한 상황, 예컨대 느린 플레이로 인한 흐름 붕괴는 누구에게나 일어난다. 앞 조의 느린 진행으로 인해 라운드 리듬이 깨지는 상황에서, 많은 골퍼들은 분노나 짜증을 내며 흔들리기 시작한다. 이런 반응은 그 자체로 문제를 키운다. 지연되는 상황 때문에 자신의 플레이가 망가질지도 모른다는 자기암시가 되기 때문이다.

이럴 때는 관점을 바꿔야 한다. 지연 플레이 자체를 받아들이는 것이다. '나를 방해하지 않는다'고 스스로에게 확신을 주고, 오히려 느린 페이스를 이용해 몸을 풀고 호흡을 정리할 기회로 삼는 것이 효과적이다. 특히 앉아서 대기할 수밖에 없는 상황이라면, 다음 샷 몇 분 전에는 일어나 스트레칭을 하고 루틴을 머릿속에서 재현해 보는 것도 좋다. 이는 몸과 마음을 다시 샷으로 연결해 주는 작은 연습이 된다.

샷 사이 시간 관리도 중요하다. 프로든 아마추어든 샷을 치는 시간보다 걷고 기다리는 시간이 훨씬 길다. 이 시간을 지나치게 샷에만 집중하려 하면 오히려 지친다. 많은 투어 선수들이 샷과 샷 사이에 잡담을 나누거나 가벼운 대화를 통해 긴장을 푸는 것도 이 때문이다. 리

트레비노나 퍼지 젤러Fuzzy Zoeller처럼 농담을 자주 하거나, 브래드 팩슨처럼 갤러리 너머에 있는 친구들과 대화를 나누는 선수들 역시, 긴장을 풀고 샷에 다시 집중하기 위한 저마다의 방식으로 리듬을 조절하고 있는 것이다.

말을 아끼고 싶을 때도 있다. 그럴 때는 입을 다물고 골프장 주변의 자연을 눈으로 감상하는 것도 한 방법이다. 바람에 흔들리는 나뭇잎, 그늘 속을 종종거리는 새들, 잔디 위로 길게 드리운 그림자들이 마음을 진정시켜 준다. 잭 니클라우스는 가끔 갤러리 속에서 멋진 여성을 발견하고는 캐디였던 안젤로 아르지아에게 장난스럽게 데이트를 주선하는 농담을 던지기도 했다. 그런 여유가 오히려 그를 최고의 자리로 이끈 힘이었을지도 모른다.

젤러, 트레비노, 팩슨, 니클라우스 같은 선수들은 샷을 준비할 때만큼은 완벽한 집중력을 발휘한다. 비로 인해 경기가 지연되더라도, 그들은 당황하지 않고 마음을 가다듬는다. 옷을 갈아입고 책을 펼쳐 읽기도 하고, 때로는 그 시간이 오히려 자신에게 유리하다고 여긴다. 경기가 재개되면 연습 스윙을 하며 실전처럼 몸을 풀고 루틴을 다시 시작한다. 자신만의 리듬으로 경기 감각을 되찾는 것이다.

때로는 상대 선수의 예상치 못한 플레이가 심리적 압박으로 다가올 수도 있다. 나무 숲 속에서 기적처럼 파를 기록하거나, 멀리서 친 어프로치샷이 홀 안으로 빨려 들어갈 때, 그것이 경기 흐름을 방해하지 않도록 대비해야 한다. 훌륭한 골퍼는 이런 시나리오가 언제든 벌어질 수 있다고 미리 가정한다. 그렇게 정신적으로 준비가 되어 있다면, 실제 상황에서도 동요하지 않는다.

몇 해 전 토너먼트 플레이어스 챔피언십에서 톰 카이트와 칩 벡은 마지막 조에서 맞붙었다. 벡은 전반 9홀에서 무려 4개의 보기를 범하며 40타로 부진하게 출발했다. 겉으로 보기엔 카이트가 우승을 굳힌 듯했지만, 카이트는 벡이 후반에 반전을 꾀할 수 있다는 점을 충분히 알고 있었다. 실제로 벡은 후반 31타를 기록하며 무서운 기세로 따라붙었다.

하지만 카이트는 자신의 게임 플랜을 고수했다. 마지막 홀까지 벡에게 리드를 내주지 않았다. 18번 홀에서 두 선수 모두 그린에 공을 올렸고, 카이트는 2단 그린 뒤편에서 50피트의 롱퍼트를 남겼다. 벡은 25피트 내리막 퍼트를 앞두고 있었다. 카이트는 벡이 그 퍼트를 성공시킬 것이라고 예상했고, 실제로 벡은 그것을 홀에 넣었다.

그러나 카이트는 전혀 흔들리지 않았다. 이미 예상했던 시나리오였기에 감정의 동요 없이 자신의 퍼트에 집중했다. 그는 침착하게 파 퍼트를 성공시키며 토너먼트 우승을 확정지었다. 동요하지 않는 마음, 그것이야말로 진짜 승부사의 자세다. 중압감은 피할 수 없는 현실이다. 그러나 흔들려도 다시 중심을 잡을 수 있다면, 골퍼는 이미 그 순간의 승자다.

19장

숫자를 지우고 샷에 집중하라

경기는 타수를 세는 게임 같지만,
진짜 흐름은 샷에서 시작된다.
타수는 통제할 수 없다.
통제할 수 있는 건 지금의 한 샷뿐이다.
숫자에 매이는 순간,
리듬은 무너지고 집중은 흩어진다.
결과보다 과정, 스코어보다 감각에 집중하라.

골퍼들이 중압감을 느낄 때 가장 흔히 범하는 실수 중 하나는 바로 '타수에 대한 집착'이다. 이 타수 집착은 단순한 수학적 계산을 넘어 골퍼의 의식 흐름을 교란하고, 불필요한 부담을 야기하며, 결국에는 스윙에까지 영향을 미치는 정서적 파동을 만들어낸다.

1939년 U.S.오픈의 사례는 이 사실을 명확하게 보여준다. 필라델피아 외곽의 스프링 밀 골프장에서 열린 그 대회에서 샘 스니드는 바로 이와 같은 실수로 우승을 놓쳤다.

당시 스니드는 이미 1~3라운드에서 68타, 71타, 73타라는 준수한 기록을 남긴 상태였다. 마지막 라운드의 17번 홀에 이르러 남은 2홀을 파로만 마무리하면 2년 전 랄프 걸달Ralph Guldahl이 세운 281타의 기록과 동타를 이룰 수 있는 절호의 기회를 맞게 될 셈이었다. 그러나 이 대회는 지금처럼 전광판이나 실시간 통신 장비가 없던 시절이었다. 각 홀의 리더보드는 없었고, 다른 선수들의 타수는 전적으로 말에 의존해야 했다.

같은 조에서 함께 경기한 선수는 우승과는 거리가 멀었기에 비교 대상이 되지 못했다. 그리고 여기저기서 흘러나오는 말에 따르면, 당시 가장 위협적인 경쟁자인 바이런 넬슨이 284타로 경기를 마쳤다고 알려져 있었다. 하지만 이 정보는 오보였다. 실제로는 스니드가 3타 차로 앞서 있었다. 문제는 스니드가 이 사실을 몰랐다는 데 있다.

자신이 뒤지고 있다고 착각한 스니드는 흔들리기 시작했다. 17번 홀에서는 평소처럼 플레이하지 않고, 무리하게 드라이버를 휘둘러 300야드 가까운 거리를 보내려 했다. 그 결과 두 번째 샷은 러프에서 이뤄졌고, 이어진 칩샷은 짧아 결국 보기를 범했다. 그는 그때부터 완전히 평정을 잃었다. 타수에 대한 강박, 우승 상금에 대한 상상, 그리고 몰려든 갤러리에 대한 분노가 그의 집중력을 무너뜨렸다. 결정적인 순간, 자신의 루틴을 따르지 않았다.

18번 홀에 다다랐을 때, 그는 자신이 넬슨과 동타라고 믿었다. 스니드는 '이 홀에서 반드시 버디를 해야 한다'고 결심했다. 그러나 그것은 그의 정확한 위치를 기반으로 한 결심이 아니었다. 그는 '버디가 필요하다'는 잘못된 가정 아래, 전략적인 판단보다는 감정적인 선택을 했다. 드라이버를 집어든 그는 볼을 깊은 러프에 빠뜨렸고, 그 지점에서 무리하게 2번 아이언으로 홀을 공략하려 했다. 이것은 명백히 그가 할 수 있는 샷이 아니라 해야만 한다고 착각한 샷이었다.

결과는 참담했다. 공이 클럽 윗면에 맞는 토핑 현상으로 인해, 채

100야드도 날아가지 못했다. 이어진 어프로치도 불안했고, 그린 주변에서의 샷 역시 지나치게 강하게 맞았다. 결국 마지막 홀에서 트리플보기, 즉 8타를 기록했다. 그리고 우승은 사라졌다. 이는 스니드가 다시는 U.S.오픈에서 우승하지 못하게 되는 결정적인 장면이었다.

정확한 타수가 전달되었더라면 결과는 달라졌을까? 어쩌면 그럴 수도 있다. 그러나 진짜 패인은 타수를 몰랐기 때문이 아니다. 타수에 얽매인 마음이 집중을 흐렸고, 그 순간 경기는 기울었다. 이른바 '상황 착시'는 경기 중 누구에게나 찾아오는 심리적 함정이다. 거기서 빠져나오려면, 흔들림 없는 루틴과 분명한 판단이 필요하다.

만약 18번 홀에서 그린까지 260야드가 남았다는 것을 받아들이고, 무리하게 2번 아이언을 잡지 않고 7번 아이언과 웨지로 공략했다면, 버디는 실패했을지언정 파는 가능했을 것이다. 무엇보다 자신의 루틴대로 플레이하며 할 수 있는 샷을 선택했다면, 결과는 달랐을지 모른다.

중압감은 외부의 압박보다 마음속에서 일어나는 소용돌이가 더 치명적이다. 스코어보드가 당신을 보고 있는 것이 문제가 아니다. 당신이 그 숫자에 의미를 부여하고, 거기서 자신을 조절하지 못하는 것이 진짜 문제다.

타수에만 몰입한 스니드의 사례는 골퍼들이 경기 후반, 특히 오픈 대회 최종 라운드나 단순한 친목 라운드에서 피해야 할 중요한 교훈을 알려준다. 실제로 많은 골퍼들은 이런 상황에서 '남은 세 홀만 보기를 기록하면 90타를 깰 수 있어'라든지, '이 2홀을 파로 마무리하면 우승이다'라는 식의 생각을 하게 된다. 문제는 이런 생각이 시작되는 순간부터 골퍼는 '지금 이 샷'이 아니라 '그 후에 벌어질 일'을 상상하게 되며, 머릿속은 현재가 아닌 미래로 이동한다는 점이다. 샷 하나하나를 독립된 동작으로 받아들이기보다, 그 결과만 생각하며 스스로 압박을 가하게 되는 것이다.

이런 태도는 실수를 더욱 두려워하게 만들고, 결국 조심스러움과 긴장으로 이어진다. 볼이 날아가는 방향을 있는 그대로 수용하지 못하고, 통제하려는 시도는 오히려 긴장감을 고조시킨다. 이처럼 방어적인 골프를 하게 되면, 원래 갖고 있던 리듬과 템포는 깨지고, 결과적으로 원하는 타수를 달성하지 못하게 된다. 특히 하이 핸디캐퍼들은 이런 실수를 자주 범한다. 그들은 매 홀마다 타수를 꼼꼼히 기록하며, 9홀이 끝나면 중간 점검을 하고, 18홀이 끝나기 전에 이미 총점 계산을 마친다. 특히 '90타 깨기' 같은 특정 목표가 있을 경우, 그들은 목표를 달성하기 위한 계산에만 몰두한 나머지, 매 샷의 과정에는 제대로 집중하지 못한다. 결국 '과정'보다 '결과'에 집착하는 골프를 하게 된다. 핸디캡을 낮추지 못하는 이유가 바로 여기에 있다.

반면 프로 선수들은 연습 라운드에서 스코어카드를 거의 사용하지 않는다. 라운드가 끝난 후 전체적으로 경기를 되돌아보며 타수를 적는다. 이는 실수에 대한 집착보다 전체적인 경기 흐름과 리듬을 점검하는 방식이며, 자신을 한 걸음 떨어져 바라보며 평가하는 태도다. 이러한 루틴은 골퍼에게 감정의 높낮이를 줄이고, 집중력을 유지하는 데 큰 도움이 된다. 물론 아마추어 골퍼들에게 이런 방식은 낯설 수 있다. 친구들과의 내기, 혹은 스코어 목표로 인해 타수를 확인하지 않고 경기를 이어간다는 것은 쉬운 일이 아니다. 그러나 타수는 어디까지나 결과일 뿐이다. 과정에 집중한다면, 오히려 그것은 자연스럽게 따라온다.

스코어보드의 등장으로 투어 프로들은 집중을 유지하기가 더욱 어려워졌다. 코스 곳곳에 설치된 실시간 스코어 표시는 선수에게 필요 이상의 정보와 부담을 안긴다. 이러한 상황에서 골퍼는 자기 확신과 집중력을 끝까지 지켜내야 한다. 잭 니클라우스는 이런 면에서 주목할 만한 사례다. 그의 오랜 캐디였던 아르지아에 따르면, 니클라우스는 라운드 중 순위를 묻지 않았고 스코어보드도 거의 보지 않았다고 한다. 단 한 번, 16번 홀에서 니클라우스가 갑자기 순위를 물었고, 9타 차로 선두라고 듣자마자 바로 더블보기를 기록했다. 이 일화는 스코어에 대한 의식이 경기력에 얼마나 즉각적인 영향을 줄 수 있는지를 보여준다.

물론 반대로 스코어를 확인함으로써 동기 부여를 받는 유형도 있다. 닉 프라이스는 자신의 위치를 수시로 확인하며 더욱 집중하는 스타일이었다. 하지만 이들조차 중요한 샷을 앞두고는 머릿속을 비우고 루틴에 집중하는 데 온 힘을 쏟는다. 결국 핵심은, 스코어를 의식하든 말든 샷을 하는 순간만큼은 오직 그 샷 하나에만 몰입하는 능력이다.

발 스키너는 종종 마지막 퍼팅을 마치기 전까지 자신이 우승하고 있는지를 몰랐다고 회고한다. 그녀는 몇몇 대회에서 실제로 우승했지만, 그 사실을 알게 된 것은 마지막 홀에 도달했을 때였다. 스코어보드를 일부러 외면하며 경기에 임했고, 마지막 퍼트를 마치고 몰려든 관중들의 환호성을 들으면서 비로소 우승을 실감하곤 했다. 그 순간조차도 몇 타 차로 앞서고 있었는지는 몰랐다. 그녀는 가능한 한 스코어보드를 보지 않으려 했고, 스코어와 자신의 위치에 대해 무관심한 채 집중을 유지했다. 다만 마지막 몇 홀에서 반드시 전략적 판단이 필요한 상황이 생기면 캐디에게 간단히 타수만을 확인했다. 예를 들어 파 5의 마지막 홀에서 자신이 한 타 차로 앞서고 있는지를 알면, 보수적인 레이업으로 안정적인 플레이를 할 것인지, 아니면 과감하게 두 타 만에 그린에 올려 승부를 내겠다는 전략을 택할 것인지 결정할 수 있기 때문이다. 그녀는 스코어를 통제할 수 없다는 것을 일찍이 깨닫고, 자신이 할 수 있는 유일한 일을 했다. 루틴을 지키고 코스 공략에 몰입했다.

하지만 이러한 자기 통제도 항상 완벽할 수는 없다. 1994년 애틀랜타 이글스 랜딩에서 열린 챔피언십 대회에서 스키너는 마지막 라운드를 리셀롯 노이만Liselotte Neumann보다 두 타 뒤진 채 출발했다. 노이만이 첫 홀에서 트리플보기를 범하자, 그녀는 이번엔 정말 우승할 수도 있겠다는 희망을 품게 되었다.

바로 그 순간, '앞 조에서 누가 선두로 치고 올라오는건 아닐까?'라는 상상이 시작되었다. 그 의심은 빠르게 불안을 낳았고, 평소 유지해 오던 집중과 루틴이 무너졌다. 스코어보드를 보지 않으려 애썼지만, 마음속 불안은 시선을 자꾸 주변으로 돌리게 만들었다. 자신감은 흐릿해졌고, 샷이 조금씩 흔들렸다. 반대로 노이만은 초반의 실수를 뒤로 하고 자신의 리듬을 회복해 나갔다.

운명의 17번 홀, 왼쪽으로 도는 도그레그 홀이었다. 스키너는 드라이버샷을 너무 왼쪽으로 보내버렸다. 볼은 그대로 벙커에 빠졌고, 벙커에서 무리하게 세게 친 세컨샷은 그린을 넘기지는 못했다. 이후 어렵게 세 번째 샷으로 그린에 올렸다. 그녀는 이제 내리막 경사를 타고 20피트나 되는 긴 퍼트를 남겨놓고 있었다. 그린은 빠르고, 라인은 가팔랐으며, 퍼트는 왼쪽에서 오른쪽으로 약 8피트나 휘는 형태였다.

그린 앞에는 거대한 스코어보드가 세워져 있었고, 비록 고개를 돌리려 애썼지만 이미 그녀의 시선은 그 숫자들을 향해 가 있었다. 그리고 그녀의 눈에 들어온 숫자는 놀랍게도 자신이 노이만을 한 타 차로 앞서 있다는 것이었다. 자신이 지금 1위를 달리고 있다는 그 정보는 오히려 그녀에게 도움이 되지 않았다. 퍼팅을 준비하는 그녀의 머릿속은 온갖 생각으로 복잡해졌다. '이 퍼트를 놓치면 동타야', '꼭 넣어야 해', '라인이 심해 보이는데 혹시 오버하면?' 하는 식의 잡념이 요동치기 시작했다.

그리고 볼은 떠났다. 순간 실수했다는 것을 직감했다. 볼은 자신이 겨냥한 지점을 너무 벗어나 빠르게 굴러갔고, 홀을 훨씬 지나쳐 8피트 지점에 멈췄다. 실망스러웠다. 자신이 연습했던 대로 집중했다면 이런 실수는 하지 않았을 것이다.

하지만 그때, 정신 훈련 시간에 자신이 배웠던 것들을 떠올렸다. 마음을 가라앉히고 숨을 깊게 들이쉬었다. 한 템포 쉰 후 퍼팅 루틴을 정확히 다시 밟았다. 이후 스키너는 그 8피트짜리 파 퍼트를 침착하게 성공시켰다. 반면, 세 발자국 거리에 남겨진 노이만의 퍼팅은 홀 가장자리를 돌다 빠져나갔다(립아웃). 발 스키너는 그렇게 승리를 거머쥐었다. 그날 이후 스키너는 나에게 이렇게 말했다.

"로텔라 박사님, 저는 스코어보드를 보고 싶지 않았는데, 이상하게도 스코어보드가 저를 보고 있는 것 같았어요."

그 말은 단순한 농담이 아니었다. 스코어보드는 그녀의 마음속 깊은 곳에 숨어 있는 불안과 욕망, 기대와 두려움을 응시하고 있었던 것이다. 하지만 긴장감 속에서도 가장 본질적인 교훈을 다시 되새겼다. 타수는 통제할 수 없다. 통제할 수 있는 건 오직 샷이고, 반드시 통제해야 하는 건 자신의 정신이다.

20장

경쟁자는
자신이다

승리는 타인을 꺾는 데서 오지 않는다.
진짜 경쟁은 자신을 넘어설 때 완성된다.
경쟁자는 적이 아니다.
나를 더 단단하게 만들고,
더 멀리 가게 해주는 동반자다.
오늘의 나는 어제의 나를 이겨야 한다.
경기는 언제나 자신과의 싸움이다.
매 샷마다 스스로를 이기는 것이 유일한 전진이다.

1984년, 톰 카이트의 심리 상담을 시작하고 몇 달이 지났을 무렵이었다. 카이트가 투어에서 활약 중인 몇몇 프로 선수들에게 나를 소개하기 시작했다. 그중 한 명이 카이트에게 조심스럽게 물었다.

    "잠깐만요, 카이트 씨. 로텔라 박사가 당신을 도와 우승하도록 조언하고 있다면, 왜 우리 같은 경쟁자들에게도 그를 소개해 주는 건가요? 우리도 결국엔 당신의 적수가 되는 사람들인데요."

    이에 카이트는 이렇게 답했다.

    "나는 우리 모두가 우승보다 더 중요한 무언가를 공유할 수 있다고 생각해요. 내가 당신들의 실력 향상을 돕고, 당신들이 내 실력 향상을 돕는다면, 우리 모두가 진정한 의미의 최고의 퍼포먼스를 경험하게 될 겁니다. 이건 단순한 경쟁이 아니라, 함께 성장하며 우리가 어디까지 도달할 수 있는지를 시험해 보는 여정입니다."

카이트는 골프와 경쟁자에 대해 아주 이상적이고 깊이 있는 관점을 갖고 있었다. 그에게 골프 코스에서 맞서야 할 진짜 상대는 따로 있었다.

첫째는 바로 '골프 그 자체'였다. 코스, 클럽, 볼은 언제든 변할 수 있다. 최고의 골퍼들조차 이 예측 불가능성 앞에서 무너질 수 있다.

둘째는 '자기 자신'이다. 자신의 몸과 마음을 완벽하게 다듬어, 최대치의 실력을 끌어내는 능력. 카이트는 골퍼가 이 두 상대, 즉 외부 세계인 '코스'와 내부 세계인 '자기 자신'을 이겨낸 후에야 비로소 다른 선수들을 진정한 의미에서 경쟁자로 인식할 수 있다고 보았다.

정상급 선수들은 예외 없이 이런 마인드셋을 가지고 있다. 그들에게 승리는 '다른 사람보다 잘했다'는 결과가 아니라, '자신이 할 수 있는 모든 것을 다했다'는 사실에서 비롯되는 만족이다. 우승하지 못하더라도, 스스로에게 "난 할 수 있는 최선을 다했어"라고 말할 수 있다면 그 하루는 의미가 있다.

이 철학은 골프뿐만 아니라 모든 스포츠에 적용된다. 내가 야구 선수 그렉 매덕스Greg Maddux를 상담했을 때, 나는 그에게 피칭 훈련을 마치 골프 퍼팅 루틴처럼 구성하라고 조언했다. 매덕스는 매 순간 명확한 계획과 리듬을 가지고 타자를 상대해야 했다. 그가 원하는 대로 볼이 날아갔다면, 홈런을 맞더라도 그는 자신에게 만족할 수 있었다. 그것은 실패가 아니라 하나의 결과일 뿐이다.

매덕스는 최고의 타자들과 맞서는 일이 자신의 한계를 시험하는 기회라고 여겼다. 그는 실패를 통해 더 나은 다음을 준비했다. 이 자세는 최상위 골퍼들에게도 필요하다. 결과가 실패로 끝나더라도, 그들은 묵묵히 다음 대회를 향해 나아간다. 언젠가 자신의 실력이 모든 조건과 딱 맞아떨어지는 날, 승리는 자연스럽게 찾아온다는 걸 그들은 믿는다.

그렇기에 카이트는 자신의 경쟁자들이 잘하길 바란다. 그들이 실력을 끌어올릴수록, 자신도 더 나아갈 수 있기 때문이다. 더 높은 경쟁의 장은 결국 자신을 더 높은 곳으로 밀어올릴 동기가 된다. 그런 점에서, 상대는 경쟁자가 아니라 함께 더 나은 경지를 향해 가는 동반자라고도 할 수 있다.

내가 지도했던 투어 프로 골퍼들 대부분은 다른 선수의 추천으로 내게 찾아왔다. 대개는 투어 대회 기간 중 함께 라운드를 했거나, 저녁 식사 자리에서 이런저런 이야기를 나누다 우연히 추천하는 경우가 많았다. 한 선수가 플레이가 유독 좋아졌을 때, 동료가 묻는다.

"요즘 정말 좋은데, 뭐 달라진 거라도 있어?"

그러면 자연스럽게 대화가 이어지고, 어떤 조언을 들었는지, 어떤 루틴을 쓰는지, 혹은 어떤 심리 훈련을 받았는지를 설명하게 된다. 그리고 관심이 있는 동료에게 내 전화번호를 건네주는 것이다. 이러한 일이 1993년과 1994년, 특히 닉 프라이스를 통해 자주 일어났다. 닉은 자신의 훈련법과 집중 루틴을 아낌없이 공유했고, 누군가 더 깊이 알고 싶어 하면 나를 연결해 주었다. 그는 경쟁자라 하더라도 함께 성장할 수 있다는 신념을 지닌 선수였다.

여기서 내가 강조하고 싶은 핵심은, 닉 프라이스를 비롯해 내가 지도한 선수들은 '경쟁자'의 성공을 위협이 아니라 자극으로 받아들였다는 점이다. 그들은 함께 더 나은 무대로 나아가는 데 의미를 뒀고, 상대의 실력 향상이 곧 자신의 한계를 확장시켜줄 수 있다고 믿었다.

이런 태도와 반대로, 게임스맨십Gamesmanship을 잘못된 방식으로 해석하는 일부 선수들을 나는 늘 경계했다. 그들은 경기 중 상대에게 워터 해저드를 지나칠 정도로 언급하거나, 굳이 필요 없는 조언을 건네며 스윙의 약점을 지적한다. 또는 공이 굴러갈 때, "와, 그건 좀 위험한데" 같은 말을 던지며 미묘한 긴장을 조장하려 한다.

이들은 이러한 태도를 경기 흐름의 일부이자 상대를 의도적으로 흔드는 전략이라고 여긴다. 하지만 이는 라운드를 방해하는 잔디 깎는 기계 소리나 느린 앞 조와 다름없다. 이러한 방해 요소들을 맞닥뜨리면 자신의 루틴, 집중할 대상, 수행할 샷에 몰두하는 게 중요하다. 타인의 태도에 동요하지 않는 골퍼만이 진정한 컨트롤을 갖는다.

흥미롭게도, 이러한 비신사적인 행동을 반복하는 선수들은 결국 고립된다. 프로 세계에서는 선수들끼리 보이지 않게 서로 평가하고 있으며, 한두 번은 넘어가도 계속해서 누군가를 교묘히 흔드는 사람은 투어 안에서 암묵적으로 '불청객' 취급을 받는다. 돈을 얼마나 벌든, 상금을 몇 번 타든, 동료의 신뢰 없이 버텨내는 투어 생활은 외롭고 무기력할 수밖에 없다. 아마추어라면 그 결과가 더 명확하다. 경기 후 동반자와 함께 나누는 맥주 한 잔, 웃음 섞인 추억 같은 골프의 큰 즐거움을 누리지 못할 것이다.

그래서 나는 선수들에게 늘 조언한다. 실력은 다를 수 있지만, 모든 경쟁자는 동료이며, 함께 있어야 할 사람이다. 마음속에 '이 사람과는 절대 한 조로 경기하고 싶지 않아'라는 생각을 품는 것은 금물이다. 중요한 대회의 마지막 라운드에서 그와 같은 조가 될 수도 있기 때문이다. 그 순간이 왔을 때 자신이 할 수 있는 플레이를 온전히 해내려면, 그를 껄끄러운 존재로 만들지 않는 것이 좋다.

물론, 동료 선수에게 호의적으로 대한다고 해서 그를 지나치게 띄워서는 안 된다. 칭찬이 오히려 그에게 부담으로 작용할 수도 있기 때문이다. 무엇보다도 신뢰할 수 있는 조용한 동반자가 되는 것이 훨씬 더 현명하다. 그런 존재가 바로 나 자신에게도 안정감을 줄 수 있다.

나는 가끔 시니어 투어 선수들을 지도한다. 예컨대 래리 라오레티 Larry Laoretti처럼, 20대, 30대, 40대를 클럽 프로로 일하면서 잭 니클라우스나 리 트레비노 같은 선수의 경기를 TV로 지켜봤던 이들이다. 특히 니클라우스는 그들에게 이상적인 존재였다. 이제 그들은, 토너먼트 마지막 홀에서 니클라우스나 트레비노 같은 선수와 맞붙을 준비가 되어 있어야 한다.

만약 여전히 니클라우스를 '범접할 수 없는 존재'로 여긴다면, 입장권을 사는 쪽이 나을 수도 있다. 반면, 경기장에서 만나기를 원한다면, 그를 존경하되 두려워하지 말아야 한다. 같은 티에 서는 순간, 존경은 내려놓고, 자신도 승부의 중심에 있다는 확신으로 무장해야 한다.

이와 같은 태도를 설명할 때 나는 종종 한 농구 선수 이야기를 꺼낸다. 올든 폴리니스 Olden Polynice라는 이름의 선수인데, 버지니아대학교에 재직할 때 그를 만났고, 그는 NBA에서도 9년 이상 활약한 바 있다. 내가 본 선수 중에서도 그의 마음가짐은 단연 최고였다. 그는 경쟁자를 이기려 하기보다 그들과 함께 더 높은 경지로 가려 했다. 자신이 잘해야 한다는 책임감과 그들을 두려워하지 않는 담대함, 이 두 가지가 조화를 이루고 있었다.

이처럼 골프에서 진정한 경쟁이란, 상대를 깎아내려 얻는 승리가 아니다. 서로를 밀어주고 자극하는 과정 속에서, 나 자신을 더욱 단단하게 만드는 여정이어야 한다. 경쟁자는 나의 거울이자, 내가 더 나은 선수가 되도록 도와주는 가장 고마운 존재다.

폴리니스가 버지니아대학 농구팀의 1학년 선수였던 1984년, 팀은 시즌 초반 비교적 평범한 출발을 보이고 있었다. 매 경기가 박빙의 승부였고, 크게 이기거나 지는 일은 거의 없었다. 시즌 흐름을 반전시키고자 코칭 스태프는 폴리니스를 센터로 기용하기로 결정했고, 마침내 그는 선발 명단에 이름을 올렸다. 그의 첫 공식 출전 경기는 하필이면 채플 힐에서 열리는 노스캐롤라이나대학 농구팀과의 원정 경기였다. 당시 그 팀은 무패 행진을 달리며 전국 랭킹 1위를 기록 중이었고, 마이클 조던, 제임스 워씨, 샘 퍼킨스 등 스타들이 포진한 '무적 군단'으로 불렸다.

경기 전날, 팀은 지역 식당에서 일요일 저녁 만찬을 가졌다. 식사가 끝난 뒤, 선수들이 자리를 떠나고 코칭 스태프와 나는 조용히 이야기를 나누고 있었는데, 폴리니스가 방 안으로 들어왔다. 그는 긴장과 설렘이 뒤섞인 표정으로 다가와 정중히 인사한 뒤 말했다.

"안녕하세요, 로텔라 박사님. 하나 여쭤봐도 될까요? 첫 경기를 앞두고 어떻게 해야 제 자신을 믿을 수 있을까요? 상대 팀은 제가 고등학생일 때 TV로 보던 전설들인데, 그들의 홈코트에서 맞붙어야 하니 솔직히 겁이 납니다."

이 진지한 질문은 나를 깊이 감동시켰다. 그는 자신의 두려움을 숨기지 않았고, 코치가 곁에 있음에도 이를 거리낌 없이 표현했다. 무엇보다, 그는 단순히 '경기'를 앞두고 있는 것이 아니라, 자신이 진정 '준비되었는지'를 점검하고 싶었던 것이다. 나는 조용히 대답했다.

"자네가 직접 증명받기 전까지는 그들이 더 낫다고 생각하지 말게. 그리고 그들이 그것을 증명해 내기 전까지는 자네가 더 낫다고 믿게. 내일 코트에서 자네가 누구인지, 그들에게 똑똑히 보여주게."

폴리니스는 고개를 끄덕이며 미소를 지었다.

"정말 멋진 말씀이십니다. 꼭 그렇게 해보겠습니다."

그리고 그는 다음 날, 경기장에서 실력으로 스스로를 증명했다. 조던, 워씨, 퍼킨스가 이끄는 팀을 상대로 15득점에 18리바운드를 기록하는 맹활약을 펼쳤고, 버지니아는 불과 1점 차이로 패배했다. 승리는 놓쳤지만, 폴리니스는 자기 확신을 얻었다. 그날의 패배는 끝이 아니라, NCAA 토너먼트 4강 진출을 이끈 전환점이었다.

이 경험은 골프에도 정확히 같은 방식으로 적용된다. 정상급 선수들도 우승보다 패배를 더 자주 경험한다. 그 이유는, 조금 실력이 부족한 선수라도 특정 주간에 자기 기량을 100퍼센트 이상 끌어낼 수 있기 때문이다. 예컨대 25세의 잭 니클라우스가 동갑내기 레리 라오레티보다 우수했을지 몰라도, 55세의 니클라우스가 우위에 있다고 단언할 수는 없다. 어떤 선수는 꾸준히 성장하고, 어떤 선수는 동기를 잃고 퇴보하기도 한다. 어떤 이는 나이가 들수록 의욕이 줄어들지만, 또 어떤 이는 해가 갈수록 승리에 대한 갈망을 더욱 불태운다.

　USGA 주니어 챔피언이 브리티시오픈 우승자가 되는 경우는 거의 없다. 전년도 클럽 챔피언십에서 나보다 잘했던 선수가 올해도 여전히 우위에 있을 것이라고는 장담할 수 없다. 오늘의 승패가 내일을 예언하지는 않는다. 누구를 만나든, 내 능력을 믿고 최선을 다해 증명하는 것. 그것이 진짜 중요하다.

21장

연습의 목적은
자기 신뢰다

완벽한 스윙을 찾으려 하지 마라.
연습은 기술을 다듬는 시간이 아니라,
스스로를 믿을 준비를 하는 시간이다.
연습이 깊어질수록 자신에 대한 신뢰도 깊어진다.
그 신뢰가 실전에서의 흔들림을 막아주고,
마지막까지 집중할 수 있는 힘이 된다.
연습은 결국 용기를 기르는 일이다.

나와 함께하는 뛰어난 선수들에게는 연습하라는 말을 따로 할 필요가 없다. 대부분 어릴 때부터 노력은 성공으로 이어진다는 믿음을 가지고 자라왔기 때문이다. 경기에서 문제가 생기면 그들은 바로 연습장으로 달려가 문제를 고치려 애쓴다. '연습이 완벽을 만든다'는 신념과 가장 많이 연습하는 선수가 곧 최고의 선수라는 생각이다.

하지만 그런 태도만으로는 PGA 투어에서 우승하는 그다음 수준까지 도달하기는 어렵다. 그 단계로 가려면 연습에 들이는 시간과 에너지를 기계적 완벽을 쫓는 데만 쏟지 않고, 다른 방식도 생각해 봐야 한다. 열심히 한다고 반드시 성공하는 것이 아니다. 잘못된 방식으로 연습하면 오히려 생각하는 힘을 망칠 수 있다.

그러면 어떻게 연습하는 것이 좋을까? 실력을 키우려면 연습은 반드시 필요하지만 중요한 건 연습의 양이 아니라 질이다. 어느 연습장에 가보면, 대부분은 공을 치기 전에 목표조차 정하지 않는다. 농구 골대 없이 어떻게 슛 연습을 하겠느냐고 물으면 웃겠지만, 많은 이들이 골프공은 허공으로 날려 보낸다. 아무런 목표 없이 말이다. 이런 이들은 코스에 나가서야 비로소 목표를 향해 집중하는 것을 배운다.

또 어떤 이들은 연습 내내 스윙을 잘게 쪼개어 그중 하나나 몇 가지 동작에만 집중한다. 스윙이나 엉덩이 회전, 오른팔 동작 같은 세부 기술을 집요하게 파고든다. 하지만 이런 연습은 지나치게 기계적이어서 실제 경기에 나서면 기계적으로 생각하게 되는 요인이 된다.

제대로 된 연습을 하려면, 먼저 두 가지로 나누어서 사고하는 것이 좋다. '훈련적 사고Training mentality'와 '신뢰적 사고Trusting mentality'다. 훈련적 사고에서는 골퍼가 자신의 샷을 비판적으로, 분석적으로 평가한다. 반면 신뢰적 사고에서는 결과를 그대로 받아들인다. 훈련적 사고에선 뭔가를 만들어내려 하고, 신뢰적 사고에선 일이 흘러가도록 맡긴다. 훈련의 사고는 분석적이고 계산적이며, 신뢰의 사고는 내맡긴 자유로움에 가깝다. 훈련은 조급하고, 신뢰는 인내심이 필요하다. 훈련 상태에 있는 골퍼는 공을 한 번에 한 번씩 치기보다, 공을 모아두고 기계적으로 반복 연습을 한다. 반면 신뢰 상태에선 하나하나 샷 루틴을 지켜가며 공을 친다.

둘 중 어느 하나가 옳고 다른 하나가 틀렸다는 이야기는 아니다. 두 가지 모두 연습에 필요하다. 스윙을 고치거나 기본기를 다지는 데는 훈련적 사고가 필수적이다. 최상위 선수들조차 매 시즌마다 셋업, 프리샷 루틴, 기본 스윙 메커니즘을 점검하며 이 상태로 연습한다.

세계 최고 선수들은 연습 시간의 일부를 반드시 이 훈련 상태에 할애한다.

톰 카이트 같은 선수를 보자. 그가 보통 골퍼들과 다른 점은 경기가 무너지기 전까지 기다리지 않는다는 것이다. 기본 샷, 셋업, 루틴, 멘탈 중 어디 하나라도 흐트러지면 즉시 모든 일을 멈추고 연습장으로 간다. 이 꾸준함이 그를 수입 랭킹 상위권에 올려놓은 비결이다. 이런 시간 동안 카이트는 철저히 '훈련 상태'에 몰입해 있다. 프로 선수들은 훈련 상태에서 자신을 매우 엄격히 평가한다. 아이언 샷이 목표 지점에 떨어졌더라도, 원하는 탄도나 구질이 아니면 스윙을 뜯어고치며 만족하지 않는다. 완전히 원하는 궤도로 공이 날아갈 때까지 집요하게 개선해 나간다.

하지만 신뢰적 사고는 실제 경기를 위한 준비에 필수적이다. 골프장에서 스윙을 믿고 칠 수 있으려면, 연습장에서도 그런 방식으로 시간을 보내야 한다. 인간은 습관의 동물이다. 일반적으로 연습 내내 훈련적 사고에 머물다가, 경기에서 갑자기 신뢰적 사고로 전환하는 일은 거의 불가능하다. 압박 상황에서는 늘 하던 습관이 드러난다. 경기 중 압박이 클 때, 가장 원하지 않는 순간에 다시 훈련적 사고로 빠지게 된다. 분석하고, 평가하고, 기계적으로 생각하기 시작하는 것이다. 결국 자신의 스윙을 믿지 못하고 자유롭게 풀어내지도 못하게 된다.

선수에게 익숙한 습관은 가장 많이 연습한 방식이다. 전체 연습 시간의 최소 60퍼센트는 신뢰적 사고로 진행해야 한다. 이 말은, 예를 들어 한 번의 연습 세션에서 공을 100개 친다면, 적어도 60개는 신뢰적 사고로 쳐야 한다는 뜻이다. 결코 쉬운 일은 아니다. 목표와 루틴을 제외한 다른 생각이 멈추어야 하기 때문이다. 스윙이 완벽하지 않은 채 공이 날아가면, 곧바로 그 샷을 평가하고 비판하고 싶은 충동이 일어난다. 그리고 다음 공을 끌어다 놓고 문제를 고치고 싶어진다. 이 충동을 제어하지 못한다면, 연습은 기대만큼 효과적이지 않을 것이고, 자신의 잠재력에도 의문을 가지게 된다.

이 60퍼센트 규칙은 일반적인 가이드라인이다. 연습 세션에 따라 훈련적 사고에 더 많은 시간을 할애할 수도 있고, 신뢰적 사고로 거의 모든 시간을 보낼 수도 있다. 예컨대 시즌 초반에는 겨울 동안 흐트러진 메커니즘과 리듬을 회복하기 위해 훈련적 사고의 비중을 더 높이는 것이 자연스럽다. 또 경기 중 생긴 문제를 고치고자 할 때도 훈련적 사고에 더 많은 시간을 할애할 수 있다.

하지만 경기가 가까워질수록 신뢰적 사고에 더 많은 연습 시간을 들여야 한다. 대회를 준비하는 선수라면, 대회 직전 며칠 동안은 전체 연습 샷의 70~90퍼센트를 신뢰적 사고로 치는 것이 바람직하다. 그 이유는 실제 코스 위에서 효과적인 사고방식, 즉 목표와 루틴, 받아들임에 집중하는 뇌를 익숙하게 만들어야 하기 때문이다. 이 원칙은 라운드 직전의 워밍업 때 특히 중요하다. 이 시기는 본격적인 경기 준비 시간이고, 신뢰적 사고가 가장 효과를 발휘하는 때다. 따라서 이 시점에서는 모든 샷을 신뢰적 사고 속에서 치려고 노력해야 한다.

만약 이때 훈련적 사고로 돌아가 스윙 메커니즘을 고치려 한다면, 첫 번째 홀 티잉 그라운드에서 다시 신뢰적 사고로 전환하기가 매우 어려워진다. 경쟁 라운드를 앞둔 선수는 최소한 한 시간 전에 코스에 도착해야 한다. 워밍업 동안 인내와 자신을 믿는 분위기 속에 머물 수 있어야 하기 때문이다. 이 시간은 연습장과 퍼팅 그린, 티잉 그라운드를 정신없이 뛰어다니며, 급하게 초콜릿 바를 입에 쑤셔 넣는 시간이 아니다.

내가 아는 괜찮은 프로 선수들은 라운드 전에 스윙을 고치려 들지 않는다. 하지만 많은 선수들이 라운드가 끝난 뒤, 그날 경기에서 발견한 문제점을 고치기 위해 스윙을 점검하곤 한다. 선수가 그렇게 하고 싶다면 나는 말리지 않는다. 호텔방에 틀어박혀 실수를 곱씹는 것보다는 훨씬 낫다. 연습장을 떠날 때, 자신감을 회복하고 다음 날 스윙을 믿을 준비가 되어 있기를 바란다. 톰 왓슨이 말했다.

"제 커리어에서 가장 큰 전환점은 라운드 후 실수를 고치려는 지나친 습관을 멈춘 뒤에 찾아왔습니다."

왓슨은 어느 라운드에서 웨지 샷 두어 개를 놓쳤을 경우, 예전에는 웨지만 한 시간 반 동안 연습하곤 했다. 하지만 다음 날이 되면, 웨지에만 몰두한 나머지 경기의 다른 부분이 무너지는 걸 깨달았다. 그래서 왓슨은 라운드 후 연습 방식을 바꿨다. 그날 미흡했던 클럽이나 샷에만 집착하는 대신, 매일 40분 정도를 전체적으로 고루 연습하는 방식으로 바꾸었다. 아무리 안 좋았던 결과였더라도, 대회 도중에 스윙 메커니즘을 뜯어고치지 않았다.

경기를 코앞에 두었더라도, 풀스윙 샷을 무작정 수십 개씩 반복해서 치는 연습을 그다지 권하지 않는다. 그건 나쁜 습관을 키우는 지름길이다. 특히 아마추어 골퍼라면, 일주일에 세 번 정도, 한 번에 스무 개 정도의 공을 루틴에 맞춰 치는 게 훨씬 낫다. 공마다 목표를 정하고, 집중하고, 자신을 믿는 훈련이 더 큰 효과를 낳는다. 이런 방식이 결국 정신적 규율을 몸에 익히고, 현재 가진 스윙으로 최대한 좋은 스코어를 내는 길이다.

그리고 프로든 주말 골퍼든 상관없이, 연습 시간의 대부분은 반드시 숏 게임에 집중해야 한다. 120야드 이하의 샷이 골프의 성패를 좌우한다. 가장 좋은 출발은 연습 그린 가장자리에서 칩샷부터 시작하는 것이다. 상급자라면 매일 두 번, 칩샷을 성공시킬 때까지 연습할 것을 권한다. 이것은 두 가지 효과가 있다. 첫째, 그린에 올리는 목표를 넘어, 공을 홀에 넣겠다는 목표를 갖게 된다. 둘째, 자신감을 키워준다. 칩샷을 매일 두 번만 성공해도, 숏 게임에 강하다는 믿음이 생기게 될 것이다.

주말 골퍼라면 그럴 시간이 안 될 수도 있다. 해가 지거나, 부부싸움이 터질 수도 있으니까. 그래도 다양한 위치에 공 열두 개를 떨어뜨려 놓고, 루틴을 지켜가며 몇 개나 업앤다운에 성공하는지를 체크하는 것만으로도 충분히 도움이 된다. 그리고 기본적인 숏 게임 샷 몇 가지는 반드시 연습해 보자. 하나는 그린 가장자리에서의 기본적인 칩샷, 둘째는 퍼팅 그린에서 약간 떨어진 지점에서의 플롭 샷, 셋째는 벙커에서 띄우는 샌드 샷으로 짧게는 15피트에서 20피트 정도 날아가면서 안정적으로 그린에 올라오는 기술이다. 이 세 가지 샷을 충분히 연습한 뒤에는 연습장으로 자리를 옮겨, 40야드부터 120야드 사이 거리의 샷을 다뤄야 한다. 구체적인 목표 지점 설정, 탄도 조절, 다양한 스윙 크기, 넉다운샷, 피치 앤 런Pitch and run 등 가능한 한 다양한 샷을 시도해 보는 게 좋다. 이런 연습이 거리 감각과 손맛을 길러준다.

감각이 깨어 있어야, 자신감도 깨어난다. 기억하자. 그린 주변의 짧은 샷은 파 세이브를 만든다. 그리고 40~120야드 구간의 웨지샷은 버디 기회를 만든다. 이 두 가지 연습에서 손해를 볼 일은 결코 없다. 이것이 스코어카드를 결정짓는 핵심이다.

나는 선수들이 숏 게임을 연습할 때 경쟁과 중압감 속에서 실전처럼 몰입할 수 있는 연습 환경을 만들기 바란다. 가장 좋은 방법 중 하나는 소규모의 내기다. 맥주 한 캔, 탄산음료 한 병을 걸고 말이다. 다양한 거리, 다양한 라이에 공을 떨어뜨려 연습하고, 홀에 넣으면 5점, 홀 가까이 붙이면 3점을 주는 식으로 점수를 매겨본다. 이런 방식은 경쟁의 긴장을 만들어주고, 목표에 대한 집중력을 날카롭게 하며, 무엇보다 연습을 즐겁게 만들어준다.

풀스윙 훈련에 전체 연습 시간의 30퍼센트 이상을 쓰는 것은 권하지 않는다. 이 시간 동안에는 드라이버부터 3번 아이언까지, 페어웨이에 볼을 안전하게 안착시키는 데 필수적인 클럽을 중점적으로 다뤄야 한다. 그렇다면 롱 아이언과 미들 아이언은 어느 정도의 시간을 투자해야 할까? 연습 시간이 넉넉하지 않다면, 차라리 이 클럽들은 건너뛰어도 무방하다고 생각한다. 그만큼 실전에서의 활용 빈도와 중요도가 높지 않다. 전략적인 시간 배분이 필요하다.

또한 하루에도 수 시간씩 퍼팅 그린에서 시간을 보내는 것을 추천하지 않는다. 좋은 퍼팅은 정교한 루틴과 안정된 심리에서 비롯된다. 일단 이 두 가지가 제대로 갖춰졌다면, 많은 시간을 퍼팅에 쏟지 않아도 된다. 바비 로크도 그랬고, 벤 크렌쇼 역시 그랬다. 꾸준한 루틴과 긍정적인 마음가짐만 있다면 지속적인 퍼팅 퀄리티를 유지할 수 있다.

그러나 몇 가지 효과적인 퍼팅 연습법은 반드시 권한다. 하나는 초크 라인 활용이다. 초크 라인은 분필로 칠한 실을 감아 사용하는 도구로, 평평한 그린 위에서 공에서 홀까지 일직선으로 라인을 긋는다. 이 라인을 따라 계속 퍼팅하다 보면, 시각적인 이미지가 강하게 자리 잡게 된다. 그러면 실제 라운드에서도 라인을 더 쉽게 보게 된다.

또 하나는 강도 조절 훈련이다. 나는 한 개의 볼만 가지고, 홀로부터 8~12피트 떨어진 지점에 위치시킨 뒤 아홉 번의 퍼트를 하라고 한다. 매번 강도를 다르게 하면서, 어떤 강도가 가장 적절한지를 체득하는 것이다. 그런 다음, 적정 강도를 찾으면 그 리듬 그대로 연속 다섯 번을 성공시키는 것을 목표로 한다. 이 과정은 선수에게 자신만의 퍼팅 강도 기준점을 만들게 해준다.

또 하나 선수에게 연습 그린에서 다양한 거리와 각도에서 프린지를 목표로 퍼트하게 한다. 홀을 노리는 대신, 공이 프린지에 걸치게 퍼팅하는 훈련이다. 이 연습은 롱 퍼트에서 가장 중요한 속도감을 익히는 데 효과적이다. 멀리서 홀을 향해 퍼트를 하다 보면, 계속 빗나가고, 그게 퍼팅에 대한 자신감을 떨어뜨릴 수 있어서다.

퍼팅 기술 자체를 향상시키고자 한다면, 공 없이 실내에서 하는 것이 좋다. 두 개의 의자에 약 15센티 높이로 실을 연결하고, 퍼터의 정렬선이 실과 평행하도록 선다. 그런 다음 스트로크를 반복하면서 퍼터의 선이 실과 나란히 유지되는지 확인한다. 퍼터의 헤드가 실과 정확히 평행을 이루는지를 체크하며, 정렬, 페이스 관리, 스트로크 궤적 등을 보완한다. 그리고 이때는 기계적인 생각을 허용한다. 하지만 볼이 놓이고 실제로 퍼팅을 할 때는 기술적인 사고를 버리고, 오직 목표와 감각에 집중해야 한다.

어떤 방식의 연습이든 간에, 성공하는 퍼팅의 이미지를 눈과 뇌에 각인시키는 것이 핵심이다. 실수를 반복하면 실수가 기억되고, 성공을 반복하면 자신감이 형성된다. 나는 종종 선수들이 연습 그린에서 15피트 이상 떨어진 거리에서 무심코 열 번 중 아홉 번을 실패하는 퍼트 연습을 보곤 한다. 기술 향상을 위한 거리감 훈련일 뿐이라고 말할지 모르지만, 무의식은 실수를 이미지로 저장한다. 그런 연습은 오히려 감각을 무디게 만들고, 퍼팅에 대한 신뢰를 떨어뜨릴 수 있다

그래서 나는 선수들에게 2~4피트 거리에서 연속으로 퍼트를 성공시키는 연습을 강조한다. 어떤 때는 25개 연속 성공을 요구하기도 한다. 이 연습은 특히 라운드 직전, 몸을 풀 때 더 중요하다. 다양한 거리와 각도에서 프린지를 향해 퍼트하면서 속도감을 익힌다. 그런 다음 짧은 거리에서 실제 루틴을 적용해 몇 번 넣어보며 마무리한다.

그러고 나서 롱샷으로 넘어간다. 이때 샷 감이 좋다면, '오늘 필드에서도 이렇게 칠 수 있을 것'이라고 믿어야 한다. 반대로 클럽 페이스에 공이 잘 맞지 않는다면, '좋은 샷은 코스를 위해 아껴두고 있다'고 생각해야 한다. 예전에 이 이야기를 투어 선수들 앞에서 꺼냈을 때, 한 선수가 손을 들고 말했다.

"박사님, 그게 가능해요? 몸이 안 풀렸는데 필드에서는 잘할 수 있다니, 말이 안 되잖아요?"

나는 이렇게 되물었다.

"우리가 원하는 결과는 무엇이죠? 잘 치는 게 목표입니다. 그렇다면 몸이 풀렸든 안 풀렸든, 스스로 믿고 해낼 수 있어야죠."

이전 밥 호프 클래식에서 코스 레코드를 세웠을 때 톰 카이트가 보여준 태도가 바로 이런 것이다. 마지막 라운드에 앞서 워밍업을 할 때, 그는 평소 수준에 훨씬 못 미치는 샷을 연거푸 날렸다. 그가 택한 반응은 단순했다. 연습장에서 엉망이었으니, 실제 필드에서는 정반대의 플레이를 하겠다고 마음먹은 것이다. 그는 그렇게 할 수밖에 없었다. 그렇지 않았다면, 최선의 선택은 경기를 포기하고 집으로 돌아가는 것뿐이었을 테니까.

골프 스윙을 교정하거나 레슨을 받고 있는 상황이라면, 누구라도 훈련적 사고에 더 많은 시간을 쓰게 된다. 예컨대 백스윙 궤도를 바꾸는 것처럼 새로운 기술을 얼마나 빨리 익히느냐는 전적으로 개인차에 달려 있다. 예전 습관이 얼마나 뿌리 깊었는지, 연습을 얼마나 집중도 높게 반복하는지에 따라 달라진다. 매번 연습할 때마다 정확한 동작을 되풀이하고, 그 과정을 지도자가 함께하며 지속적으로 피드백한다면, 훨씬 더 빠르게 변할 수 있을 것이다.

이상적인 방식은 이렇다. 스윙을 바꾸려 할 때는 몇 주간 실제 경기를 멈추고, 훈련적 사고에 몰입해 연습장에서만 연습을 진행한다. 그리고 변화된 스윙이 특별한 의식 없이도 반복될 만큼 자연스러워졌을 때, 즉 신뢰적 사고로 전환해도 흐트러지지 않을 때 비로소 다시 경기에 나서는 것이다.

하지만 이런 방식은 아마추어 골퍼에게는 쉽지 않다. 스윙을 개선하고 싶어 하면서도, 주말 아침에 친구들과 라운드를 즐기고 싶은 마음을 버리기 어렵기 때문이다. 그래서 그들은 간헐적으로 레슨을 받는다. 또한 프로 입장에서도 단 한 시간 안에 필요한 모든 것을 교습하기란 쉽지 않다. 그 결과 스윙의 여러 결함을 한꺼번에 고치려는 과부하 상태가 벌어진다.

골퍼들은 그렇게 배운 기술들을 경기에 바로 적용하려 한다. 그러면 거의 예외 없이 초반 스코어가 나빠진다. 경기 중 내내 스윙을 어떻게 해야 할지 생각하느라 정신이 분산되기 때문이다. 몇 주간의 답답한 플레이 끝에, 많은 이들이 새 기술을 의식적으로든 무의식적으로든 잊고, 예전 방식으로 돌아간다. 그러면 다시 원래 실력 수준으로 스코어가 회복된다. 그 이유는 스윙에 다시 신뢰를 갖게 되었기 때문이다. 그러나 결국 출발점으로 되돌아온 셈이다. 아무런 진전도 없다.

좋은 골퍼는 그 과정을 다르게 접근한다. 데이비드 프로스트는 핸디캡 제로가 되기 전까지 단 한 번도 레슨을 받은 적이 없었다. 그는 이렇게 말했다.

"레슨을 받을 때면, 선생님이 여덟 가지든 열 가지든 뭔가를 얘기해요. 근데 나는 속으로 '아냐, 아니야, 그건 아니지' 하죠. 하지만 그중 하나는 나한테 와닿아요. 그게 도움이 될 거라는 걸 알죠. 그걸 받아들이고, 경기력이 좋아져요."

프로스트처럼 자기 스윙에 대해 잘 아는 선수라면 몰라도, 대부분의 골퍼는 장기적인 관점에서 꾸준한 레슨과 개선을 계획하고 있다는 점을 지도자에게 명확히 전하는 것이 현명하다. 좋은 지도자라면 매번 하나의 교정 포인트와 하나의 스윙 생각만을 전해줄 것이다. 선수는 그 스윙 생각을 120야드 이상 거리의 샷에서만 반복 연습한다. 최소 열두 시간 이상 연습장에서 이 새로운 동작을 반복한 다음에야 다음 레슨으로 넘어간다. 그리고 다음 교정과 새로운 스윙 생각을 익히는 식이다. 이 과정을 1년 동안 반복하면, 누구라도 실력을 향상시킬 수 있다. 결국엔 튼튼한 기본기를 갖춘 스윙을 완성하게 되고, 더는 스윙 생각 없이도 경기를 치를 수 있게 된다.

지도자가 어떤 기술을 가르치는가는 부차적이다. 중요한 것은 그가 제자에게 자신감을 심어주는가이다. 만약 어떤 프로가 당신에게 '당신은 재능이 부족해서 잘 칠 수 없다'는 인상을 준다면, 당장 그만두는 게 낫다. 새로운 동작을 익히는 동안 일정 기간 어색함은 당연하다. 하지만 여섯 달 이상 지났는데도 여전히 어색하고 자신감도 없다면, 그때는 지도자를 바꾸는 것을 고려해 볼 시점이다. 당신을 믿어주고, 응원해주며, 레슨을 마치고 돌아설 때 '처음보다 훨씬 나아졌다'는 기분이 들게 해주는 그런 지도자를 찾아야 한다.

내가 보기에 이런 가르침의 모범이 되는 인물이 밥 토스키다. 그는 훌륭한 선수이기도 하고, 묘기 샷의 달인, 가수, 무용가, 이야기꾼이기도 하다. 하지만 이것들이 그를 훌륭한 선생으로 만들어준 것은 아니다. 토스키는 학생들을 진심으로 믿고, 그들이 성장할 수 있도록 최선을 다한다는 점에서 진짜 선생이다.

내가 처음 밥을 만난 건 〈골프 다이제스트〉 주최 '일주일 골프 스쿨 프로그램'에 참여하게 되었을 때였다. 그 프로그램에서 토스키와 그의 동료들이 스윙을 지도하고, 나는 골프의 멘탈 측면에 대해 하루이틀 강의하는 방식이었다. 그 프로젝트 초기에 한 번은 목요일 새벽 3시에야 숙소에 도착한 적이 있었다. 지친 몸으로 방에 들어서자, 옆방에서 목소리가 들렸다.

"로텔라! 이리 좀 와봐. 기다리고 있었어. 앉아봐."

밥이었다. 그는 킹사이즈 침대에 몸을 묻은 채 작은 콩알처럼 베개 사이에 앉아 있었다.

"이번 주엔 78세 된 여성 수강생이 있어. 핸디캡은 35고. 별 방법을 다 써봤는데, 안쪽에서 바깥쪽으로 스윙하게 만드는 게 안 돼. 볼에 드로우를 못 걸게 돼. 아이디어 좀 줘봐. 이틀 남았어. 그 안에 꼭 드로우를 하게 만들어야 해. 안 되면 내가 못 견딜 거야."

나는 두 가지 점에서 깊은 인상을 받았다. 첫째, 밥은 PGA 챔피언 출신이자 수많은 톱 프로들을 가르쳐온 지도자였지만, 겨우 28살밖에 안 된 스포츠 심리학자에게 도움을 청했다. 골프에 대한 경험이 자신보다 1퍼센트도 안 되는 사람에게서 뭔가를 배우려는 태도, 그 겸손이 놀라웠다. 둘째, 그는 이 여성이 변화할 수 없다는 생각 자체를 거부했다. '불가능할지도 모른다'는 생각조차 하지 않았다.

우리는 그 수강생에게 적용할 수 있는 다양한 접근 방식에 대해 두 시간쯤 이야기했다. 그리고 일주일이 끝날 무렵, 그 여성은 결국 드로우 샷을 해냈다. 나는 그녀가 이후에도 즐겁게 드로우를 날리며 핸디캡을 30 이하로 낮췄기를 바란다. 하지만 분명한 건, 그 주간 동안 내가 밥 토스키에게 배운 것이, 그녀가 배운 것보다 훨씬 많았다는 점이다.

이런 태도를 가진 지도자를 찾아야 한다. 그리고 그런 사람을 찾았다면, 꼭 그 사람 곁에 있어야 한다. 괜히 여기저기 떠돌며 다른 지도자에게 다른 조언을 듣고서, 지금의 배움을 흐리지 마라.

당신의 머릿속도 연습장이 될 수 있다. 실제로 일어나지 않은 상황을 마음속에서 익숙하고 안전하며 편안한 것으로 받아들이도록, 상상력을 이용해 몸과 마음을 속이는 기법이 있다. 이는 '의식적인 백일몽' 같은 훈련이다. 무작위의 공상이 아니라, 목적을 갖고 의도적으로 상상하는 방식이다. 스포츠 심리학은 이 기법을 두 가지 자연스러운 생리 반응에서 착안했다. 하나는 악몽이고, 다른 하나는 수면 중 성적 흥분으로 인한 생리적 반응이다.

이 두 현상 모두 현실에서는 아무 일도 일어나지 않는다. 다만 뇌는 어떤 상황을 실제처럼 느낀다. 악몽을 꿀 때 우리는 실제 공포 상황에 놓인 것처럼 몸이 굳고 떨린다. 성적 흥분을 유발하는 꿈을 꾸면 실제로 오르가즘에 도달한다. 다시 말해, 머릿속에서 일어난 상상이 실제 신체 반응을 유도한다는 것이다. 이 원리를 이용하면 긴장되거나 낯선 경기 상황도, 반복된 상상 연습을 통해 익숙하고 안전한 것으로 재인식하게 만들 수 있다. 이 상상 훈련은 좋은 흐름을 이어가지 못하는 프로 선수들에게 특히 유용하다. 어떤 선수들은 경기 초반 몇 홀에서 연달아 버디를 잡으면 갑자기 페이스가 꺾이곤 한다. 좋은 출발을 했음에도 낮은 스코어로 이어가지 못하는 것이다. 그 이유 중 하나는 스스로를 70타, 혹은 잘 쳐야 69타 정도 치는 선수로 인식하고 있기 때문이다. 세 타 정도 언더파를 기록하면 무의식중에 '이제 한계에 다다랐다'고 느끼는 것이다. 그러면 나쁜 일이 생길 것처럼 스스로를 경계하게 되고, 플레이가 소극적으로 바뀐다.

하지만 이런 유형의 골퍼가 더 낮은 스코어를 낼 수 있는 자신을 상상으로 훈련한다면, 다음번 좋은 출발이 실제 경기에 더 많은 버디로 이어질 가능성이 높아진다. 물론 이 기법은 형식적으로 해서는 아무 효과가 없다. "자, 지금 침입자가 창문으로 들어오고 있어"라고 혼잣말한다고 해서 몸이 공포 반응을 일으키진 않는다. 소설가가 독자에게 장면을 생생히 전달하듯, 감각적인 디테일까지 그려내는 상상이 필요하다.

1994년 애틀랜타 대회에서 우승한 발 스키너는 경기 직전 이 기법을 활용했다. 비로 인해 토요일 경기가 늦춰지면서, 선수들은 일요일 아침에 3라운드 잔여 경기를 치르고 오후에 최종 라운드를 시작해야 했다. 스키너는 몇 시간의 여유를 활용해 호텔 방으로 돌아가 침대에 누웠다. 눈을 감고 머릿속에서 최종 라운드를 완전히 시뮬레이션했다. 상대 선수들의 옷 색깔까지 선명히 그렸고, 상상 속에서 13언더파를 기록했다. 파 3홀에서는 홀인원을 할 뻔했지만 공이 컵을 한 바퀴 돌고 나와 버디로 만족했다. 마지막 홀에서는 우승자 수표를 건네받는 장면까지 상상했다. 그렇게 일어나 경기장으로 향했다.

실제로 스키너가 13언더파를 친 건 아니었다. 홀인원에 아깝게 실패한 장면도 일어나지 않았다. 하지만 두 타 차를 뒤집고 우승을 차지했다. 그녀는 이 상상 연습 덕분에 경기 내내 평정심을 유지할 수 있었다고 말했다. 사실 경기 시작 전부터 이미 우승을 경험한 것 같은 느낌이 들었기 때문에, 진짜로 우승자 수표를 받는 순간에는 되려 약간의 허탈함이 들 정도였다고 한다.

중요한 라운드를 앞둔 날 밤, 조용한 곳에 누워 눈을 감고 이런 상상 훈련을 해보자. 걱정으로 방안을 서성이는 것보다는 훨씬 나을 것이다. 그리고 이 상상은 진짜 실력을 끌어낼 기반이 될 수 있다.

22장

진짜 노력으로
삶과 그린을 읽어라

모든 노력이 결실을 맺는 것은 아니다.
하지만 진짜 노력은 결과와 상관없이
우리를 단단하게 만든다.
태도, 집중, 삶의 질서, 이 모든 것이 축적될 때
비로소 경기력이 바뀌기 시작한다.
그리고 그 변화는 삶 전체에 스며든다.

예전에 토론토에서 열린 골프 지도자 대상 세미나에서 800명의 지도자들을 앞에 두고 강연을 할 기회를 얻었다. 흥미롭게도 내 순서는 폴 런얀의 발표 직후였다. 당시 그는 80대의 노장이었지만, 무대에 오르자마자 모든 청중의 시선을 단숨에 사로잡았다. 그는 이렇게 말문을 열었다.

"저는 오늘 이 자리에 서서 여러분께 사과를 드리고 싶습니다."

순간, 객석이 술렁였다. 왜 이 위대한 전설이 사과를 하는가? 그가 이어서 말했다.

"작년에 이 자리에서 저는 매일 45분에서 50분간 운동을 하겠다고 약속드렸습니다. 하지만 작년 한 해 동안 단 이틀, 운동을 거른 날이 있었습니다. 그것이 제 스스로에게 너무 부끄럽고, 여러분께도 송구합니다. 올해는 반드시 예외 없이 지킬 것입니다."

22장 진짜 노력으로 삶과 그린을 읽어라

많은 사람들이 그 순간을 한 편의 연출된 유머로 받아들였다. 그러나 나는 누구보다도 잘 알고 있었다. 그것은 폴 런얀이라는 인물이 일생 동안 쌓아온 절제, 자기 약속에 대한 철저한 헌신의 실례였고, 삶을 대하는 그의 철학이 반영된 말이었다.

나는 수년간 런얀과 함께 각종 강습회와 지도자 교육에 참여하면서 그를 가까이에서 지켜볼 수 있는 영광을 누렸다. 그는 매일 아침 5시 30분에 기상했고, 빠짐없이 스트레칭과 가벼운 조깅, 건강식을 포함한 정제된 식습관으로 하루를 시작했다. 항상 오트밀과 생채소 위주의 식단을 고수했고, 교습이 있는 날이면 새벽에 퍼팅 연습을 마친 뒤에야 사람들과 만나기 시작했다. 그에게 '워밍업'은 루틴이 아닌 삶의 일부였다.

런얀은 코스에 도착하면 연습 그린 주변에서 10개의 볼을 프린지에 흩뿌려놓고 업앤다운 연습을 한다. 목표는 20번의 시도 안에 그 10개를 모두 홀에 넣는 것이다. 이 목표가 달성되지 않으면, 그날 훈련이 끝난 뒤에도 다시 반복했다. 이후에는 10분에서 15분 정도 웨지 샷 연습을 하고, 드라이버는 45개만 가볍게 타격했다. 그는 '많이 치는 것'을 훈련이라 생각하지 않았다. 오직 집중력 있는 '정제된 반복'만이 진짜 준비라고 믿었다.

정오까지 수업을 마치고 집으로 돌아가 아내 버니스와 함께 점심을 먹은 뒤, 오후 강습을 마치면 직접 자신의 골프 백을 메고 9홀 라운드를 돈다. 그리고 저녁에는 버니스와 폭스트롯 경연에도 참여하고, 여가 시간엔 카드 게임을 즐겼다. '삶의 균형'이란 말을 몸소 실천한 인물이었다.

런얀의 생활 철학은 사첼 페이지Satchel Paige의 말을 떠올리게 한다. 흑인이라는 이유로 늦게 메이저 리그에 진출한 이 투수는 "그 나이에 무슨 운동이냐"는 질문에 "사람은 자기가 몇 살처럼 느끼고 사느냐가 더 중요하다"고 응수했다. 런얀 역시 나이보다 '컨디션'을 중시했다. 그는 80대 중반이 되어서도 투피스 볼을 들고 코스 위에서 백스핀을 걸며 숏 게임을 정복하고 있었다.

런얀은 14살 무렵부터 토너먼트에 참가했다. 체구는 작았고, 다른 참가자들보다 드라이버 거리가 40~60야드나 짧았지만, 그는 그 약점을 극복하기 위해 누구보다도 치열하게 숏 게임을 연마했다. 그의 업앤다운 능력은 탁월했고, 이를 통해 샘 스니드 같은 전설적인 장타자들을 제치고 여러 대회에서 우승했다. 사람들은 그에게 '리틀 포이즌'이라는 별명을 붙여주었다. 작지만 치명적인 정확성을 갖춘 존재였기 때문이다.

그는 말이 아니라 삶 전체로 골프를 가르쳐주었다. 코스 안팎에서의 헌신, 루틴의 일관성, 절제된 훈련, 그리고 자기 신념에 대한 충직함. 내가 폴 런얀에게서 배운 것은 그 어떤 스윙 기술보다도 깊고 강력한, 골퍼이자 인간으로서의 철학이었다.

런얀의 삶에서 노력은 많은 시간과 에너지를 쏟는 것을 넘어, 어떤 자세와 태도로 살아가야 하는지를 보여주는 상징적 사례다. 그는 단지 골프 실력 향상을 위해 훈련한 것이 아니라, 자신의 신체와 정신, 생활 습관, 인간관계 전반에 걸쳐 조화롭고 균형 잡힌 삶을 살았다.

이러한 삶의 철학이야말로 골퍼가 기술을 넘어서 진정한 '인간 골퍼'로 성장하는 데 필요한 마지막이자 가장 중요한 덕목이다.

나는 수많은 프로 선수들을 지도하면서 '노력을 너무 많이 해서' 문제가 되는 경우도 적지 않게 보아왔다. 아이러니하게도, 지나치게 열심히 하려는 태도가 오히려 경기력에 부정적인 영향을 미치는 것이다. 그들은 결과에 대한 갈망이 너무 커서 '잘하려는 노력'이 언제부터인가 '집착'으로 변하고, 골프가 더 이상 즐겁지 않은 일이 되어버린다.

대표적인 예가 마크 맥컴버다. 내가 그를 지도하기 시작했을 때, 그는 분명히 실력이 있었지만, 항상 지나치게 긴장하고 있었다. 맥컴버는 자신이 더 잘해야 한다는 강박에 사로잡혀 있었고, 이는 오히려 그의 플레이에 악영향을 주었다. 그에겐 '쉴 줄 아는 능력', 그리고 '즐기는 태도'가 절실히 필요했다. 나는 조용히 말했다.

"마크, 여기 있는 모든 사람이 성공하는 건 아니에요. 그러니 여기에 있는 동안만큼은 마음을 조금 놓고 즐기세요."

그는 골프를 어린 시절 처음 접했을 때의 그 순수한 감정으로 돌아갈 필요가 있었다. 상금이나 순위, 세컨드 컷의 압박, 투어 카드에 대한 걱정 등은 잠시 내려놓고 말이다. 자신이 약간 느슨해졌다고 해서 죄책감을 느낄 필요도 없었다. 오히려 그것은 진정한 자신감을 되찾는 첫걸음이었다. 나는 그에게 "좋은 일들은 종종 너무 집착하지 않을 때 찾아온다"고 조언했다. 그렇게 마음을 바꾼 뒤, 마크는 1994년에만 세 차례 우승을 거머쥐었다.

　나는 그 어떤 선수에게도 "삶의 전부를 골프에 쏟으라"라고 말하지 않는다. 그런 조언은 "이제부터는 과자만 먹고 살자"는 말과 다를 바 없다. 과자만 먹다 보면 결국 균형이 깨지고, 그 맛조차 싫어지게 되는 법이다.

　이 주제는 특히 부모들이 자녀 교육에 대한 조언을 구할 때 자주 등장한다. 요즘은 많은 아이들이 골프를 일찍 시작하며, 투어 선수가 되는 꿈을 꾼다. 예를 들어 어떤 소녀가 LPGA 투어에서 백만장자가 되는 꿈을 꾸고 있다면, 부모나 코치는 그 아이가 학교 공부를 등한시하고 골프 연습에만 몰두하게 두는 것이 과연 바람직할까?

　나는 단호하게 말한다. 반드시 공부도 해야 한다. 어느 날 갑자기 허리 부상을 입어 더 이상 스윙을 할 수 없게 된다면, 교육이야말로 그 아이가 미래를 준비할 수 있는 유일한 기반이 되어줄 것이다. 혹은 22살쯤 되어 인생의 방향을 바꾸고 싶어질 수도 있다. 그럴 때에도 학문적 수양과 사고의 깊이는 중요한 자산이 된다. 공부는 단지 학점을 얻기 위한 활동이 아니라, '자기 수양'과 '집중력'이라는 골프에도 꼭 필요한 덕목을 키우는 수단이기도 하다.

　반면 일부 부모들은 자녀가 골프라는 꿈을 포기하지 않기를 바라지만, 그 이유는 '희망'이 아니라 '두려움'이다. 이들은 아이가 성공할 확률이 낮다는 현실을 알고 있기에, 처음부터 시도조차 하지 못하게 막아 실패로부터 보호하려 한다. 하지만 그러한 과보호는 오히려 아이가 자기 삶을 주도적으로 이끌 기회를 빼앗는 것이다. 부모들이 자녀의 골프 진로에 대해 조언을 구할 때마다 나는 이렇게 말한다.

"실패와 좌절은 피할 수 없는 과정입니다. 그러니 그걸 미리 두려워할 필요는 없습니다."

사람들이 진정한 자부심을 느끼는 순간은 누구나 할 수 있는 일이 아닌, 어렵고 도전적인 과제를 이뤘을 때다. 그러니 나는 언제나 말한다.

"절대 꿈을 쉽게 포기하지 마세요."

닉 프라이스가 대표적인 예다. 프로 생활 6년 차인 1990년까지 우승이 없었다. 만약 그가 그때 골프를 접었다면 이후의 성공은 결코 없었을 것이다. 연습은 매일의 루틴이어야 한다

중요한 것은 '균형 있는 노력'이다. 하루 종일 골프만 해서는 안 되지만, 연습을 위해 정한 시간만큼은 모든 집중력과 열정을 쏟아야 한다. 추운 날씨든 더운 날씨든, 실력이 늘지 않아 지루하더라도 꾸준함이 결국 실력을 만든다. 하지만 골프에 '올인'하는 것이 꼭 좋은 것은 아니다. 인생을 골프로만 채울 수는 없다.

종종 스코어가 나쁘면 자기비판에 빠지는 골퍼들을 본다. 그들은 볼을 수백 개 쏘며 자신을 학대하는 것이 노력이라 믿는다. 하지만 나는 그것이 진정한 의미의 노력은 아니라고 단언한다. 투어에서 성공하려면 골프 실력만큼이나 중요한 게 인간관계다. 가족과 친구들의 지지 없이는 혼자서 버텨낼 수 없다. 그러니 나쁜 하루가 있었더라도, 집에 돌아가 평소처럼 사람들과 따뜻한 시간을 보내는 사람이 결국 더 멀리 간다.

골프는 소유하거나 통제할 수 있는 게임이 아니다. 일부 골퍼들이 이를 착각하지만, 이 게임은 언제나 예외를 만들어낸다. 멋진 샷이 나오는 날도 있지만, 형편없는 플레이가 이어지는 날도 있다. 심지어 닉 프라이스조차, 전성기였던 1993년에서 94년 시즌의 경기력을 10점 만점 중 6점 정도로 평가했다. 이는 곧, 아무리 잘 나갈 때에도 골프는 결코 완벽하게 통제할 수 없다는 뜻이다. 골프는 삶처럼 예측 불가능한 여정이다. 매일매일 골프를 마스터하려 애쓰기보다는, 그 과정 속에서 배움을 얻고 여유를 가지는 것이 중요하다. 그것이야말로 골프를 사랑하고 오래 지속할 수 있는 길이다.

나는 종종, 별다른 노력을 들이지 않아도 스크래치 플레이어Scratch player가 될 수 있다고 믿는 사람들을 만난다. 그러나 분명히 말하자면, 그런 일은 일어나지 않는다. 나는 평소에 "그건 안 돼"라는 말을 하지 않기로 유명하지만, 이 경우만은 예외다.

사실, 골프 코스에서 적절한 사고방식을 갖추지 못한 사람이라면 이 책을 정독하고 여기에 제시된 방법들을 차근차근 따라 하는 것만으로도 큰 변화를 경험할 수 있다. 예컨대 현재 핸디캡이 25인 골퍼가 있다면, 이 책에서 제안한 대로 스윙을 믿고, 루틴을 철저히 따르고, 실수에 대해 과하게 반응하지 말고 수용하는 태도를 익히기만 해도 여름 한 철 사이에 핸디캡을 15까지 낮추는 것이 가능하다.

더 나아가 진정한 로우 핸디캐퍼가 되기를 원한다면, 책을 읽는 것만으로는 부족하다. 폴 런얀이 보여주었던 삶처럼, 장기적인 훈련 계획을 세우고, 그것을 실천할 수 있는 헌신이 필요하다. 그 계획에는

'어떤 부분을 어떻게 연습할 것인지', '얼마나 자주 반복할 것인지'가 구체적으로 담겨 있어야 한다. 그리고 그것을 철저히 지켜야 한다.

만약 누군가가 나에게 "핸디캡을 5로 낮추고 싶지만, 연습할 시간이 없다"고 말한다면, 나는 이렇게 대답할 수밖에 없다. "70대 중반을 치는 모든 골퍼들은 시간을 만들어가며 연습하고 있다" 그들은 퇴근 후 짧은 시간이라도 골프장에 들르고, 아침 일찍 연습장을 찾는다. 집에서는 거울을 보며 그립, 스탠스, 정렬을 확인하고, 자신의 루틴을 매일 되새긴다. 그리고 무엇보다 중요한 것은, 그 시간을 단지 '볼을 때리는 데' 허비하지 않는다는 점이다. 그들은 의도를 갖고 연습한다. 목적을 갖고 행동한다.

나는 닉 프라이스, 톰 카이트, 팻 브래들리 등 수많은 선수들에게 '자유의지'의 중요성을 강조해 왔다. 생각을 선택하는 힘도, 행동을 선택하는 책임도, 모두 나에게 있다. 그 누구도 대신해 줄 수 없다. 나의 골프를 개선할 수 있는 사람은 바로 나 자신뿐이다.

가장 행복한 사람은 요리를 하든, 철물을 팔든, 골프를 치든, 무엇을 하든 '나는 지금 노력하고 있다'는 자부심을 느끼는 사람이다. 골프가 직업이건, 취미이건 상관없다. 이 게임은 우리에게 끝없는 도전을 안기고, 우리가 어떤 사람인지를 비추는 거울이 되어준다. 대회에서 단 한 번도 우승을 하지 못해도 괜찮다. 진심으로 최선을 다했다면, 그것만으로도 골프는 의미가 있다.

골프가 선물하는 더 큰 기쁨은 앞으로 어떤 길을 걷든 골프를 사랑하는 한, 그 여정은 결코 혼자가 아니다. 함께 노력하고 서로를 북돋아 줄 멋진 동료들을 만나게 될 것이다. 실력보다 더 많은 것을 얻게 되는 순간은 바로 그들과의 우정, 과정 속의 성장에서 비롯된다. 그리고 마침내, 어느 날 깨닫게 될 것이다. 골프는 단지 샷을 잘 치는 법을 가르친 것이 아니라, 나라는 사람 자체를 일깨워준다. 그 순간, 골프를 진심으로 사랑하는 자신을 발견할 것이다.

부록

밥 로텔라의 법칙

- 원대한 꿈을 가진 사람이 큰 것을 이룬다.
- 사람은 자신이 생각하는 대로 되기 마련이다.
- 골프의 잠재력은 우선적으로 태도, 웨지와 퍼터를 다루는 능력, 그리고 어떻게 생각하는지에 달려 있다. 정상의 골퍼는 간단하고 평범한 생각을 하고 무엇인가 비범한 것을 이루는 사람이다.
- 자유의지는 골퍼의 정신력과 힘의 근원이다. 어떻게 생각할 것인지를 선택하는 것은 중요한 결단이다.
- 스스로의 잠재력을 깨달은 골퍼들은 일반적으로 3D(바람Desire, 결단Determination, 훈련Discipline)와 3P(인내Persistence, 끈기Patience, 연습Practice), 그리고 3C(자신감Confidence, 집중력Concentration, 평정Composure)를 계발한다.
- 골프에서는 자기 능력 이상으로 할 수 있는 것은 없다. 전성기

도 단지 골퍼 자신의 진정한 잠재성이 잠시 나타난 것에 지나지 않는다.
- 골퍼는 신체적 기술을 훈련하고 나서, 자신이 훈련한 것을 믿는 방법을 배워야만 한다.
- 골퍼는 샷을 구사하기 이전에 시야를 고정하고 마음은 가능한 최대로 작은 목표점에 집중해야만 한다.
- 일관된 스코어를 유지하려면 골퍼의 사고 자체가 일관적이어야 한다. 견고하고 일정한 프리샷 루틴은 골퍼의 사고가 일관성을 갖도록 도와줄 것이다.
- 올바르게 사고하는 것과 성공적인 샷을 구사하는 것에 대한 연관성은 완벽히 100퍼센트 일치하지 않는다. 그러나 나쁘게 사고하는 것과 실패한 샷의 상관관계는 그것보다 더 높다.
- 골퍼는 자신의 마음을 안정시키고 다음 샷에 집중하는 방법을 배워야만 한다.
- 전체 라운드 중 네다섯 샷에서 집중력이 흐트러지면 경기의 성패가 갈릴 수 있다.
- 골퍼는 숏 게임 실력 향상을 위해 노력해야 하며, 그 과정을 즐길 줄 알아야 한다.
- 태도는 훌륭한 퍼터를 만들어낸다.
- 볼을 때리는 능력이 높아질수록 퍼팅과 숏 게임에 긍정적인 태도를 유지하는 것이 점점 더 어려워진다.
- 골프 샷을 구사할 때, 특히 퍼팅에서는 정확성보다는 결정력이

중요하다.
- 자신감은 골프에서 가장 중요하다. 이는 곧 골퍼가 스스로에 대해 갖고 있는 생각들의 총체다.
- 처음 몇 개의 홀과 샷, 퍼팅들이 전체 라운드를 좌우하게 해서는 안 된다.
- 골퍼는 매 홀마다 침착하고 자유로우며 자신감이 넘쳐야 한다. 그래야 조급함, 염려, 의심을 이겨낼 수 있다.
- 공을 조종하려는 시도는 오히려 나쁜 결과를 낳는다. 잘하는 골퍼는 공을 통제하려 하지 않을 때 오히려 통제된다고 느낀다.
- 골퍼는 좋은 샷은 기억하고, 나쁜 샷은 잊는 선별적 기억력을 길러야 한다. 이 기억은 경험과 함께 자신감을 형성한다.
- 골프는 인간이 하는 게임이다. 즉, 실수의 게임이다. 정상의 골퍼는 실수에 어떻게 반응할지를 알고 있다.
- 진정한 골퍼는 러프, 나무숲, 벙커 같은 도전을 즐길 줄 알아야 한다. 분노, 두려움, 변명, 속임수는 아무런 도움이 되지 않는다.
- 인내는 골프에서 가장 중요한 덕목이다. 연습과 사고가 열매 맺을 때까지 기다릴 줄 알아야 한다.
- 골퍼는 경기 전에는 기대를 품을 수 있다. 그러나 티박스에 서는 순간, 그것을 떨쳐낼 수 있어야 한다.
- 첫 티잉 그라운드에서 골퍼는 오직 두 가지, 즐기는 마음과 매 샷에 집중하는 태도만을 기대해야 한다.
- 좋은 태도를 가진 선수는 자신의 생각을 늘 관찰하고, 흐트러지

기 시작하면 곧장 바로잡는다.
- 좋은 경쟁자는 타인을 과하게 싫어하지 않는다. 다음 라운드에서 같은 조로 플레이할 수도 있기 때문이다.
- 연습의 양보다 질이 더 중요하다. 특히 실력이 있는 골퍼일수록 더욱 그렇다.
- 경쟁을 택했다면, 반드시 스스로 이길 수 있다고 믿어야 한다. 인생에서 승패는 스스로가 결정하는 것이며, 승자만이 그것을 인정하려 한다.
- 용기는 모든 챔피언의 필수 자질이다. 하지만 두려움을 경험한 사람만이 용감해질 수 있다.
- 오늘의 챔피언에게 나쁜 소식은 내일 또다시 경기가 시작된다는 것이다. 하지만 다른 이들에게는 좋은 소식이다.
- 코스 위에서는 챔피언처럼 자신감 있게, 그러나 코스 밖에서는 자신이 세상의 중심이 아님을 잊지 말아야 한다.

○○○ **감사의 말** ○○○

감사해야 할 분들이 참으로 많다. 이 시대 최고의 골퍼들, 골프 지도자들과 함께할 수 있는 기회를 누렸다. 이들 대부분은 본문 곳곳에서 언급되어 있다. 이 책에 기여해 준 모든 분들께 진심으로 감사드린다. 이들의 참여 없이는 나의 연구는 그저 실험실 속의 과제로만 남았을 것이다.

특히 톰 카이트, 브래드 팩슨, 발 스키너, 이 세 선수는 시간과 정성을 들여 자신의 생각과 경험을 나누어주었고, 그 덕분에 책이 훨씬 더 풍부하고 유익한 내용으로 채워질 수 있었다. 수년에 걸쳐 골프 심리학 연구를 함께하며 지치지 않고 도와준 브루스 간스네더 박사Dr. Bruce Gansneder에게도 큰 감사를 전한다.

나의 아버지 귀도 로텔라Guido Rotella, 그리고 형제인 제이 로텔라 박사Dr. Jay Rotella, 가이 로텔라 박사Dr. Guy Rotella에게도 빚을 졌다. 이들은 원고를 읽고 오랜 시간 이야기를 나누며 아낌 없는 귀중한 조언들을 건네주었다.

책이 완성되기까지 함께 읽고, 질문과 아이디어로 개선에 도움을 준 토니 캐롤Tony Carroll, 스티브 그랜트Steve Grant, 브루스 스튜어트Bruce

Stewart, 로드 톰슨Rod Thompson에게도 고마움을 전한다.

그간 늘 격려와 지지를 보내준 밥 카니Bob Carney, 앤디 누스바움Andy Nusbaum에게도 감사드린다. 그리고 이 책을 구상하는 데 함께했고, 나에게 공동 작업자로 밥 컬런Bob Cullen을 연결해 준 사이먼앤슈스터Simon & Schuster의 도미닉 안푸소Dominick Anfuso, 그리고 문학 에이전트 레이프 사갈린Rafe Sagalyn에게도 특별한 감사를 보낸다.

스코어를 바꾸는 골프 심리학
세계 최고 스포츠 심리학자의 골프 멘탈 관리법

초판 발행일	2025년 7월 31일
발행처	현익출판
발행인	현호영
지은이	밥 로텔라
옮긴이	스포츠심리학연구소
편 집	김지숙, 이선유
디자인	STUDIO 보글
주 소	서울특별시 마포구 월드컵북로58길 10, 더팬빌딩 9층
팩 스	070.8224.4322
ISBN	979-11-94793-14-4 (93690)

GOLF IS NOT A GAME OF PERFECT

by Dr. Bob Rotella with Bob Cullen

Copyright © 1995 by Robert Rotella
All rights reserved.

This Korean edition was published by Hyunik Books in 2025
by arrangement with Robert Rotella c/o Creative Artists Agency
through KCC (Korea Copyright Center Inc.), Seoul.

이 책은 (주)한국저작권센터(KCC)를 통한 저작권자와의
독점계약으로 현익출판에서 출간되었습니다.
저작권법에 의해 한국 내에서 보호를 받는 저작물이므로 무단전재와 복제를 금합니다.

· 현익출판은 골드스미스 출판그룹의 일반 단행본 출판 브랜드입니다.
· 출판사의 허가 없이 본 도서를 편집 또는 재구성할 수 없습니다.
· 잘못 만든 책은 구입하신 서점에서 바꿔 드립니다.

좋은 아이디어와 제안이 있으시면 출판을 통해 가치를 나누시길 바랍니다.
uxreviewkorea@gmail.com